Oswald Feiler

Moskau und die Deutsche Frage

edition d
Band 8

SINUS

edition d

die deutschlandpolitische Schriftenreihe

bisher erschienen:

Band 1	ARMIN MOHLER: Wider die All-Gemeinheiten 144 Seiten, Paperback, DM 16,80
Band 2	JUSTUS B. BÜHLOW: Ostrevolution 208 Seiten, Paperback, DM 23,80
Band 3	ERNST NIEKISCH: Widerstand 216 Seiten, Paperback, DM 23,80
Band 4	von LOHAUSEN/HUBATSCHEK/GROEPPER: Zur Lage der Nation 176 Seiten, Paperback, DM 18,80
Band 5	von SCHRENCK-NOTZING/MOHLER (Hrsg.): Deutsche Identität 160 Seiten, Paperback, DM 18,80
Band 6	ALFRED DE ZAYAS: Zeugnisse der Vertreibung 184 Seiten, Paperback, DM 23,80
Band 7	VENOHR/DIWALD/HAFFNER: Dokumente deutschen Daseins 312 Seiten, Paperback, DM 28,00

SINUS-Verlag GmbH · Postfach 3007 · 4150 Krefeld 13

SINUS

edition d

Oswald Feiler

8

Moskau und die Deutsche Frage

Mit einem Vorwort von Prof. Wolfgang Seiffert

A. Paul Weber — Grauen vor dem Osten.

CIP-Kurztitelaufnahme der Deutschen Bibliothek

Feiler, Oswald:
Moskau und die Deutsche Frage / Oswald Feiler.
(Hrsg. in Zusammenarbeit mit d. Verein zur
Förderung kultur- und sozialwiss. Publizistik u.
Bildung e. V.). — Krefeld: SINUS, 1984.
(edition d; Bd. 8) ISBN 3-88289-208-0
NE: GT

Herausgegeben in Zusammenarbeit mit dem
Verein zur Förderung kultur- und sozialwissenschaftlicher
Publizistik und Bildung e. V.

Umschlag: W. Prangenberg, Grafik und Design, Bonn
Satz und Druck: Stammes KG, Tönisvorst
Printed in Germany
ISBN 3-88289-208-0

INHALT

VORWORT

Ein deutsches und europäisches Zentralproblem, das mit der wiedererwachten Diskussion um die Zukunft der Nation der Deutschen in der Mitte Europas neue Aktualität erlangt, ist das Verhältnis der Deutschen zur Sowjetunion. Es hätte dazu nicht des Hinweises der Moskauer „Prawda" bedurft, ist aber doch nicht ohne politische Bedeutung, daß dieses „Organ der kommunistischen Partei der Sowjetunion" am 29. Mai 1983 seine Warnung vor einer Stationierung amerikanischer Mittelstreckenraketen in der Bundesrepublik Deutschland mit dem Hinweis verband, eine solche Raketenstationierung würde auch die „nicht nur in revanchistischen Kreisen glimmende nationale Hoffnung", zerstören. Natürlich weiß auch Moskau, daß damit weder die Stationierung aufgehalten werden konnte, noch daß damit die „nationale Hoffnung" der Deutschen zerstört ist. Wichtiger ist denn auch etwas ganz anderes: Mit solchen und ähnlichen Versuchen, das nationale Interesse der Deutschen sowjetischen Interessen dienlich zu machen, ist das Eingeständnis verbunden, daß es dieses nationale Interesse der Deutschen gibt und daß die Sowjetunion ganz genau darum weiß, daß dieses nationale Interesse nicht befriedigt ist und daß die Chance eines Ausgleichs der Interessen der Deutschen und der Sowjetunion eben auf diesem Felde liegt und gegebenenfalls zu suchen ist.
Solche gelegentlichen Äußerungen auf sowjetischer Seite sind nur ein Indiz dafür, daß die internationale Lage, in der sich die Sowjetunion nicht zuletzt wegen der in der Auseinandersetzung mit dem Westen um die Nachrüstung erlittenen Niederlage befindet, sie ebenso wie die ökonomische Krise der RGW-(Comecon-)Staaten immer eindringlicher dazu veranlaßt, darüber nachzudenken, ob nicht eine grundsätzliche Neuordnung Europas im Sinne der Entwicklung einer stabilen Friedensordnung ihren Interessen eher entsprechen würde als das Beharren auf einem status quo, der die eigene Position international weiter schwächen muß und die innere Systemkrise nur verlängern kann. Die jetzt begonnene bzw. auch nur fortgesetzte Stationierung neuer sowjetischer Raketen in anderen Warschauer Pakt-Staaten (DDR/CSSR), auf Kamschatka und auf sowjetischen, vor der amerikanischen Ostküste operierenden U-Booten kann gegenüber den NATO-Raketen keinen wirklichen Ausgleich schaffen, der dem übersteigerten sowjetischen Sicherheitsbedürfnis entspricht; aber sie würde die allseitigen Belastungen aller Comecon-

Staaten in einer Weise steigern, die die innere Stabilität dieser Länder weiter gefährdet. Eben dies ist der Hintergrund, wenn gegenwärtig zu ersten Mal alle anderen Mitgliedsstaaten des Warschauer Paktes gegenüber der Sowjetunion auf diese oder jene Weise deutlich werden lassen, daß sie erwarten, stärker als bisher Möglichkeiten des Ausgleichs mit dem Westen zu suchen und mit der Demonstration sowjetischer (Militär)-Machtpolitik nicht in der bisherigen Weise fortzufahren.

Vor diesem Hintergrund dürften sich in der sowjetischen Führung Überlegungen verstärken, inwieweit die Wiederherstellung der Mitte Europas durch ein sich selbst bestimmendes Deutschland zu einer europäischen Ordnung führen könnte, die den sowjetischen Sicherheitsinteressen weit besser entspräche. Gewiß — eine Schwalbe macht noch keinen Sommer, und die wenigen Indizien für solche Überlegungen in der sowjetischen Führung werden von dem offiziellen Beharren auf den bisherigen status quo-Positionen bei weitem übertroffen und sind natürlich ernst zu nehmen. Auch sind es eben bisher nur Überlegungen, Erwägungen, die in der UdSSR im Hinblick auf eine Veränderung in der Mitte Europas eine Rolle spielen. Doch auch für die sowjetische Führung ist der status quo natürlich kein Wert an sich, sondern Mittel zum Zweck. Wenn er seinen Zweck nicht mehr oder nicht mehr in der gewünschten optimalen Weise erfüllt, muß ein anderes Mittel gefunden werden. Ob dies allerdings tatsächlich und in einer Weise geschieht, die auch in deutschem Interesse liegt, hängt nicht zuletzt von den Deutschen selbst ab. Denn wenn die sowjetische Seite im Ergebnis solcher Überlegungen zu dem Schluß kommen sollte, daß eine Lösung der deutschen Frage in einem Sinne, die dem nationalen Anliegen der Deutschen auf Wiederherstellung ihrer staatlichen Einheit entspricht, ihren eigenen Interessen — also denen der Sowjetunion — besser Rechnung tragen könnte, als der gegenwärtige Zustand der Teilung, wird die sowjetische Entscheidung, diesen Weg zu gehen, dennoch in vielem davon abhängen, daß sie für diesen Schritt kooperationsbereite Partner in den Deutschen selbst findet.

Es ist also von hoher Aktualität, über eine deutsche Außenpolitik nachzudenken, die Basis für eine solche Kooperationsbereitschaft sein könnte.

Es mag sein, daß das stärkere Eintreten von Bundeskanzler Kohl anläßlich seines Moskau-Besuches im Juni 1983 und die Betonung des amerikanischen Außenministers Shultz auf der Stockholmer KVEA-

Konferenz, die USA würden die Teilung Europas nicht anerkennen, von dem Motiv getragen ist, solchen sowjetischen Lockungen zuvorzukommen. Auf alle Fälle zeigen Befürchtungen in der französischen und auch der britischen Presse, daß man eine Änderung der sowjetischen Position in Richtung nationale Interessen der Deutschen für real hält.

Darauf deuten auch manche Änderungen oder wenigstens Nuancierungen in der Haltung der DDR-Führung. Hatte man sich dort Anfang der 70er Jahre noch bemüht, die staatliche Trennung durch eine nationale zu ergänzen, in dem man davon zu reden begann, in Deutschland gäbe es nicht nur zwei Staaten, sondern auch zwei Nationen, so sprach Honecker schon 1981 davon, daß eine Vereinigung der beiden deutschen Staaten möglich und selbstverständlich sei, wenn die politischen Strukturen sich in der Bundesrepublik denen der DDR anglichen. Inzwischen ist eine umfassende nicht nur geschichtspropagandistisch gemeinte Ausrichtung der DDR auf die deutsche Geschichte schlechthin erfolgt. Die DDR wird zum Erbe und Vollstrecker der ganzen deutschen Geschichte hochstilisiert, zum „sozialistischen Deutschland" erklärt und so die nationaldeutsche Piemont-Rolle von der DDR in Anspruch genommen. Will die DDR auch gegenwärtig angesichts ihrer vielfachen Schwächepositionen „nur" eine völkerrechtliche Anerkennung ihres Staates durch die Bundesrepublik erreichen und damit ihren Status — sprich Ausgangsposition — verbessern, so schließt dies doch ein, daß sich die DDR als deutscher Kernstaat betrachtet, der in einer weltpolitisch günstigen Situation, wenn das Gleichgewicht z. B. in Europa ins Rutschen kommen sollte, einen neuen deutschen Nationalstaat „realsozialistischer" Prägung herbeiführt.

Dabei ist sich die DDR-Führung offensichtlich bewußt, daß das sowjetische Globalinteresse sie früher in eine solche Rolle hineindrängen kann, als ihr das lieb und für sie dann risikoreich ist. Deshalb griff sie einerseits solchen Entwicklungen vor, wenn sie nun wieder vom „deutschen Volk" als der Gesamtheit der Deutschen in der DDR und in der Bundesrepublik spricht (so Honecker in seinem Brief an Bundeskanzler Kohl), zugleich aber betont, daß die Geschichte der DDR „die tiefste, nicht mehr rückgängig zu machende Wende in der Geschichte des deutschen Volkes" ist (so das SED-Politbüromitglied Kurt Hager auf der Konferenz der Gesellschaftswissenschaftler der SED am 16. Dezember 1983). Es liegt ganz auf dieser Linie, wenn die DDR nach der Aufwertung Luthers, Friedrich des Großen und Preußens, nun auch Bismarck als „großen deutschen Staatsmann" auf ihre Fahnen schreibt und damit „Verbündete“ in der Bundesrepublik sucht.

Umso dringender erscheint die Formierung der Position der freien deutschen Nation, die Definition ihres wirklichen Nationalinteresses und die Entwicklung der diesem dienenden deutschen Außenpolitik.

Denn wollte der freie Teil Deutschlands und der Westen überhaupt nur passiv abwarten, ob es zu neuen Initiativen der UdSSR oder auch der DDR kommt, so entstehen zwei Gefahren. Entweder werden dann doch kommende Vorschläge der UdSSR bzw. der DDR zum Nachteil des Westens inhaltlich von den Interessen und Vorstellungen der UdSSR bzw. der DDR beherrscht sein oder sie werden — u. U. gerade wegen solcher Einseitigkeit — zum Scheitern verurteilt sein und damit Chancen für eine Lösung des Problems der Deutschen für weitere Jahrzehnte verschütten.

Hier liegt eine echte politische Verantwortung nicht nur all jener, die quer durch alle Parteien bewußt auf die Einheit der Nation und ihre staatliche Zukunft setzen, sondern auch aller oppositionellen Kräfte, ob sie nun „rechts“ oder „links“ angesiedelt sind.

Das Buch „Moskau und die Deutsche Frage“ greift damit eine Problematik auf, die uns alle angeht, auch wenn man eher anderer Auffassung ist. In zwei Punkten jedoch kann man nur zustimmen:

— ohne Verständigung mit der Sowjetunion können die Deutschen ihr nationales Anliegen nicht lösen;
— bei allen grundsätzlichen Gegensätzen der poltischen Systeme sind Deutsche und Russen nicht zur Feindschaft verdammt, sondern machen die Parallelität vieler ihrer Interessen den Interessenausgleich nicht nur möglich, sondern legen ihn nahe.

In diesem Ansatz liegt auch die Chance einer europäischen Friedensordnung, die den Namen verdient.

Prof. Dr. Wolfgang Seiffert

DIE RUSSISCHE OKTOBER-REVOLUTION WAR EIN KIND DES KRIEGES

„Alle Geschichte ist eine Geschichte von Klassenkämpfen." Die historische Entwicklung verläuft gesetzmäßig in eine ganz bestimmte Richtung. Der Untergang der Bourgeoisie „und der Sieg des Proletariats sind gleich unvermeidlich". So steht es im „Kommunistischen Manifest" von 1847.

Karl Marx, mit Friedrich Engels zusammen der Schöpfer des ursprünglichen kommunistischen Lehrgebäudes, ging also davon aus: „Was in der Geschichte geschieht, ist gesetzmäßig vorbestimmt". Auf den Lehrsatz von den alles beherrschenden Klassenkämpfen angewandt bedeutet dies: Der ausbeutende Kapitalismus gerät zwangsläufig in die Krise und an seinem Ende steht die proletarische Revolution.

Als die Kommunisten im Rußland des Jahres 1917 die Macht ergriffen, war freilich diese Revolution historisch nicht vorprogrammiert gewesen. Nicht nur, daß es im Zarenreich ein Industrieproletariat gar nicht gab — die Revolution war auch keineswegs das Ergebnis eines sich zwangsläufig entwickelnden geschichtlichen Prozesses.

Dennoch ist diese Deutung heute weit verbreitet — eine Folge des Einflusses, den die marxistische Geschichtsauffassung in der Geschichtsschreibung bereits erfahren hat.

Die Revolution in Rußland wurde natürlich gemacht — von Menschen. Ein Vorgang, den auch Marx nicht ausschließen will: Wenn die Geschichte sich nach den marxistischen Gesetzen soweit entwikkelt hat, daß die „objektiven Bedingungen" die Revolution zwingend angeraten erscheinen lassen, dann ergreift das Proletariat durch „einen gewaltsamen Umsturz die Macht" und schafft alle Klassen ab.

Das Zarenreich stand aber in den Jahren vor dem Ersten Weltkrieg keineswegs vor dem Zusammenbruch seines kapitalistischen bzw. feudalistischen Wirtschaftssystems: Die Wirtschaft entwickelte sich im Gegenteil rasch und ungestüm. Produktion und Handel nahmen bis zum Krieg in beeindruckender Weise zu, und es wurde weit weniger gestreikt, als in früheren Jahren.

Auch politisch hatte sich die zaristische Herrschaft gerade wieder stabilisiert. Die Folgen des Aufstandes von 1905, den Sozialrevolutionäre, Linksliberale und Bolschewiken angezettelt hatten, waren überwunden. Die Rebellion hatte es nicht geschafft, die Schwäche des Zarismus nach der Niederlage im russisch-japanischen Krieg zu nutzen, um das System zu liquidieren.[1])
Es kam lediglich zur Einführung eines Parlaments, der „Duma". Die Bauern aber, die den Aufstand entscheidend mitgetragen hatten, versicherten wieder, an Gott und den Zaren zu glauben. — Russische Literatur eroberte in diesen Jahren die Welt.
Der Historiker Hans von Rimscha[2]) stellt darüberhinaus fest: „Gleichzeitig wandelte sich die Intelligenzia selbst in ihrer geistigen Struktur. Die geistige Elite und zum Teil auch die Jugend der obersten Gesellschaftsschichten begann sich von der revolutionären Führerschaft zu distanzieren." [3])
Daß es angesichts dieser sich wieder stabilisierenden Verhältnisse wenige Jahre später dann doch zur Revolution kam, dazu haben eine ganze Reihe von unterschiedlichsten Ereignissen beigetragen. So unter anderem auch das Unbehagen in der Bevölkerung über die Umtriebe des sibirischen Bauern und angeblichen Wundertäters Rasputin am Hofe von Petersburg. Dieser als Mönch, Säufer und Seher bezeichnete seltsame Heilige übte auch nach Meinung der einfachen Schichten einen unheilvollen Einfluß auf die zaristische Politik aus.
Regent war damals eigentlich die Gemahlin des Zaren, eine englisch erzogene Prinzessin von Hessen. Sie herrschte seit Beginn des Krieges praktisch über Rußland. Denn Zar Nikolai II. hatte im August 1915 das Oberkommando über das russische Heer selbst übernommen und war von Petersburg ins Armeehauptquartier nach Mogilow übersiedelt. Die Kaiserin regierte von Petersburg aus Rußland. Rasputin aber war der einflußreichste Mann an ihrem Hof. Zum russischen Adel dagegen fand die Herrscherin kein Verhältnis. Der Thron geriet in eine zunehmende Isolation.
Daran konnte auch die Ermordung Rasputins am 30. Dezember 1916 nichts mehr ändern. Bekanntlich lockte man den Unheimlichen in jener Nacht in das Haus des Fürsten Jussupoff und schüttete ihm Gift in den Willkommenstrunk. Als er davon nicht wie erwartet tot

umfiel, wurde er schließlich vom Hausherrn niedergeschossen. Und als er sich noch einmal wankend erhob, ließ Jussupoff ihn unter dem Eise der Newa ertränken.

Die Petersburger Regentin aber blieb isoliert, der Zar weilte fern bei seinen Soldaten, die Lage an der Front wurde immer aussichtsloser. Kein Wunder wäre es gewesen, wenn Sozialrevolutionäre, Liberalisten und Sozialdemokraten sich wieder zum Sturz des verhaßten Regimes verabredet hätten. Doch fast alle stellten ihre revolutionären und internationalen Ziele hinter das oberste Anliegen dieser Jahre, das der Vaterlandsverteidigung zurück. Nur die kleine bolschewistische Gruppe war gegen den Krieg und für den Umsturz.

Die Revolution klopfte damals also keineswegs mit Hammer und Sichel ans Tor zur Macht. Die Internationalisten, die Proletarier-Funktionäre und die vielen unzufriedenen sozialistischen Genossen Rußlands wurden noch längst nicht von dem Gefühl mitgerissen, ihre Stunde sei angebrochen, von welcher der Prophet Marx längst geweissagt hatte, sie sei nahe herbeigekommen.

Aber von Tag zu Tag schwand das Vertrauen in Rußlands Zukunft: und zwar zuerst unter den Soldaten. Dann auch unter den Arbeitern, im Adel und am Hofe. Der Grund dafür lag in den russischen Mißerfolgen an der Front. Und es stellte sich heraus, daß die Anforderungen, die dieser Krieg stellte, insgesamt viel höher waren, als in der ersten Begeisterung in Moskau angenommen worden war.

Transportschwierigkeiten, miserable Versorgung der Front mit Nahrungsmitteln, bald aber auch mit Waffen und Munition, Mängel auch bei der Ernährung der Menschen in den großen Städten, Meutereien in der Truppe, Demonstrationen und Proteste in der Zivilbevölkerung gegen Preissteigerungen und Korruption — der Krieg, der den Russen eine Niederlage nach der anderen bescherte, und die daraus resultierenden verheerenden Folgen für die Bevölkerung, bestimmten die Situation der Jahre 1916/1917, nicht der Klassenkampf.

Die zunehmende Kriegsmüdigkeit in Rußland aber kam den Bolschewiki zugute, die ein Ende des Kampfes zu ihrer politischen Hauptforderung gemacht hatten. Denn die Regierung des Zaren hielt an ihren Verpflichtungen gegenüber den Westalliierten fest.

Von Rimscha zitiert ein geflügeltes Wort aus dem damaligen Petersburg: „Die Engländer sind entschlossen, bis zum letzten russischen Soldaten zu kämpfen."
Am Hofe in Petersburg spielten hochgestellte russische Adelsträger mit dem Gedanken einer Palastrevolution, um Rußland eine bessere Regierung zu geben. In der Duma sammelten die Reformer ihren Anhang um sich, um nach englischem Vorbild die konstitutionelle Monarchie einzuführen — nicht etwa die Diktatur des Proletariats —, und auf der Straße rief ein rasch anwachsendes Lumpenproletariat, zu dem auch Hunderttausende desertierte Soldaten gehörten, lautstark nach „Brot und Frieden".
Anfang des Jahres 1917 wuchsen sich die Straßen-Demonstrationen in Petersburg dann zu immer größeren Unruhen aus. Im Februar kam es zu Ausschreitungen und Straßenkämpfen. In den Munitionsfabriken brachen illegale Streiks aus. Immer mehr Soldaten liefen zu den Aufrührern über. In manchen Einheiten ermordeten sie ihre Offiziere und schlossen sich der Straßenrebellion an. Es kam zu Gefangenenbefreiungen und zum Sturm auf den Justizpalast von Petersburg.
Am 27. Februar bildeten Deserteure und aufgebrachte Arbeiter nach dem Vorbild der Erhebung des Jahres 1905 einen „Sowjet", einen revolutionären „Rat" und zogen ins Parlamentsgebäude der „Duma" ein. Aber es gab noch längst keine KPdSU, und die Rebellion war keineswegs marxistisch gelenkt. Die Bolschewiken waren noch immer eine verschwindende Minderheit.
Das bisherige Parlament, das „Dumakomitee", inszenierte in dieser Situation einen Staatsstreich und setzte eine provisorische Regierung ein mit dem liberalen Fürsten Lwow an der Spitze — nicht mit einem Bolschewiken — und wurde vom russischen Liberalismus unterstützt. Ein Sozialist namens Kerenskij, der später noch eine wichtige Rolle spielen sollte, gehörte als Justizminister bereits dieser provisorischen Regierung an.
Am 2. März dankte der Zar schließlich unter dem Druck der Aufständischen ab, und er erklärte den Thronverzicht auch gleich für seinen kranken, 13jährigen Sohn Aleksej, dem Bluter, den Rasputin durch magische Kräfte hat heilen sollen.
„In dem halben Jahr zwischen dem Februar und dem Oktober 1917

lag das in tausendjähriger Tradition errichtete russische Kaiserreich in Agonie und starb schnell dahin", [4]) schreibt der Historiker von Rimscha. Die Wirren des Krieges und die Erschöpfung Rußlands, das vom deutschen Heer in vielen Schlachten geschlagen war, hatten sein Sterben bewirkt.

In Rußland herrschte seit Ende Februar 1917 der Liberalismus. Doch wer waren seine Träger? Rimscha: „Die neuen Machthaber gehörten den gleichen sozialen Kreisen an wie die bisherigen: der vermögenden bourgeois-aristokratischen Oberschicht. Sie stützten sich auch auf die gleichen sozialen Schichten. Der Übergang der personellen Führung aus den Händen der bürgerlich durchsetzten Beamtenaristokratie in die Hände der aristokratisch durchsetzten Bourgeoisie war dabei unerheblich. Gleichwohl fühlten die Liberalen sich als Träger und als Exponenten der in jahrzehntelangem Kampf sakralisierten ‚Revolution'." [5])

Wie diese Revolution aussehen sollte, darüber gab es nicht im geringsten eine einheitliche Meinung. Die nichtrussischen Völker des riesigen Imperiums wehrten sich vehement gegen den großrussischen Imperialismus. Die untersten sozialen Schichten steuerten zu dieser nationalen Erhebung die soziale Komponente bei. Nationalismus und Sozialismus rüttelten weiter an den alten Strukturen des ehemaligen großrussischen Kaiserreichs. Der Zar war aus der Macht entfernt, aber der Kampf gegen sein Imperium ging weiter — von außen durch die Front und verstärkt nun auch von innen, wo die mit moralischer und materieller Unterstützung der Ententemächte zur Macht gelangten imperialistisch gesinnten Liberalen immer größere Mühe hatten, den kriegsfeindlichen linken Revolutionären standzuhalten. Das Ende beschreibt der Historiker so: „Zuerst fiel der Kaiser, dann die Dynastie, dann die Monarchie. Gleichzeitig brach die Reichseinheit auseinander. Die von den deutschen Truppen okkupierten Westgebiete (Polen, Litauen, die baltischen Provinzen) lösten sich aus dem Bestande des Reiches bzw. bereiteten die Loslösung vor. Finnland erklärte sich für unabhängig (Juli), die Ukraine für autonom (zunächst innerhalb des russischen Reiches) und wählte ihr eigenes Parlament (Zentralrada); auch das Gebiet der Donkosaken erklärte sich für autonom.

In diesem Jahr (1917) schwand in Rußland jede Autorität, die Dis-

ziplin in der Armee, die Ordnung im Verwaltungsapparat. Die Wirtschaft war vollständig zerrüttet. Alles, was der Aufstieg der letzten Jahrzehnte dem Staat und Volk gebracht hatte, war wie fortgefegt. Am 27. August hatte Kornilow — ein Kosakengeneral, der im letzten Augenblick versuchte, durch militärische Macht die Revolution zu verhindern — verzweifelt ausgerufen: „Russen! Unser Vaterland stirbt! Zwei Monate später war es tot.“ [6])
Das alte Vaterland Rußland war durch den Krieg in die Knie gezwungen worden. Und es starb schließlich doch an einer Überdosis Revolution. Aber der Mann, der sie dem sterbenden Zarenreich verabreichte, beeinflußte erst vom April 1917 an die Geschicke des Landes. Er beeinflußte sie aus dem Zentrum der Revolution heraus, aus Petersburg. Sein Name: Wladimir Iljitsch Uljanow, genannt Lenin. Die russische Oktoberrevolution von 1917 ist vor allem sein Werk. Doch bis zum 9. April des gleichen Jahres lebte er noch im Exil im Westen — insgesamt über 10 Jahre. Und über die kommunistische Revolution, so wie sie schließlich Rußland eroberte, war in dieser Zeit im Ausland viel mehr nachgedacht und geschrieben worden als in Petersburg oder Moskau.
Doch dann kam er eines Nachts plötzlich in das von Krieg und von Aufständen gebeutelte Rußland zurück. Und mit ihm kam sie, die Revolution, der Umsturz des alten Kaiserreichs in eine kommunistische Diktatur. Seine Revolution war ein Kind des Krieges, denn der Krieg hatte erst den Boden für ihn vorbereitet, und der Krieg hatte ihn nach eineinhalb Jahrzehnten Emigration zurück nach Rußland gespült. [7])
Kein anderer als Lenin zeigte sich dann in der Lage, die historische Stunde zu nutzen. Er hat den Umsturz in Rußland herbeigeführt. Er hat ihn inszeniert. In Wirklichkeit war es ein Putsch, ein Staatsstreich, aus dem sich erst eine Revolution entwickelte, besser gesagt, aus dem heraus Lenin die Revolution, *seine* Revolution entwickelte. Und wo immer seither, seit 1917, kommunistische Regierungen an die Macht gekommen sind, haben sie dies durch ebensolche gewaltsame Umstürze geschafft, durch die Macht der Bajonette, durch Bürgerkriege, durch Militärputsche, durch Staatsstreich-Aktionen. Nirgends war die von Marx postulierte Zwangsläufigkeit eines historischen Prozesses zu erkennen.

Deutschland, das von Lenin schon unmittelbar nach seiner Machtergreifung in Rußland als reif für die Revolution angesehen wurde, trotzt ihr, dort, wo sowjetische Panzer nicht die Voraussetzung schaffen konnten, in der BRD, noch heute.
Kommunismus hat sich nur als „Panzerkommunismus" durchsetzen können. Kommunistische Revolutionen sind nirgends durch das so inbrünstig beschworene Proletariat, durch Massen von Arbeitern und Bauern entstanden oder gar aus Wahlen hervorgegangen, sondern sie sind durch Geheimdienste und ihre konspirative Wühlarbeit im Untergrund erzeugt worden, durch die kommunistische Kaderpartei, mit Hilfe einer durch Gewalt an die Macht gelangten Verschwörergruppe durchgepeitscht worden. Noch jede kommunistische Revolution, die es nach Lenins Oktoberrevolution von 1917 gab, ist so zustande gekommen.
Lenin hat die Urform dieser Machtergreifungen entwickelt, zusammen mit dem Juden Leib Bronstein, der sich das revolutionäre Pseudonym Leo Dawidowitsch Trotzki zugelegt hat, unter dem er auch — vor allem als Schöpfer der Roten Armee — in die Geschichte einging. Als Stalin dann die Macht an sich gerissen hatte, ließ er ihn 1940 in Mexiko, wohin Trotzki geflüchtet war, von einem GPU-Agenten ermorden.
Lenin blieb als Vater der sowjet-russischen Revolution unbestritten. Aber die Voraussetzungen dafür, daß Lenin seinen großen Coup landen konnte, schufen letztlich die kaiserlich-deutsche Diplomatie des Auswärtigen Amtes und der deutsche Generalstab. Sie beobachteten den russischen Emigranten Lenin und ersannen einen Weg, ihn für die deutschen Ziele nutzbar zu machen.
Alle Geheimdienst-Informationen über den russischen Revolutionär und Emigranten Lenin liefen in einem Büro des Auswärtigen Amtes in der Berliner Wilhelmstraße zusammen, das Diego Bergen leitete. Bergen kannte die Thesen Lenins aus dem Jahre 1915, die Ankündigung, daß der Revolutions-Theoretiker für den Fall einer sozialistischen Machtergreifung in Rußland „allen Kriegführenden den Frieden anbieten" werde. Und Bergen wußte auch, daß Lenin es ernst meinte. Deutschland aber brauchte diesen Frieden im Frühjahr 1917, wo mit dem Kriegseintritt der Amerikaner jederzeit zu rechnen war, ganz besonders dringend, um im Westen freie Hand zu bekommen.

Diego Bergen sammelte unverdrossen alle Nachrichten über den russischen Emigranten, der zu dieser Zeit in Zürich, Spiegelgasse 14, lebte. Er wußte bald alles über seinen Lebenslauf, über seine politischen Ideen, über seinen Anhang aus russischen Emigranten, den er um sich geschart hatte, über die Sorgen und Nöte, die finanziellen Verhältnisse und die Liebesverhältnisse der Exil-Russen. Er erkannte: wenn es einer schaffen konnte, die Belastung der Ostfront von Deutschland zu nehmen, dann war es jener Herr Lenin.
Diego Bergen verfügte über Geld und beste Verbindungen. Er fühlte bei der deutschen Obersten Heeresleitung vor, um die Genehmigung einer Durchreise russischer Emigranten durch Deutschland, das sich ja noch immer im Krieg mit Rußland befand, sicherzustellen. Reichskanzler von Bethmann-Hollweg war unterrichtet und einverstanden. Und selbst Kaiser Wilhelm hat sich mit dem Vorhaben befaßt. Der Monarch war ausdrücklich dafür. Damit waren die besten Voraussetzungen für einen Super-Coup geschaffen. Lenin sollte nach Rußland. Ein Vorhaben, das die Ententemächte durch Durchreiseverweigerungen für ihre Länder bisher aus demselben Grund verhindert hatten, aus dem heraus Deutschland es wünschte: weil Lenin in Rußland die Regierung stürzen und Frieden schließen wollte.
Am 25. März 1917 ging im Auswärtigen Amt der Reichshauptstadt Berlin ein Telegramm der Obersten Heeresleitung ein, das folgenden Wortlaut hatte: „Gegen Durchreise russischer Revolutionäre keine Bedenken, wenn sie im Sammeltransport unter sicherer Begleitung erfolgt. Regelung kann durch stellvertretende III b Berlin mit Auswärtigem Amt erfolgen.“ [8])
Bergen schickte am 27. März 1917 einen Unterhändler nach Zürich, ausgestattet mit allen Vollmachten, der Lenin und seinen Genossen Sinowjew überreden sollte, in Verkleidung durch Deutschland in Richtung Rußland zu reisen, um dort sein für das Reich so vorteilhaftes Vorhaben durchzuführen. Bergens Unterhändler bot Lenin falsche Papiere für die Reise — glänzende Fälscherprodukte aus der Abteilung III b des Stellvertretenden Generalstabes.
Dieser Versuch schlug fehl. Lenin hatte noch Bedenken, obwohl sich der Unterhändler Georg Sklarz, ein Mittelsmann des undurchsichtigen Geschäftemachers Dr. Alexander Paruvs-Helphand, [9]) der Le-

nin persönlich kannte und seine Dienste dem Auswärtigen Amt zur Verfügung gestellt hatte, die größte Mühe gab. [10])
Doch der Draht zu Lenin und seinen Genossen riß nicht mehr ab. Die Gesandten in Bern und Kopenhagen, Konrad-Gisbert Freiherr von Romberg und Ulrich Graf von Brockdorff-Rantzau, ließen ihre Verbindungen zu russischen Emigranten spielen, die Romberg schon 1914 angeknüpft hatte.
Und Lenin, der durch die am 16. März von der Agentur Reuter in Zürich verbreitete Nachricht von den März-Unruhen und den revolutionären Ansätzen in Petersburg, der Abdankung des Zaren und der Bildung einer provisorischen Regierung wie elektrisiert war, ließ der Gedanke einer Reise auch nicht mehr los. Am 3. April nahm dann der Sekretär der Schweizerischen Sozialdemokratischen Partei, Fritz Platten, im Auftrag der deutschen Stellen, in der Reise-Angelegenheit mit Lenin Verbindung auf. Diesmal hatte das Unternehmen Erfolg. Lenin erklärte sich mit den Bedingungen einverstanden und unterschrieb sogar eine Erklärung, worin er sich „den Anordnungen des Reiseführers Platten" unterwirft und bestätigt, daß er unterrichtet sei, die russische provisorische Regierung werde „die durch Deutschland Reisenden als Hochverräter" behandeln.
Am 4. April war diese Erklärung beim deutschen Gesandten in Bern. Am 6. April um 13.35 Uhr erhielt Platten in Zürich ein Telegramm mit der Antwort: „Angelegenheit im gewünschten Sinne geordnet."
Zwischen diesen beiden Tagen liegt indes ein welthistorisches Datum, das die Zuspitzung der Situation für Deutschland wie kein anderes aufzeigt: Dazwischen liegt jener denkwürdige 5. April 1917, jener Tag, an dem die Vereinigten Staaten von Amerika dem Deutschen Reich den Krieg erklärten.
Die kaiserlichen Diplomaten, der deutsche Generalstab, aber auch die russischen Emigranten hatten keine Zeit zu verlieren. Bereits am 9. April versammelte sich die Reisegruppe der Exil-Russen im Restaurant „Zähringer Hof". Um 14.30 Uhr zogen die Revolutionäre, zum Teil mit Frauen und Kindern, zum Bahnhof. 32 Exil-Russen — nach Angaben Lenins —, die sich aufmachten, Rußland auf den Kopf zu stellen, und die schließlich die Welt veränderten.
Es war eine sonderbare Gesellschaft, die sich da am frühen Nach-

mittag auf dem Bahnsteig versammelte. Die Revolutionäre kamen mit Einkaufsnetzen, Körben, in aller Eile geschnürten Paketen, mit Kissen und Decken. Reiseproviant für zehn Tage war bereits in den Zug geschafft worden. Lenin ließ sich mit seiner Lebensgefährtin Krupskaja in einem Abteil 2. Klasse nieder. Die übrigen Reisenden in Sachen Revolution verteilten sich auf die weiteren Plätze. Unter ihnen war auch ein Mann, der sich Pripewski nannte. Niemals hatte man von einem russischen Revolutionär dieses Namens gehört. Er war denn auch, wie sich später herausstellte, frei erfunden. Dahinter verbarg sich Karl Sobelsohn, ein in Lemberg geborener Jude, später österreichischer Staatsbürger, wegen Fahnenflucht gesucht, der sich sonst immer Radek nannte, als solcher auch bekannt wurde und im weiteren Verlauf der Geschichte der russischen Revolution und der deutsch-sowjetischen Beziehungen vor allem, noch eine bedeutende Rolle spielen sollte.

Auf dem Bahnsteig, direkt vor dem Schnellzugwagen, der die russischen Emigranten außer Landes bringen sollte, hatten sich 162 weitere Emigranten versammelt. Sie schimpften in übelster Weise auf ihre startbereiten Genossen, nannten sie Lumpen, Verräter, deutsche Agenten, Saboteure.

Lenin und seine Reisegefährten ließen sich dadurch nicht mehr irre machen. Pünktlich um 15.10 Uhr rückte der Zug an und rollte aus dem Bahnhof hinaus. Begleitet vom wütenden Protestgeschrei der zurückbleibenden Exil-Russen. Die Reisenden stimmten die „Internationale“ an.

Lenin legte seinen steifen, runden Hut, den Regenschirm und sein Handgepäck in die Ablage. Den dicken Mantel hängte er neben sich. Seine langen, glänzenden, dicksohligen und überdies genagelten Stiefel behielt er an. Lenin und die Krupskaja machten es sich in ihrem Allein-Abteil bequem.

An der deutschen Grenze in Gottmadingen warteten bereits zwei Wagen der Reichsbahn auf die Ankunft des Zuges aus Zürich. Die Türen dieser Waggons wurden verschlossen und plombiert, nachdem die Russen eingestiegen waren. Nur ein Durchgang für das technische Personal im Innern des Waggons blieb offen. Ein Kreidestrich auf dem Boden des Ganges grenzte das „Hoheitsgebiet“ der deutschen Begleiter und der Russen voneinander ab.

Die Reise verlief ohne Zwischenfälle. Nur einmal gab es Aufregung, als einige der Russen sich nicht mehr bezähmen konnten und laut gröhlend die Marseillaise sangen — sehr zum Mißfallen der deutschen Offiziere, die sich das Singen der Hymne des französischen Erbfeindes, mit dem man sich schließlich im Krieg befand, energisch verbaten.
Der Schweizer Sozialdemokrat Platten, der die Gruppe begleitete, durfte den Zug bei Aufenthalten verlassen. Er besorgte Lenin Bier und Zeitungen für alle.
Quer durch Deutschland rollte der verplombte Waggon. Über Karlsruhe, Frankfurt, Hannover, Berlin nach Saßnitz auf der Insel Rügen. Dort stiegen die Russen aus und gingen an Bord einer Fähre, die sie nach Trelleborg in Schweden brachte.
Mit der Eisenbahn ging es von Trelleborg nach Malmö und von da über Stockholm zur schwedisch-finnischen Grenzstation Tornio. Der Transport rollte schließlich um den Bottnischen und Finnischen Meerbusen herum, an der Küste Finnlands entlang nach Süden. Finnland war zu dieser Zeit noch unter russischer Kontrolle, und die Reisenden hatten bei dieser Fahrt erstmals wieder Kontakt mit Beamten Rußlands.
Nach acht Tagen strapaziöser Reise kamen Lenin und seine Gefolgschaft schließlich in der finnisch-russischen Grenzstation Bjelo-Ostrow an. Es war kurz vor 23 Uhr. Der Bahnsteig lag im trüben Licht spärlich leuchtender Lampen. Rund hundert Arbeiter hatten sich zur Begrüßung versammelt. Sie waren aus dem nur noch 30 km entfernten Petrograd herübergekommen. Als der Zug nach kurzem Aufenthalt aus dem Bahnhof dampfte, dem Machtzentrum Petrograd entgegen, winkten sie den heimkehrenden Revolutionären jubelnd zu. Lenin und seine Genossen sangen die Internationale.
In Petrograd, auf dem „finnischen Bahnhof", wurden die Heimkehrer mit Spruchbändern begrüßt, auf denen sozialistische Parolen geschrieben standen. Auf dem Bahnsteig waren Abordnungen der Regimenter „Moskau" und „Preobraschenski" angetreten, sowie Matrosen der Ostseeflotte. Sie standen stramm, als der Berufsrevolutionär Lenin mit seinem Anhang ausstieg. Eine Militärkapelle spielte dröhnend die „Marseillaise". Ein junger Fähnrich war der erste, der Lenin willkommen hieß.

Soldaten waren es, die die Szene bei seinem Einzug beherrschten. Lenin schritt steif und unsicher durch die für ihn aufgebauten Triumphbögen und verschwand in den Zarengemächern des Bahnhofs, wo ihn der Petrograder Sowjet willkommen hieß. Der Funktionär Tschcheidse sagte in seiner Begrüßungsrede, das wichtigste sei jetzt „das feste Schließen der Reihen der gesamten Demokratie. Wir hoffen, daß Sie mit uns zusammen diese Ziele verfolgen werden". [11])
Doch der heimkehrende Revolutionär hatte mit der soeben beschworenen Demokratie nichts im Sinn. Lenin sagte, als hätte er seinen Vorredner überhaupt nicht gehört: „Liebe Genossen, Soldaten, Matrosen und Arbeiter! Ich freue mich, in Euch die siegreiche russische Revolution zu begrüßen. Ich begrüße Euch als die Vorhut der proletarischen Armee der Welt. Der räuberische Krieg der Imperialisten ist der Anfang eines Bürgerkrieges in ganz Europa. Die Stunde ist nicht mehr fern, in der das Volk seine Waffen gegen die kapitalistischen Ausbeuter erheben wird. Die Sonne der sozialistischen Weltrevolution ist bereits aufgegangen. In Deutschland gärt es gewaltig. Jeden Tag können wir nun den Zusammenbruch des europäischen Imperialismus erleben. Die russische Revolution, die Ihr durchgeführt habt, hat den Weg geebnet und eine neue Epoche eröffnet. Es lebe die sozialistische Weltrevolution!" [12])
Einen Augenblick später stürmten Soldaten den kaiserlichen Saal, hoben Lenin auf ihre Schultern und trugen ihn hinaus. Rote Fahnen wehten im Scheinwerferlicht. Lenin wurde auf den Turm eines Panzers gehoben. Von dort schrie er der begeisterten Menge noch einmal seinen Schlachtruf entgegen: „Es lebe die sozialistische Weltrevolution."
Vom Turm eines Panzers also hörte das revolutionäre Fußvolk die Losung der neuen Epoche. Der Panzerkommunismus späterer Jahre hatte in der Nacht des 16. April 1917 seine symbolhafte Geburtsstunde. Die Revolution, das Kind des Krieges, wurde auf dem stählernen Buckel eines russischen Panzers getauft und erhielt den für allezeit gültigen Namen: „Weltrevolution".
Die russischen Arbeiter, die Soldaten, die revolutionären Genossen, die diesen Auftritt miterlebten, erwiderten den Ruf des Mannes, der mit geballten Fäusten in die Luft stieß und zum Umsturz auf-

rief. Gekannt hat ihn kaum einer von ihnen. Lenin war zu dieser Zeit ein „so gut wie unbekannter Theoretiker". [13])

Aber Lenin war doch bereits in gewisser Weise legendär. Er galt als ein Mann mit eisernem Willen, der entschlossen war, in Rußland eine sozialistische Revolution durchzuführen, der Lösungen erdacht hatte für die Probleme des Landes, der die Massen führen konnte — wenn auch kaum einer in Rußland wußte wohin.

Lenin weckte Hoffnungen und schürte alte Sehnsüchte: bei den Bauern, den Arbeitern, den unterdrückten Nationen des zaristischen Imperiums.

Und er erweckte Angst — bei den wenigen, die ihn kannten. Bei jenen zum Beispiel, die wie Tschcheidse eine Republik und eine Demokratie herbeiwünschten. Sie wußten „ganz genau, daß Lenin gekommen war, um das Werk der Februarrevolution zu vernichten". [14]) Lenin, das spürten die Liberalen und die Sozialrevolutionäre, wollte eine andere Revolution — die Diktatur des Proletariats, die Diktatur der bolschewistischen Partei.

Lenin hat sie alle besiegt: die, die ihn nicht kannten und nur ihre Hoffnung hatten, und die, die ihn kannten, die ihn fürchteten und seine Machtergreifung verhindern wollten.

Wer war dieser Wladimir Iljitsch Uljanow, der in diesen denkwürdigen Monaten vom April bis Oktober 1917 allen seinen Willen aufzwang und sie seither beherrscht, so daß noch die Enkel seinen Willen tun, obwohl er längst tot ist?

Rimscha schreibt: „Er war der Sohn eines konservativ-liberalen kaisertreuen und pflichteifrigen hohen Beamten im Schuldienst mit dem Titel Exzellenz, der als solcher entsprechend der petrinischen Rangtabelle den erblichen Adel erhalten hatte. Über seinen Vater hatte Lenin kalmückisches Blut." [15])

Der Lenin-Biograph Payne sieht in Lenins Vater einen Abkömmling der „Tschuwaschen", also einen Angehörigen jener tatarisch-finnischen Nomaden, die an den Ufern der Wolga dahinzogen. [16])

Über Lenins Mutter dagegen herrscht weitgehend Einigkeit unter den Historikern. Rimscha: „Lenins Mutter Maria Blank stammte (nach den Forschungen von Rauch) sowohl väterlicher-, wie mütterlicherseits von Deutschen ab. Ihr Vater war Arzt in Petersburg. Jedenfalls ist sie protestantisch gewesen. Mütterlicherseits stammte

Lenins Mutter aus einer großbürgerlichen deutschen Familie in Petersburg, Lübecker Herkunft." [17])
Payne geht auf die bei Maria Blank entdeckte schwedische Großmutter ein und kommt schließlich, was Lenins Abstammung betrifft, zu folgendem Ergebnis: „Eine Linie von Lenins Familie stammte von deutschen und schwedischen Kaufleuten ab, gesetzten, nüchternen Leuten, die alle bürgerliche Tugenden besaßen, von Grundbesitzern, die Leibeigene auf ihren Gütern für sich arbeiten ließen; die andere Seite entsproßte tschuwaschischen Nomaden, die unter Katharina der Großen zu Leibeigenen geworden waren. Von seinen deutschen und skandinavischen Vorfahren hatte er seinen eisernen Willen und seine Neigung zu schonungsloser Systematik; von seinen tschuwaschischen Ahnen seine Zügellosigkeit und seine schrägen Augen. Er war ein Deutscher, Schwede und Tschuwasche und hatte nicht einen Tropfen russischen Blutes in sich." [18])
Über das Kind Wladimir Iljitsch Uljanow schreibt der Biograph Payne u. a.: „Wladimir ... war ein aufsässiges, lautes Kind, das zu Wutanfällen neigte. Erst spät lernte er laufen, und in den ersten Monaten des Gehens fiel er ständig hin und schrie aus vollem Hals. Einer seiner Stürze — als er drei oder vier Jahre alt war — erwies sich als ernsthafter als die anderen, und es ist möglich, daß er dabei einen gewissen Gehirnschaden davongetragen hat. Seine Wutanfälle waren zuweilen sehr heftig und von grausamen Handlungen begleitet." [19]) Payne berichtet weiter, daß der kleine Wladimir dick wie ein Faß war, einen Kopf hatte, der viel zu groß war für den übrigen Körper und daß er „ganz unbeschwert lügen" konnte.
Als Schüler zeigte Lenin eine überdurchschnittliche Begabung, vor allem im Erlernen fremder Sprachen. Er beherrschte neben Russisch vor allem Latein, Griechisch, Französisch und Deutsch. Nach seinem Abschlußexamen, für das er mit der „Goldenen Medaille" ausgezeichnet wurde, schrieb der Direktor seines Gymnasiums einen Brief an die Universität Kasan, der eine Beurteilung Wladimir Uljanows enthielt. Payne berichtet: „In dem Schreiben, das sonst voller Lob für den Jungen war, werden ein beunruhigender Mangel an dem sonst üblichen menschlichen Verhalten und eine abweisende Kühle angedeutet." [20])
Als Wladimirs Vater starb, war der Junge gerade 16 Jahre alt ge-

worden. Er nahm die Stelle des Familienoberhaupts ein. Seinen Geschwistern und auch seiner Mutter wurde er in diesen Jahren immer rätselhafter. Er war verschlossen, arbeitete verbissen, hatte nichts Unbeschwertes an sich. Gegenüber seinen fünf Geschwistern war er von einer zwanghaften, reizbaren Überheblichkeit.

Lenin hatte zwei Brüder und drei Schwestern. Eine davon, Olga, starb bereits 1891 im Alter von 19 Jahren an Typhus. Die anderen, typische Vertreter der Intelligenzia, betätigten sich allesamt revolutionär. Wladimirs Bruder Alexander wurde wegen der Vorbereitung des Zarenmordes an Alexander III. am 20. Mai 1887 gehenkt. Wladimir, der als Student der Juristerei in der Universität Kasan eingeschrieben war, wurde wegen des Vorfalls ausgewiesen. Er verschlang während der erzwungenen Studienpause bergeweise Bücher — darunter auch das „Kapital" eines gewissen Karl Marx. Ein Jahr vergrub er sich zwischen den Werken der russischen Literatur und philosophischen und ideologischen Wälzern. Im Mai 1888 erreichte Lenins Mutter — dank der hervorragenden Verbindungen, die sie aus den Kontakten ihres verstorbenen Mannes, des kaiserlichen Ministerialbeamten mit erblichem Adel noch hatte und dank ihrer Beziehungen, die ihre wohlhabende, angesehene deutsche Verwandtschaft ihr bot — daß Wladimir wieder studieren durfte.

Mit 23 Jahren kam Wladimir Uljanow nach St. Petersburg, wo sein eigentliches revolutionäres Leben begann. Es gab dort schon damals marxistische Gruppen. Lenin arbeitete tagsüber in einer Anwaltskanzlei, nachts studierte er die Revolution — Lenin wurde Berufsrevolutionär.

Seine Mutter aber schützte dank ihrer guten Verbindungen den Weg des marxistischen Sprößlings so gut es ging. Sie war eine ungewöhnliche Frau mit schönen, ebenmäßigen, nordischen Zügen. Von nichtbolschewistischen Autoren wurde sie als „wahrhafte mater dolorosa" gerühmt, wie der Historiker von Rimscha berichtet.[21]) Jean Marabini, Franzose, UNESCO-Mitarbeiter, Autor eines umstrittenen Werkes mit dem Titel „Roter Oktober" und einer Lenin-Monographie schreibt über sie: „Sie ist der höchste Ausdruck dessen, was es an Edlem in der Geschichte der Menschheit gibt." Und Trotzki schwärmt ebenso wie viele andere von Lenins deutscher Mutter. Er ehrt sie mit den Worten: „Von ihr gingen jene unsichtbaren Strah-

len aus, die die Kinderherzen erwärmen und ihnen einen zusätzlichen Vorrat an Wärme für das ganze Leben geben." [22])
Wir wissen, daß Lenin diese Wärme nicht weitergeben konnte. Er, der in einer wirklich geordneten Familie, „frei von erniedrigender Not und demoralisierendem Überfluß" aufwuchs, wie Trotzki feststellte, stürzte im Oktober 1917, zehn Monate nach dem Tode seiner Mutter, Rußland ins Chaos, getreu seiner revolutionären Devise: „Je schlimmer um so besser." Und wenige Monate später errichtete er mit unerbittlicher Systematik auf den Trümmern des gestürzten Zarenreichs die erste bolschewistische Diktatur der Welt.
Das System der Bolschewisten hält bis heute Rußlands Völker in Knechtschaft. Lenin hat dieses System so hinterlassen. Er blieb nach außen zeitlebens ein eiskalter Technokrat und reiner Machtpolitiker, obwohl er selbst so viel Wärme, Menschlichkeit und Geborgenheit in seinem Elternhaus erfahren hatte. Von Rimscha berichtet zum Beispiel: „In Lenins Elternhaus wurde entgegen russischem Brauch Weihnachten nach deutscher Sitte mit dem Christbaum gefeiert. Lenin selbst hielt daran fest; noch einen Monat vor seinem Tode richtete ihm seine Frau einen Weihnachtsbaum." [23])
Lenin hat sich schon als knapp 20jähriger von rein machtpolitischen Überlegungen leiten lassen. Moralische Grundsätze ließ er nicht gelten, wenn es um die Verwirklichung der Revolution ging. Wenn er erkannte, daß Regungen der Menschlichkeit und des Gewissens seinem bolschewistischen Ziel im Wege waren, fegte er sie bedenkenlos beiseite: Als in Kasan 1887 private Hilfsmaßnahmen für Hungernde geplant wurden, war Lenin strikt dagegen. Reformer und Moralisten haßte er, weil er wußte, daß nur dann der von ihm gewollte, radikale Umsturz möglich würde, wenn das herrschende System ganz zu Boden ging, wenn die Situation für jeden Einzelnen unerträglich wurde, wenn das Pendel durch den Totpunkt schlug, den es erst ganz unten erreichte.
Als der Berufsrevolutionär Lenin an jenem denkwürdigen 16. April 1917 nach Rußland zurückkehrte, hatte er rund 20 Jahre Verbannung und Emigration wegen seiner revolutionären Absichten hinter sich. 1895, damals russischer Sozialdemokrat, war er erstmals verhaftet und für drei Jahre nach Sibirien gesteckt worden. Danach ging er in die Emigration.

Er verbrachte seine Tage wie weiland Karl Marx in Bibliotheken, Kaffeehäusern und am Schreibtisch, und er hatte, ebenso wie Marx, keinerlei Kontakt zu arbeitenden Menschen.
Lenins Plan war es, die Macht zu erobern, den „imperialistischen Krieg“ in einen Bürgerkrieg umzuwandeln, die Revolution zu erzwingen, was gleichbedeutend war mit der bolschewistischen Diktatur über das Proletariat — und natürlich auch über alle anderen Schichten, über die Armee und über den Staat.
Er hat keine Sekunde gezögert, zur Erreichung dieses Ziels alle ihm erreichbaren Machtmittel einzusetzen, und er scheute niemals die Anwendung nackter Gewalt. Diejenigen, die vor der Macht zurückschreckten oder vor ihr warnten, die Liberalen, die Propheten einer unblutigen Revolution, verachtete er. Auch über die Massen hatte er seine eigenen, illusionsfreien Vorstellungen. Dies zeigte sich besonders, als es um den Aufbau der kommunistischen Partei ging: „Seine innerparteilichen Gegner hielten am überlieferten Charakter einer politischen Partei als Massenpartei fest, zu der auch politisch nicht aktiv tätige Gesinnungsgenossen (Mitläufer) zählten, wenn sie ‚das Programm akzeptierten und Beiträge zahlten‘. Lenin dagegen strebte eine, in ihrer Mitgliederzahl beschränkte, straff organisierte und streng disziplinierte Kaderpartei revolutionärer Aktivisten unter Führung von Berufsrevolutionären an.“ [24])
Lenin hat sich durchgesetzt. Ausgestattet mit dem Ruf eines besonders radikalen Revolutionsführers (bei denen, die überhaupt von ihm wußten) und mit erheblichen Geldbeträgen aus geheimen Schatullen in Deutschland und den USA, die ihm den Start seiner Revolution erleichtern sollten und auch erleichtert haben, schaffte es Lenin.
Zwar hatte die kleine Bolschewisten-Partei bei seiner Ankunft im Petrograder Sowjet nur ein Achtel der Sitze und war damit deutlich in der Minderheit. Doch Lenin trat auf, als wäre er Chef einer mächtigen Regierungspartei. Er forderte: „Alle Macht den Sowjets!“ und konspirierte gegen die provisorische Regierung der um Fürst Lwow versammelten Liberalen. Ihm war es darum zu tun, jegliche Normalisierung zu verhindern. Er steuerte bewußt auf das Chaos zu.
Im ganzen riesigen Rußland hatte seine Partei zu dieser Zeit nur

rund 40 000 Mitglieder. Lenin war sich darüber im klaren, daß ihm noch so gute Parolen zunächst kaum Resonanz verschaffen konnten. Am Ruder waren andere. Die Bevölkerung wußte nichts von ihm und seinen Ideen.

Im Mai wurde der Sozialreformer Kerenski der starke Mann der provisorischen Regierung. Die Menschewiki, die „Minderheitssozialisten, die 1903 ebenso wie Lenins Bolschewiki oder „Mehrheitssozialisten“ aus der Spaltung der russischen Sozialdemokraten hervorgegangen waren, traten in die Regierung Kerenski ein. Die Spannungen zwischen den Räten, also den Sowjets, und der Regierung (mit der sie konkurrierten) milderten sich. Menschewiki, Sozialrevolutionäre und Sozialreformer beherrschten den Petrograder Sowjet und alle anderen Räte im Land auch. Die Bolschewiki, die sich völlig zu Unrecht „Mehrheitssozialisten“ nannten, waren überall — wenn überhaupt vertreten — in der Minderheit.

Lenins Klassenkämpfer aber suchten in dieser Lage weiterhin bewußt das Chaos. Im Juli 1917 gab es Zusammenstöße mit der Regierung, und Kerenski nannte Lenin offiziell und amtlich einen „deutschen Agenten“. Lenins Partei wurde verboten. Seine Revolutionäre, die in Petrograd den Aufstand geprobt hatten, wanderten in Kerenskis Gefängnisse — darunter auch Trotzki.

Lenin selbst mußte fliehen. Er entkam verkleidet nach Finnland — vom gleichen finnischen Bahnhof Petrograds aus, von dem aus er drei Monate vorher vom Panzer herab die Weltrevolution ausgerufen hatte. Der erste Versuch, die Macht gewaltsam in die Hände zu bekommen, war gründlich danebengegangen. Die Mitgliederzahl der bolschewistischen Partei ging rapide zurück und betrug im August 1917 noch knapp 20 000 — im gesamten Rußland mit seinen damals über 120 Millionen Einwohnern.

Und wieder kam der Krieg Lenin zu Hilfe: Die Regierung Kerenski hatte versucht, mit einer Offensive[25]) vom 30. Juni bis 11. Juli 1917 die deutsche Front zu erschüttern. Vergeblich. Bei der Vorbereitung und Durchführung aber hatte die Regierung ihre schwachen moralischen Kräfte verbraucht, den zarten Ansatz von Hoffnung und Vertrauen sowohl an der Front als auch in der Bevölkerung vollends verspielt.

Im August versuchte der Kosakengeneral Kornilow[26]) mit einigen

Regimentern Petrograd zu besetzen und in einem Putsch die Macht aus den Händen der unfähigen Kerenski-Regierung zu entreißen. Und da machte der bedrängte Kerenski dann einen entscheidenden Fehler: Aus Angst, von liberalen Generalen gestürzt zu werden, bewaffnete er schließlich sogar die bolschewistischen Gruppen. Lenin gab aus seinem finnischen Exil heraus die Anweisung an die Bolschewiki, diesmal die Regierung zu unterstützen.
Kornilows Putschversuch wurde niedergeschlagen. Die Hilfe der Bolschewiki war dabei von untergeordneter Bedeutung, doch da sie jetzt plötzlich auf der richtigen, der Sieger-Seite standen, wurde das Parteiverbot gelockert. Trotzki wurde aus der Haft entlassen. Lenin allerdings mußte sich bis Anfang Oktober in Finnland versteckt halten.
Am 10. Oktober, kurz nach seiner Rückkehr, beschloß das Zentralkomitee der Bolschewiki, einen Aufstand in Petrograd zu inszenieren. Lenin selbst erschien zu der entscheidenden Sitzung maskiert, mit grauer Perücke und abrasiertem Bart. Als Termin für die bewaffnete Machtergreifung durch die Partei der Bolschewisten wurde der 7. November[27]) angesetzt.
Lenin setzte, im Widerspruch zu einflußreichen bolschewistischen Funktionären wie Sinowjew, alles auf eine Karte. Er wußte: seine kleine bolschewistische Gruppe konnte auf absehbare Zeit weder bei Wahlen noch durch Beherrschung der Straße oder der Räte siegen. Deshalb mußte er das Militär gewinnen, putschen, die Macht gewaltsam an sich reißen. Und es mußte vor dem 25. November geschehen, denn für diesen Tag war die Einberufung einer Nationalversammlung vorgesehen. Lenin konnte davon ausgehen, daß dieses Ereignis die herrschenden Machtverhältnisse unter Kerenski festigen würde. Dem wollte er zuvorkommen. Ebenso dem Zweiten Allrussischen Kongreß, der sich am 7. November neben den Räten etablieren sollte und in dem Lenins Gegner ebenfalls weit in der Überzahl waren. In einem Brief an das Zentralkomitee seiner bolschewistischen Partei schrieb er deshalb: „Die Machtergreifung ist eine Sache der Rebellion. Der politische Zweck wird nach der Ergreifung offenbar werden.“ [28])
„Die ganze Regierungsgewalt in die Hände der Sowjets“ — das war Lenins Formel. Mit ihr gewannen die Bolschewiki schließlich die

Petrograder Garnison für sich. Und auf die allein kam es an. Ein guter Teil dieser Truppe hörte schon bald auf die Befehle der Räte, statt auf die Kerenskis. Trotzki hatte dazu das seine beigetragen, indem er das einflußreiche „Revolutionäre Militär- und Marinekomitee“ in Petrograd in die gewünschte Richtung steuerte. — Die Bolschewiki versprachen einen sofortigen Waffenstillstand mit Deutschland und gewannen auf diese Weise bald große Teile der kampfesmüden Armee für sich.

Am 7. November, an dem abends der Zweite Allrussische Sowjetkongreß zusammentreten sollte, schlugen die Bolschewiken los — ohne Unterstützung der anderen sozialistischen Parteien. Über das Ergebnis wissen wir heute alle bestens Bescheid. Hans von Rimscha faßt es in diesen Sätzen zusammen: „Die Rechnung ging vollständig auf ... Unter der militärischen Leitung Trotzkis ... wurden am Morgen des Tages widerstandslos — ohne einen Schuß — alle Eisenbahnstationen und Brücken, Post und Telegraf in Petrograd von den Aufständischen besetzt. Nur am Winterpalais, dem Sitz der Regierung, setzten einige junge Militärschüler und ein von Kerenski gebildetes Frauenbataillon unter Führung eines ‚Fremdstämmigen’ (eines Nichtrussen, der Autor) names Ruthenberg den Aufständischen Widerstand entgegen. Er wurde leicht gebrochen, nachdem ein in der Newa ankernder Kreuzer ‚Aurora‘, der zu den Aufständischen übergegangen war, mit Schiffsartillerie — nach unserer heutigen Kenntnis mit einem einzigen Kanonenschuß — in den von den Bolschewiken heroisierten ‚Sturm auf das Winterpalais‘ eingegriffen hatte.“ [29])

Der Ministerpräsident der bisherigen provisorischen Regierung, Alexander Kerenski, floh in einem Auto unter amerikanischer Flagge. Und er zeigte durchaus die richtige Flagge, denn die westlichen Feinde Deutschlands, vor allem die USA waren es, die Kerenski mit allen Mitteln unterstützt hatten, um auf diese Weise Rußland im Krieg mit Deutschland zu halten, das Deutsche Reich im Zweifrontenkrieg verbluten zu lassen.

Der Mann der Westalliierten war nun ausgeschaltet. Er versuchte zwar noch einmal von der Stadt Zarskoje Selo aus, mit Truppen Petrograd zurückzuerobern, aber ohne jeden Erfolg. Kerenski war gescheitert. Er ging später für immer in die Vereinigten Staaten.

Nun war der Mann der kaiserlich-deutschen Diplomatie am Zuge: Wladimir Iljitsch Uljanow, genannt Lenin. Am Tage nach dem erfolgreichen Putsch übernahm er bereits den Vorsitz im „Rat der Volkskommissare", der neuen bolschewistischen Einparteien-Regierung. Es regierte also vom ersten Tage an der Parteiführer, der oberste Funktionär der Bolschewiki.
Die Ministerien wurden mit sogenannten Volkskommissaren besetzt. Diese Kommissare hatte Lenin ernannt. Unter ihnen befand sich bezeichnenderweise kein Arbeiter oder Bauer, obwohl sich die Regierung „Arbeiter- und Bauernregierung" nannte. Den Vorsitz führte, wie gesagt, Uljanow — so unterzeichnete Lenin damals noch. Volkskommissar für Auswärtige Angelegenheiten wurde Bronstein — auch Trotzki unterschrieb noch mit seinem bürgerlichen Namen. Das Volkskommissariat für Nationalitätenfragen übernahm ein gewisser Jossif Wissarionowitsch Dschugaschwili aus Georgien, der später als Josef Stalin Geschichte machte.
In Petrograd war ein Staatsstreich gelungen, ein Putsch erfolgreich durchgeführt worden. Das Volk wurde überhaupt nicht gefragt. Die „Arbeiter-Massen" standen völlig unbeteiligt abseits. Gesiegt hatte nicht das Proletariat, sondern die Partei. Unter zielsicherer Führung der bolschewistischen Berufsrevolutionäre hatte die bunt zusammengewürfelte großstädtische Masse, der mit Deserteuren untermischte Pöbel Petrograds, dem Umsturz zum Siege verholfen. Die Menschewiken als Partei der organisierten Arbeiter haben immer wieder mit Recht betont, daß die Arbeiterschaft am allerwenigstens am Umsturz beteiligt war." [30])
Und Maxim Gorki, dessen Sympathien für den Bolschewismus bekannt waren, der in der Emigrationszeit sogar mit Lenin befreundet war, schrieb am 21. November 1917, also bereits nach dem Umsturz, in seiner Zeitung Nowaja Shisn: „Man muß sich darüber klar sein, daß Lenin kein allmächtiger Zauberer ist, sondern ein berechnender Betrüger, der weder für das Leben noch die Ehre des Proletariats irgend ein Gefühl kennt." [31])
Der Putsch von Petrograd — denn nur das Regierungszentrum war vorderhand in der Gewalt der Bolschewiki — erschien den Menschen in der Hauptstadt und den Bediensteten in den Ämtern noch immer so unglaubhaft, daß sie ihre Tätigkeit fortsetzten, als sei

nichts geschehen. Dekrete und Verordnungen wurden zunächst immer noch im Namen der längst entmachteten provisorischen Regierung unterzeichnet. Erst als nach einigen Tagen die Volkskommissare in den Ministerien auftauchten, um die Geschäfte zu übernehmen, verließen die Beamten der alten Ära fluchtartig ihre Schreibtische. Am 28. November 1917, drei Wochen nach dem Putsch, fanden in ganz Rußland die nach dem allgemeinen Wahlrecht vorgesehenen Wahlen zur Nationalversammlung statt, die schon lange anberaumt waren. Die Bolschewiki erzielten ein klägliches Ergebnis. Sie erhielten nur 168 von 703 Sitzen. Die Mehrheit der gewählten Abgeordneten waren Liberale, Reformer, Sozial-Revolutionäre — und damit Anhänger des gestürzten Kerenski.

Eigentlich hätte dieses neugewählte Parlament bald zusammentreten, eine Verfassung verabschieden und natürlich auch über Lenins Regierung befinden müssen. Doch der Führer der Revolution löste das Problem auf seine Weise. Er ließ eine Abteilung lettischer Scharfschützen nach Petrograd verlegen. Und als am 18. Januar die Nationalversammlung endlich zusammentrat und mit Zweidrittel-Mehrheit gegen Lenins Regierung votierte, wurde die Sitzung vertagt. Sie ist bis heute nicht wiedereröffnet worden — die Abgeordneten, die am andern Tag versuchten, sich wieder zu versammeln, blickten in die Gewehrläufe der lettischen Scharfschützen. So löste Lenin das Problem der Demokratie.

Doch war er bereit und in der Lage, nun auch das Problem der Deutschen Heeresleitung zu lösen? — Konnte und wollte er durch einen Separatfrieden mit dem Deutschen Reich den Zweifrontenkrieg beenden, wie man in Berlin hoffte?

Die erste Stufe dieses kühnen Vorhabens der kaiserlich-deutschen Diplomatie war ja gelungen: Acht Monate nachdem der Emigrant von Zürich aus in Marsch gesetzt worden war, die Macht im niederbrechenden Zarenreich zu übernehmen, konnten die Herren im Berliner Auswärtigen Amt bereits Vollzug melden. Der Herr Lenin, der nur über wenige Anhänger verfügt hatte und in Rußland fast unbekannt gewesen war, verfügte jetzt unumschränkt über die volle Regierungsgewalt in Petrograd. Die russische Revolution, das Kind des Krieges, war geboren.

Und Lenin versuchte bereits am 8. November 1917, einen Tag nach der Machtübernahme, alle am Krieg beteiligten Nationen zur Beendigung des Krieges zu bewegen. Doch die Ententemächte reagierten überhaupt nicht. Das Deutsche Reich jedoch war brennend an einem Separatfrieden mit Petersburg interessiert.

Am 15. Dezember wurde tatsächlich Waffenstillstand geschlossen. Am 22. Dezember 1917 begannen in Brest-Litowsk die öffentlich geführten Friedensverhandlungen zwischen Deutschland und Rußland. — Drei Jahre nach Ausbruch des Ersten Weltkriegs und ein Jahr vor seinem Ende.

Die Armeen der beiden Nationen waren sechs Wochen nach Beginn des Ersten Weltkrieges erstmals in ihrer Geschichte zum Kampf gegeneinander angetreten gewesen — wenn man vom Streit der Zarin Elisabeth mit Friedrich dem Großen einmal absieht. Deutschland und Rußland waren vor dem Kriegsausbruch von 1914 ein Jahrhundert lang in einer nützlichen Freundschaft verbunden.

Doch dann hatten es die Briten geschafft, Rußland für ihre Zwecke einzuspannen: Im Mai 1906 wurde der neue britische Botschafter Sir Arthur Nicolson in Moskau empfangen, und er legte den Köder aus, mit dem die Russen als Verbündete der gerade erst gebildeten englisch-französischen Entente gewonnen werden sollten: Die Herrschaft des Zaren über die Dardanellen und damit das offene Tor ins Mittelmeer. Dies wäre die Erfüllung eines uralten Petersburger Traumes gewesen. Dafür war der Zar bereit, in den 1. Weltkrieg zu ziehen.

Allerdings hatte er sich schon noch einige weitere Eroberungen in Deutschland ausgemalt. Der französische Botschafter in Petersburg, Maurice Paléologue, berichtet sehr offen darüber, wie ihm am 21. November 1914 der Zar „mit gerunzelten Brauen und halbgeschlossenen Lidern, als spräche er sich vor, was er mir sagen wird“, schließlich erklärte: „Hauptsächlich ist es in Deutschland, daß sich große Veränderungen vollziehen werden; wie ich es Ihnen schon sagte, wird Rußland die Gebiete des früheren Polens und einen Teil Ostpreußens annektieren. Frankreich wird sich Elsaß-Lothringen zurücknehmen und sich vielleicht sogar bis über die Rheinprovinzen ausdehnen. Belgien wird in der Gegend von Aachen einen bedeutenden Gebietszuwachs erhalten; es hat ihn wahrlich wohl verdient. Was die deutschen Kolonien betrifft, so werden sie sich Frankreich und England nach Gutdünken untereinander aufteilen. Endlich wünsche ich, daß Schleswig mit Einschluß der Kieler Kanalzone an Dänemark zurückerstattet werde.“ [32]

Rußland und Deutschland mußten Feinde sein. Die britische Einkreisungspolitik sah dies vor — und sie war erfolgreich. Gleichzeitig war seit der Jahrhundertwende auch eine französisch-russische Annäherung im Gange, die ebenfalls diesem Ziel diente. [33]

Als dann im Winter 1914/15 die russische Dampfwalze in den östlichen Gebieten des Deutschen Reiches bereits gestoppt wurde und Rußlands Kräfte offensichtlich für ein weiteres Abenteuer am Bosporus nicht ausreichten, zogen die Briten ihrerseits aus, um die Dardanellen für den Zaren zu erobern. Ein Jahr lang versuchten sie es von der Halbinsel Gallipoli aus. Am 9. Januar 1916 mußten sie mit blutigen Köpfen wieder abziehen. Churchill, der damals Marineminister war, stürzte im Gefolge dieser Schlappe.

Rußland war in den Monaten vor der Revolution, wie bereits beschrieben, vor allem militärisch in einer mißlichen Lage. Und es gab am Hofe durchaus damals schon Bestrebungen, einen Sonderfrieden mit Deutschland zu schließen. Selbst der Zar geriet — unbegründet freilich — in Verdacht, mit seinem Vetter Wilhelm II. insgeheim Verhandlungen zu suchen.

Erstaunlich schnell wurde dann die jahrhundertealte Dynastie der Zaren beiseite gefegt. Nicht von Bolschewiki, wie wir wissen, sondern vom liberalen und liberal-sozialistischen Bürgertum, das nach England tendierte und wohl von dort auch unterstützt wurde. Auch die Rolle der USA in diesem Spiel darf man nicht zu gering achten. Schließlich war Kerenski ihr Mann gewesen.

Doch nun bestand Waffenstillstand zwischen dem Deutschen Reich und der Petrograder Revolutionsregierung Lenins. Die Verhandlungen in Brest-Litowsk liefen auf vollen Touren.

Die Regierung Lenins fühlte sich an keinerlei Geheimvereinbarungen des Zaren mit London mehr gebunden. Die Möglichkeit einer völlig neuen europäischen Konstellation zeichnete sich ab. Erinnerungen wurden wach: an das preußisch-russische Bündnis von Tauroggen, das General Yorck und der russische General Diebitsch am 30. Dezember 1812 in der Mühle von Poscherun unterzeichnet hatten; an die Konvention von Alvensleben aus dem Jahre 1863, dem deutsch-russischen Bündnis gegen die aufständischen Polen, an die Rußlandpolitik Bismarcks, an seinen Rückversicherungsvertrag von 1887.

Die neuen Herren von Petrograd waren weder vom Panslawismus beeinflußt, noch an die Entente gebunden. Was lag also näher, als den sinnlosen deutsch-russischen Krieg, der allein in Englands Interesse lag, in eine sinnvolle deutsch-russische Verständigung umzuwandeln?

Doch Lenin oder seine Genossen hatten auch daran kein Interesse. Die Berufsrevolutionäre in Petrograd waren gar nicht daran interessiert, sich in nationalstaatlicher Interessenpolitik zu engagieren. Lenin war zwar in den Besitz der Macht ohne die Anwendung irgendwelcher marxistischen Theorien gekommen. Er hatte geputscht, in klassischer Manier, und die Macht an sich gerissen. Doch nun wollte er seinem neuen Staatsgebilde doch eine marxistische Utopie, eine Ersatz-Religion geben, er hatte seine Gründe, die bald offenkundig werden sollten und er wollte international eine noch viel größere Rolle spielen als die russischen Herrscher bisher. Lenins Rußland hatte keine begrenzten Ziele mehr im Auge, wie die es umgebenden Nationalstaaten.

Die Bolschewiki handelten deshalb damals auch keinen Augenblick als nationale russische Staatsmänner im klassischen Sinn, sonst hätte ihr Handeln anders ausgesehen. Durch die Zwangslage Deutschlands wären sie zu einem günstigen Friedensschluß gekommen.

Statt dessen zögerte Trotzki die Verhandlungen in Brest-Litowsk Tag für Tag ergebnislos hin. Ihm wird das Wort zugeschrieben, das für die Situation kennzeichnend war: „Wir wollen weder Krieg noch Frieden."

Lenin interessierte vor allem „die kommende deutsche Revolution" und schließlich die Weltrevolution. In den Novembertagen von 1917, als bereits der Waffenstillstand mit dem Deutschen Reich bevorstand, soll er gesagt haben: „Von jetzt an wird Rußland der erste Staat sein, in dem ein sozialistisches Regime errichtet worden ist ... es handelt sich (aber) gar nicht um Rußland. Ich pfeife auf Rußland ... das ist nur eine Phase, die wir durchmachen müssen, auf dem Wege zur Weltrevolution." [34])

Später beschrieb Lenin seine Taktik, die er sich für Waffenstillstands- und Friedensverhandlungen mit Deutschland ausgedacht hatte, in aller Deutlichkeit: „Es mochte so aussehen, als ob das Ergebnis eine Art Block zwischen der ersten sozialistischen Republik mit dem deutschen Imperialismus gegen einen anderen Imperialismus gewesen sei. Aber wir haben keinerlei Block gebildet . . . Wir haben uns nur die Feindseligkeiten zwischen zwei Imperialismen derart zunutze gemacht, daß sie schließlich beide verloren. Deutschland hat aus dem Frieden von Brest-Litowsk nur ein paar Millionen Pfund Getreide gewonnen, dafür aber die Zersetzungskeime des Bolschewismus eingeschleppt." [35)]

Von der ersten Stunde der Verhandlungen in Brest-Litowsk an war es klar, daß es den Bolschewiki vor allem auf propagandistische Erfolge und auf Zeitgewinn ankam. Sie nutzten die Friedensgespräche zu einer bolschewistischen Agitation im Weltmaßstab. Schließlich forderten sie von Deutschland den Verzicht auf Annexionen, Räumung der besetzten Gebiete, das Selbstbestimmungsrecht der Völker und den Verzicht auf Kriegsentschädigung.

Vom 28. Dezember 1917 bis 9. Januar 1918 wurden die Verhandlungen unterbrochen. Dann erschien Trotzki selbst als Delegierter. Kurz darauf brachen in Berlin Streiks unter den Munitionsarbeitern aus. Der russische Rundfunk forderte das deutsche Heer zu Ungehorsam und zum Aufstand auf.

In Brest-Litowsk wurde von den Russen ganz offenkundig zur Schau getragen, daß sie nur auf den Ausbruch der deutschen Revolution warteten. Sie interessierten sich überhaupt nicht für die Vorstellungen der deutschen und österreichischen Politiker über einen Friedensvertrag. So weit es möglich war, gingen sie ihnen einfach aus dem Weg.

Das Verfahren schleppte sich wochenlang hin. Schließlich drängten die deutschen Generale auf ein Ende der Verhandlungen. Denn Hauptzweck der Unterstützung der russischen Revolution, des Waffenstillstands und der nun laufenden Friedensverhandlungen war es schließlich, im Osten Kräfte für die Westfront freizubekommen. Und als die Russen weiterhin nicht bereit waren, die deutschen Wünsche zu akzeptieren, diktierten schließlich die Militärs kurzerhand die Bedingungen, die Deutschland den angestrebten Nutzen sicherten.

Trotzki verweigerte jedoch die Unterschrift unter diesen Friedensvertrag und verkündete am 10. Februar, Rußland sehe den Krieg als beendet an, werde aber die deutschen Bedingungen nicht anerkennen — zum Beispiel die Lieferung von Rohstoffen und Lebensmitteln an Deutschland.

Am 18. Februar stürmten daraufhin die Truppen Deutschlands und Österreichs wieder nach Osten. Der Munitionsarbeiter-Streik war längst zusammengebrochen. Die Ukraine wurde besetzt, das Baltikum bis Narwa von allen Bolschewisten gesäubert, und schon tauchten Pläne auf, auch Petrograd einzunehmen.

Erst jetzt, als sein Regime bedroht war, entschloß sich Lenin, die Friedensbedingungen der deutschen Generale zu unterzeichnen. Sie waren hart und sahen ganz anders aus, als ein wirklicher Friedensvertrag hätte aussehen können — doch den haben die Berufsrevolutionäre in Petrograd, die inzwischen nach Moskau umgezogen waren und damit die alte Hauptstadt der Moskowiter wieder einnahmen, nicht gewollt.

Lenin hatte ihn nicht gewollt, weil er die deutsche Revolution wollte. Er sagte: „Die deutsche Revolution ist unendlich wichtiger als die russische.“ [36]

Und wenige Tage nach Unterzeichnung des Friedensvertrags, als längst klar war, daß die deutsche Revolution nicht durch streikende Munitionsarbeiter — und im Augenblick überhaupt nicht — zu haben war, sagte Lenin: „Das ist eine Lehre, denn es ist eine absolute Wahrheit, daß wir ohne eine deutsche Revolution untergehen werden.“

Es war eine fixe Idee, ein Dogma, ein Glaubenssatz, daß es ohne deutsche Revolution keine Weltrevolution geben wird und daß deshalb die deutsche Revolution unter allen Umständen erzwungen werden muß. Im weiteren Verlauf der deutsch-sowjetischen Beziehungen hat sich dieses Vorhabens Lenins und seiner Erben verhängnisvoll ausgewirkt. Und noch heute verhindert es, daß Deutschland und Rußland sich ihren staatspolitischen Interessen entsprechend verständigen. Ob dieses Vorhaben einer deutschen Revolution überhaupt noch sinnvoll ist, auch in sowjetischer Sicht, oder nicht — es ist ein Lehrsatz Lenins und deshalb mit Argumenten nur schwer zu stoppen.

Die Sowjetunion hat wegen dieses Revolutionsvorhabens in Deutschland auf die von nicht-russischen Völkern besiedelten Gebiete im Westen und Süden, auf Finnland, das Baltikum, auf Polen, die Ukraine und den Kaukasus verzichten müssen. Insgesamt verlor Rußland in dem diktierten Frieden 26 Prozent seines Territoriums. Dazu ebenfalls rund ein Viertel seiner Eisenindustrie und Kohlebergwerke, sowie die von Lenin zitierten „Millionen Pfund Getreide".

Was aber wäre die Alternative zu diesem Friedensschluß von Brest-Litowsk gewesen? Von Rimscha schreibt: „Es ist schwer zu sagen, wie die Entwicklung in Rußland ohne diesen Friedensschluß weitergegangen wäre. Wahrscheinlich hat der Friede mit Deutschland die bolschewistische Herrschaft vor einem schnellen Untergang bewahrt." [37)]

Die russische bolschewistische Revolution war also nicht nur durch die Aktion des deutschen Generalstabs überhaupt ermöglicht worden, sondern sie wurde dann auch noch — Ironie der Geschichte — ausgerechnet durch den von der deutschen Generalität erzwungenen Frieden von Brest-Litowsk in letzter Minute noch einmal gerettet, als sie vom Tode gezeichnet war, schon kurz nachdem sie das Licht dieser Welt erblickt hatte.

DER STRATEGE LENIN HATTE EINEN PREUSSISCHEN GENERAL ZUM LEHRMEISTER

Wegen des Friedens von Brest-Litowsk sah sich Lenin heftiger innerparteilicher Kritik ausgesetzt. Vor allem die „Trotzkisten“, damals freilich nur einige wenige politische Freunde Trotzkis, waren gegen diesen Frieden. Sie wollten die Situation, in der „weder Krieg noch Frieden“ herrschte, aufrechterhalten. Eine Art Waffenstillstand also, der aber weiterhin die latente Bedrohung der deutschen Ostfront und damit die Bindung starker militärischer Kräfte ermöglichte.

Dies war auch der Wunsch des nach England, Frankreich und Amerika blickenden liberalen Flügels der Moskauer Politik.

Lenin aber blieb unbeirrt. Er setzte die Unterschrift in Brest-Litowsk durch. Das Friedensdokument von 1918 ist eines der ersten, das vom Signum der jungen Sowjetunion geziert wird.

Was war der Grund für Lenins Entscheidung? Die Antwort auf diese Frage mag heute viele Konservative überraschen und die meisten gläubigen Neo-Marxisten in Verwirrung stürzen, aber sie offenbart ganz entscheidende Grundmuster des Politikers Lenin, und sie läßt uns hinter eines der wesentlichen Geheimnisse seines Erfolgs blicken: Lenin leistete die Unterschrift unter den Zwangsfrieden von Brest-Litowsk, weil ihm ein preußischer General die Hand führte — Carl von Clausewitz.

Lenin hatte einen der wichtigsten, wenn nicht gar den wichtigsten Satz Clausewitzschen Denkens begriffen, daß nämlich der Krieg als Instrument der Politik verstanden werden muß, dieser eingeordnet. Daß er nur die Fortsetzung einer Politik ist, mit anderen Mitteln zwar, aber eben nur eine Fortsetzung.

Der Historiker Werner Hahlweg stellt fest: „Die Lehren des preußischen Generals haben vielleicht mitgeholfen, Lenin bei Brest-Litowsk den rechten Weg zu zeigen.“[1])

Clausewitz wurde auch für die Strategie der künftigen Politik Lenins entscheidend. Der Altbolschewik Sorin[2]) zitiert seinen Meister Lenin mit dem Ausspruch, „die Parteiarbeiter sollten mit Nutzen für sich die Werke von Clausewitz, diesem gewaltigen deutschen Kriegstheoretiker, studieren.“[3])

Raymond Aron kommt zu dem Schluß: „Die Gedanken Clausewitzens, ausgelegt durch einen Marxisten, haben seit 1915 bis zu unseren Tagen für Lenin und für die Leninisten/Marxisten als theoretischer Rahmen oder das Handeln rechtfertigende Ideologie gedient." [4])
Als die deutsche 17. Armee im September 1941 Poltawa einnahm, fand der Offizier der Führungsabteilung, Wilhelm von Schramm, in der Bücherei der dortigen Kriegsschule nicht weniger als zehn Ausgaben des Clausewitzschen Hauptwerks „Vom Kriege", sieben in russischer und drei in deutscher Sprache. [5])
Nach dem Kriege erlebte Clausewitz in der Deutschen Demokratischen Republik eine echte Renaissance. Und seine Gedanken zum begrenzten Konflikt und zum Krieg als Druckmittel für politische Ziele werden heute an der Politik Moskaus ebenso deutlich wie an der der DDR.
Lenin hatte die Lehren von Clausewitz zu einem unverzichtbaren Bestandteil von Strategie und Taktik der Sowjetunion gemacht. Er selbst studierte das Werk des preußischen Generals während seiner Emigrationszeit in Zürich. Wie eingehend er sich mit Clausewitz beschäftigte, beschreibt der deutsche Staatsrechtler Carl Schmitt: „Lenin war ein großer Kenner und Bewunderer von Clausewitz. Er hat das Buch vom Kriege während des Ersten Weltkrieges im Jahre 1915 intensiv studiert und Auszüge daraus in deutscher Sprache, Randbemerkungen in russischer Sprache, mit Unterstreichungen und Ausrufungszeichen in sein Notizheft, die ‚Tetradka', [6]) eingetragen. Er hat auf diese Weise eines der großartigsten Dokumente der Welt- und der Geistesgeschichte geschaffen." [7])
Lenin war es, der mit der Genialität Clausewitzscher Gedanken das Weltgeschick änderte. Während der preußische Stratege und Philosoph Clausewitz im eigenen Lande lange nichts galt, gewannen die Bolschewiken nicht zuletzt mit der elitären Leistung seines Gehirns eine Revolution und ein Imperium.
Werner Hahlweg, sicher der kompetenteste Clausewitz-Forscher, stellt ganz eindeutig fest, daß Lenin mit Hilfe der Formel vom Krieg als Fortsetzung der Politik die Antwort gefunden habe, auf „nahezu die gesamten Kernfragen der Revolution in ihrem Kampf: Wesenerkenntnis (Klassenanalyse) des Weltkrieges und damit zu-

sammenhängende Probleme wie Opportunismus, Vaterlandsverteidigung, nationaler Befreiungskampf, Unterschied zwischen gerechten und ungerechten Kriegen, Verhältnis von Krieg und Frieden, Revolution und Krieg, Beendigung des imperialistischen Krieges durch Umsturz im Innern seitens der Arbeiterklasse, Revision des bolschewistischen Parteiprogramms." [8])

Carl Schmitt, der dieser Analyse Hahlwegs uneingeschränkt zustimmt, hat einen weiteren Grund erkannt, warum Lenin mit Clausewitz so überaus erfolgreich war: „Was Lenin bei Clausewitz lernen konnte und gründlich gelernt hat, ist nicht nur die berühmte Formel vom Krieg als Fortsetzung der Politik. Es ist die weitere Erkenntnis, daß die Unterscheidung von Freund und Feind im Zeitalter der Revolution das Primäre ist und sowohl den Krieg wie die Politik bestimmt. Nur der revolutionäre Krieg ist für Lenin wahrer Krieg, weil er aus absoluter Feindschaft entspringt. Alles andere ist konventionelles Spiel.

Die Unterscheidung von Krieg (Woina) und Spiel (Igra) hebt Lenin selbst in einer Randbemerkung zu einer Stelle des 23. Kapitels von Buch II (‚Schlüssel des Landes') besonders hervor. In ihrer Logik bewegt sich dann der entscheidende Schritt, der die Hegungen niederreißt, die dem Staatenkrieg des kontinentalen europäischen Völkerrechts im 18. Jahrhundert gelungen waren, die der Wiener Kongreß so erfolgreich bis in den ersten Weltkrieg hinein restauriert hatte und an deren Beseitigung auch Clausewitz noch nicht wirklich dachte. Im Vergleich zu einem Krieg der absoluten Feindschaft ist der nach anerkannten Regeln verlaufende, gehegte Krieg des klassischen europäischen Völkerrechts nicht viel mehr als ein Duell zwischen satisfaktionsfähigen Kavalieren. Einem von absoluter Feindschaft beseelten Kommunisten wie Lenin mußte eine solche Art von Krieg als bloßes Spiel erscheinen, bei dem er nach Lage der Sache mitspielte, um den Feind irrezuführen, das er aber im Grunde verachtete und lächerlich fand.

Der Krieg der absoluten Feindschaft kennt keine Hegung. Der folgerichtige Vollzug einer absoluten Feindschaft gibt ihm seinen Sinn und seine Gerechtigkeit." [9])

Diese absolute Feindschaft gegenüber allem Bisherigen und gegenüber dessen Mächten und Repräsentanten stand als Philosophie über dem Handeln des Revolutionärs Lenin. Diese absolute Feindschaft macht das Wesen seiner Politik aus. Diese absolute Feindschaft war Lenins Stärke. Es war die Kraft, aus der heraus die russische Revolution siegte, aus der heraus Lenin siegte, „und seine Überlegenheit über alle anderen Sozialisten und Marxisten bestand darin, daß er mit der absoluten Feindschaft Ernst machte. Sein konkreter absoluter Feind war der Klassenfeind, der Bourgeois, der westliche Kapitalist und dessen Gesellschaftsordnung in jedem Lande, in dem sie herrschte. Die Kenntnis des Feindes war das Geheimnis von Lenins ungeheurer Schlagkraft." [10])

Der Umsturz aller bisherigen Werte war das geistige Ziel. Eine Ungeheuerlichkeit, die nur sehr wenige Zeitgenossen überhaupt zu erkennen vermochten. Eine Totalität, die das äußerste anstrebte, das der Wille zur Macht fordern konnte.

Totale Feindschaft und ein maximales Ziel — und zu seiner Verwirklichung eine Strategie, erarbeitet vom genialsten Strategen, den wir kennen: von Carl von Clausewitz. Dazu eine Taktik, die sich ebenfalls an keine Konventionen hielt, so wenig wie Ziel und Strategie: Die Irregularität der Kampfführung, „und dadurch die stärkste Negation der bestehenden kapitalistischen Ordnung". [11])

Lenins Taktik bestand im politischen Partisanenkrieg. Der Partisan war „zum eigentlichen Vollstrecker der Feinschaft berufen". [12]) Dies war eine neue Kampfform. Mit etwas Vergleichbarem waren die Staaten Europas bislang nicht konfrontiert worden. Mit dem politischen Partisanen, dem irregulär operierenden kommunistischen Untergrundkämpfer, der als Bürger in seinem Land, gegen dessen Ordnung er kämpft, fest verankert und geschützt ist, trat ein neuer Typus des Kämpfers hervor, schwer zu fassen, von unerreichter Beweglichkeit.

Carl Schmitt, der die totale Durchdringung von politischer Philosophie, genialer Strategie und irregulärer Taktik zu einer neuen revolutionären Kampfform am prägnantesten analysiert hat, schreibt dazu: „Die Irregularität des Klassenkampfes stellt nicht nur eine Linie, sondern das ganze Gebäude der politischen und sozialen Ordnung in Frage. In dem russischen Berufsrevolutionär Lenin erfaßte sich diese neue Wirklichkeit zu philosophischer Bewußtheit. Das Bündnis der Philosophie mit dem Partisanen, das

Lenin geschlossen hat, entfesselte unerwartet neue, explosive Kräfte. Es bewirkte nicht weniger als die Sprengung der ganzen europa-zentrischen Welt, die Napoleon zu retten und der Wiener Kongreß zu restaurieren gehofft hatte." [13])

Das Resumée Carl Schmitts über Lenin, seinen Lehrmeister Clausewitz und die aus der russischen Revolution erwachsene neue Qualität der europäischen Beziehungen lautet: „Lenin hat den begrifflichen Schwerpunkt vom Krieg auf die Politik, d. h. auf die Unterscheidung von Freund und Feind verlagert. Das war sinnvoll und nach Clausewitz eine folgerichtige Weiterführung des Gedankens vom Krieg als einer Fortsetzung der Politik. Nur ging Lenin als Berufsrevolutionär des Weltbürgerkrieges noch weiter und machte aus dem wirklichen Feind (des begrenzten Interessengegensatzes, d. Verf.) den absoluten Feind (des unbegrenzten Gegensatzes, der nicht mehr auf unterschiedliche Interessen beschränkt, sondern total ist, d. Verf.). Clausewitz hat vom absoluten Krieg gesprochen, aber immer noch die Regularität einer bestehenden Staatlichkeit vorausgesetzt. Er konnte sich den Staat als Instrument einer Partei und eine Partei, die dem Staat befiehlt, überhaupt noch nicht vorstellen. Mit der Absolutsetzung der Partei war auch der Partisan absolut geworden und zum Träger einer absoluten Feindschaft erhoben . . .

Im Jahre 1914 sind die Völker und Regierungen Europas ohne wirkliche Feindschaft in den Ersten Weltkrieg hineingetaumelt. Die wirkliche Feindschaft entstand erst aus dem Krieg selbst, der als ein konventioneller Staatenkrieg des europäischen Völkerrechts begann und mit einem Weltbürgerkrieg der revolutionären Klassenfeindschaft endete." [14])

MOSKAU ZETTELTE DEN WELTBÜRGERKRIEG AN, UND DAS ERSTE ETAPPENZIEL HIESS DEUTSCHLAND

Der Frieden von Brest-Litowsk brachte an der Ostfront des Reiches die Waffen zum Schweigen, doch im Innern tat sich eine neue Front auf: Lenins Partisanen, die bereits beim Munitionsarbeiterstreik von Berlin ihre Hände im Spiel gehabt hatten, formierten sich neu. Mit Propaganda- und Sabotageaktionen versuchten sie, Deutschland reif zu machen für die von Lenin so sehnlichst erwartete Revolution.

Der Weltbürgerkrieg, der 60 Jahre später noch immer andauert, hatte begonnen, und sein erstes Ziel war Deutschland. Die Umtriebe der Kommunisten in Betrieben, auf der Straße und unter den Soldaten nahmen an Zahl und Bedeutung ständig zu. Lenins Gesandte schürten das Feuer — schon damals spielte die noch junge sowjetische Diplomatie eine herausragende Rolle im Agenten-Netz der Revolution.

Als beispielsweise an einem Herbsttag des Jahres 1918 die Kurier-Post aus der sowjetischen Hauptstadt im Bahnhof Friedrichstraße in Berlin ankam, ließen die Gepäckträger die größte und schwerste Kiste auf die Steintreppen fallen. Der riesige Behälter brach auseinander, und es ergoß sich eine Flut von Flugblättern mit den blutrünstigsten Aufrufen die Stufen hinunter. Die Propagandaparolen auf den Druckwerken aus Moskau richteten sich „an die Arbeiter und Soldaten“ und forderten beispielsweise auf: „Schlagt die Junker tot.“

Im Münchner „Dolchstoßprozeß“ von 1925, bei dem geklärt werden sollte, ob die Sozialdemokraten während des Ersten Weltkriegs insgeheim mit dem Gegner zusammengearbeitet hatten, stellte sich heraus, daß Abgeordnete der während des Krieges von der SPD abgespaltenen „Unabhängigen Sozialdemokratischen Partei“ (USPD) nach dem Separatfrieden von Brest-Litowsk ein Büro in der sowjetischen Botschaft in Berlin unterhielten. Abwehrmajor von Roeder sagte aus: „Die Mithilfe der Russen (für die deutschen Sozialisten, d. Verf.) ging so weit, daß fast mit jedem Kurier ganze Wagenladungen von Kisten kamen, die angeblich Kuriergepäck waren, die tatsächlich aber Propagandamaterial enthielten, sowie Waffen, Munition usw." [1])

Tatsache ist auch, daß bereits im Dezember 1917, wenige Monate nach der bolschewistischen Machtergreifung, die Sowjetregierung „den Auslandsvertretungen des Kommissariats des Auswärtigen für die Bedürfnisse der internationalen revolutionären Bewegung" zunächst zwei Millionen Rubel zur Verfügung gestellt hat. David Shub, der hierüber berichtet, zitiert auch eine von Lenin und Trotzki gezeichnete amtliche Mitteilung der Sowjetregierung, die am 26. November 1912 in der „Iswestia" veröffentlicht wurde und in der es heißt, die neue Regierung der UdSSR halte es für richtig, „dem linken internationalen Flügel der Arbeiterbewegung aller Länder mit allen denkbaren Mitteln, einschließlich Geld, beizustehen, gleichgültig, ob diese Länder im Krieg mit Rußland oder mit ihm verbündet oder neutral seien. [2])

So offen war die bolschewistische Propaganda später nie wieder. Aber damals waren die neuen Herren von Petrograd noch Anfänger. Was ihre Ansprache des „linken internationalen Flügels der Arbeiterbewegung" angeht, so galt sie zu dieser Zeit ausschließlich deutschen Gruppen, besonders den Abspaltungen von der Sozialdemokratischen Partei, die sich in der Folgezeit als „Mutter aller Linksparteien" [3]) erwies.

Die besondere Aufmerksamkeit der Sowjet-Regierung galt dem ehemaligen SPD-Abgeordneten Karl Liebknecht, der am 1. Mai 1915 bereits verkündet hatte: „Der Hauptgegner steht in unserem eigenen Lande" und der am 22. August 1916 wegen aufrührerischer Tätigkeit vom Reichsgericht zu vier Jahren Zuchthaus verurteilt worden war. Im Februar 1918 wurde er dann — in Deutschland noch einsitzend — vom Petrograder Sowjet demonstrativ zum Ehrenmitglied ernannt.

Die USPD, die mitten im Krieg ganz offen die Niederlage propagierte, war ebenfalls ein wichtiger Bundesgenosse der Bolschewiken. Ihre Spitzenfunktionäre Hugo Haase, Oskar Cohn und Rudolf Breitscheit wurden als Gäste bei einer Maiveranstaltung der neuen Sowjetbotschaft im Jahre 1918 bereits stürmisch gefeiert. Die deutschen Genossen brachten Toasts auf die Sowjetregierung aus. [4])

Und am 8. Juli 1918 verkündete der USPD-Abgeordnete Ledebour im Reichstag: „Sollten die bestehenden Einrichtungen in Rußland (also vor allem die neue Sowjetregierung, d. Verf.) unter dem Schutz der deutschen Truppen gestürzt werden, so wäre es die heilige Pflicht aller deutschen Proletarier, alle Machtmittel aufzuwenden, um ein solches Verbrechen zu verhindern."

Am 5. November 1918 wurde der sowjetische Botschafter in Berlin ins Auswärtige Amt gebeten. Man eröffnete ihm, die Zustände seien untragbar geworden. Die bolschewistischen Umtriebe nähmen mit Hilfe russischer Diplomaten mittlerweile solche Ausmaße an, daß man ihn ersuche, „mit seinem Personal seine Abreise nach Rußland vorzubereiten". Das schildert der deutsche Diplomat Wipert von Blücher, der als junger Beamter im AA beschäftigt war. Er fügt hinzu: „Herr Joffé trat bei dieser Gelegenheit sehr selbstbewußt auf. Er erklärte stolz: ‚100 000 Berliner werden mich zur Bahn begleiten'." [5])

Dazu ist es nicht gekommen. Im Morgengrauen des 6. November wurden die Herren aus der Sowjetunion in schnellen Autos durch die fast menschenleeren Straßen der Reichshauptstadt zu einem Sonderzug gebracht, der sofort mit Volldampf Richtung Osten abfuhr.

Doch in der letzten Station vor Überschreitung der damaligen deutsch-sowjetischen Demarkationslinie erreichte Joffé drei Tage später die Nachricht von der Ausrufung der Republik in Berlin. Er wollte sofort zurück. Die ihn begleitenden kaiserlichen Diplomaten veranlaßten jedoch ungerührt seine Weiterreise hinter die russischen Linien.

Vor seiner unfreiwilligen Abreise hatte der umsichtige Joffé übrigens einem USPD-Abgeordneten, dem Rechtsanwalt Oskar Cohn, noch alle Bargeldbestände der Sowjetbotschaft zur freien Verfügung übergeben.

Cohn und Genossen nutzten die sowjetischen Hilfsgelder ganz im Sinne der Bolschewiki. Jedenfalls bildete sich in diesen Herbsttagen des Jahres 1918, vor allem in Berlin, immer deutlicher das heraus, was man später allgemein als „fünfte Kolonne" Moskaus bezeichnete: ein Trupp von Helfern und Sympathisanten, meist Sozialdemokraten, bzw. Ex-Sozialdemokraten, die von da an immer offener die Geschäfte der Bolschewiken besorgten. Berlin war auch eine gewisse Zentrale für Fahnenflüchtige und für Agenten aller Gegner des Reiches. Das Geld der Sowjetbotschaft — nach verschiedenen Quellen sollen allein an Oskar Cohn 10 Millionen Rubel geflossen sein — spielte bei der Organisation dieses roten Untergrunds eine wichtige Rolle.

In Kiel wurde nach einer von USPD-Leuten inszenierten Meuterei in der Flotte ein Arbeiter- und Soldatenrat gebildet. Der entscheidende Vorgang aber spielte sich in Berlin ab. Dort organisierten kommunistische Drahtzieher nach Petrograder Muster einen „Vollzugsausschuß revolutionärer Betriebsobleute".

Ganze 41 Genossen fanden sich darin zusammen. Unter anderem der soeben vorzeitig aus dem Zuchthaus entlassene Karl Liebknecht und eine besonders zwielichtige Figur, die später noch diverse Rollen spielte: Wilhelm Pieck. Er, der spätere Statthalter Moskaus in Ostberlin, der zusammen mit Ulbricht den separatistischen SED-Staat für die Sowjets unter Kontrolle hielt, hatte sich bis zum 27. Oktober 1918 als Deserteur in Holland versteckt gehalten und war dann auf illegalem Weg nach Deutschland zurückgekehrt.

Am 2. November forderten Liebknecht und Pieck vor dem „Vollzugsausschuß" den sozialistischen Aufstand. Doch der Plan wurde mit 22 gegen 19 Stimmen abgelehnt.

Schließlich wurde dann von Moskaus Handlangern der Aufstand für den 9. November beschlossen. Bekanntlich kamen aber die Sozialdemokraten Friedrich Ebert und Philipp Scheidemann diesem geplanten Anschlag noch zuvor, indem sie die Abdankung des Kaisers Wilhelm II. erzwangen und Scheidemann bereits in den Mittagsstunden des 9. Novembers die Republik von einem Fenster des Reichstags herunter ausrief, die Liebknecht seinerseits um vier Uhr nachmittags auf dem Schloßplatz als sowjetische „Räterepublik" ausrufen wollte.

Die Sozialdemokraten haben damals die Leninisten ausmanövriert. Ebert wurde Kanzler, nicht Liebknecht. Doch die Rede, die Scheidemann hielt, hat vielen Deutschen den Zorn ins Gesicht getrieben und Verbitterung über die sozialdemokratischen „vaterlandslosen Gesellen" in die Herzen gesenkt. Denn in jener Stunde, in der Scheidemann aus dem Fenster schrie: „Das deutsche Volk hat auf der ganzen Linie gesiegt! Jetzt besteht unsere Aufgabe darin, den vollen

Sieg des Volkes nicht beschmutzen zu lassen ...", da diktierte der französische Marschall Foch im Wald von Compiègne in dem berüchtigten Eisenbahnwagen Deutschland die Waffenstillstandsbedingungen.
Scheidemann drosch Phrasen von Triumph und Freiheit in einem Augenblick, in dem jeden anständigen Deutschen Trauer und ohnmächtige Wut schüttelten, angesichts der Demütigung, die das Vaterland von den höhnenden Siegern im Westen erfuhr.
Diesen Makel hat die deutsche Sozialdemokratie in jener Schicksalsstunde des Volkes sich selbst zugefügt und der Republik, die sie ausrief, haftete er ebenfalls an bis zu ihrem Ende.
Der Nationalsozialismus hat später mit dem Begriff von den „Novemberverbrechern" die Stimmungslage vieler Deutscher im Hinblick auf jene Ereignisse bei der Gründung der Weimarer Republik hervorragend getroffen. Und Adolf Hitler rief mit beschwörender Stimme den Massen zu, einen 9. November werde es in der deutschen Geschichte nie wieder geben.
Freilich wurde in dem Schimpfwort „Novemberverbrecher" mehr zusammengefaßt, als nur die unmittelbaren Vorwürfe im Zusammenhang mit der Ausrufung der Republik. In diesem Begriff mündete auch der ältere Vorwurf an die Genossen, „vaterlandslose Gesellen" zu sein und der Verdacht, die Sozialdemokratie hätte einen „Dolchstoß" in den Rücken des „im Felde unbesiegten Frontheeres" geführt. Verrat sei im Spiel gewesen. Später wurde von einer reinen „Dolchstoßlegende" gesprochen. Inzwischen ist aber erwiesen, daß beispielsweise der sozialdemokratische Spitzenfunktionär August Bebel schon vor dem Ersten Weltkrieg die Engländer mit vertraulichen Mitteilungen über die deutsche Flotten- und Außenpolitik versorgte und daß London seine Informationen „auch im Kriege als Kampfmittel benutzt" habe. [6])
Aber Bebel lieferte nur *ein* Beispiel. Es gibt viele. Dazu gehören u. a. auch jene bereits genannten Sozialisten, die 1918 ihr Büro in der russischen Botschaft errichteten, wie Oskar Cohn und Genossen, aber auch der Reichstagsabgeordnete und Schriftsteller Eduard Bernstein, der mitten im Krieg neben der offiziellen deutschen Außenpolitik noch eine eigene Außenpolitik der Arbeiterbewegung forderte. [7])

Zurück zu den Ereignissen von 1918: An jenem 9. November stand zwei Stunden nach Scheidemann auch Karl Liebknecht vor seinen Anhängern, die sich auf dem Platz vor dem Berliner Schloß versammelt hatten. Von jenem Balkon, von dem aus der Kaiser 1914 bei Kriegsausbruch seine berühmte Rede an die Berliner gehalten hatte, rief er, als hätte er gesiegt: „Wir rufen zur Vollendung der Weltrevolution auf! Wer von Euch die freie sozialistische Republik Deutschland und die Weltrevolution erfüllt sehen will, erhebe seine Hand zum Schwur!" Da schrie einer der zuhauf gekommenen Deserteure über den Platz: „Es lebe der erste Präsident der deutschen Räterepublik, Karl Liebknecht." Der Gefeierte wehrte ab: „Soweit sind wir noch nicht."

Lenin unternahm damals alle Anstrengungen, dieses Ziel zu erreichen. David Shub berichtet, daß es zwischen Liebknecht und Lenin sogar ein Geheimabkommen zu diesem Zweck gegeben habe: „In diesem Vertrag versprach Lenin, der spartakistischen Propaganda (Karl Liebknecht und Rosa Luxemburg hatten 1917 den Spartakusbund gegründet, der die bolschewistische Revolution zum Ziel hatte und sich erst später, 1918/19, KPD nannte, d. Verf.) Geld und Waffen zu liefern und Karl Liebknecht als Präsidenten der Deutschen Sowjetrepublik anzuerkennen." [8])

Die sozialdemokratische Regierung Friedrich Eberts zu beseitigen, war Lenins Hauptziel in diesen ersten Wochen und Monaten nach Ausrufung der Republik durch Scheidemann. Dies sollte durch eine „Zweite Revolution" geschehen, deren Ziel es außerdem war, die für den 19. Januar 1919 nach Weimar einberufene Nationalversammlung zu verhindern — ein analoger Vorgang zu Petrograd 1917, wo den Bolschewiki eben dies gelungen war (vgl. Seite 28).

Von Moskau aus wurde Karl Radek-Sobelsohn, der alte Züricher Gefährte Lenins, nach Berlin in Marsch gesetzt, wo Liebknechts Spartakusbund für den Dezember eine Tagung vorbereitete.

Radek trat in dieser Versammlung, in der schließlich die „Kommunistische Partei Deutschlands" (KPD) gegründet wurde, „als der offizielle Vertreter der Bolschewisten zu den deutschen Kommunisten" [9]) in Erscheinung.

Der Parteitag beschloß, daß die KPD sich an den bevorstehenden Wahlen zur Nationalversammlung nicht beteiligen würde, und

sandte ein Begrüßungstelegramm an die russische Sowjetrepublik. Anschließend wählten die Delegierten einen 53köpfigen Revolutionsausschuß mit Liebknecht an der Spitze.
Unter tatkräftiger Mithilfe von Karl Radek unternahmen die deutschen Kommunisten dann in den ersten Januartagen einen Putschversuch gegen die SPD-Regierung. Aber Radek war kein Lenin, und Liebknecht ermangelte offenbar ausreichender Erfahrung als Berufsrevolutionär. Es wurde zwar in der Wilhelmstraße (Sitz der Regierung, d. Verf.) gelegentlich herumgeschossen, aber der ‚Sturm auf das Winterpalais' blieb aus ...
Zweifellos hatte Ebert die Geschichte der ‚glorreichen Oktoberrevolution' studiert und aus ihr gelernt (so blieb ihm das Schicksal Kerenskis erspart, d. Verf.); er beauftragte seinen Parteifreund Noske, der Ende 1918 Volksbeauftragter geworden war, genügend militärische Kräfte zu versammeln und durch planmäßiges Vorgehen die Affäre mit einem Minimum von Verlusten zu liquidieren. Am 15. Januar 1919 war der Spuk vorbei. Liebknecht wurde verhaftet und von empörten Soldaten — angeblich bei einem Fluchtversuch — erschossen. Radek verbarg sich und konnte später festgesetzt werden. Vier Tage später fanden die Wahlen zur Nationalversammlung statt."
Lenins Versuch einer „Zweiten Revolution" in Deutschland war gescheitert. Die Vorgänge in Berlin aber blieben dennoch nicht ohne Auswirkung auf das Schicksal des Reiches. Denn am 18. Januar 1919 traten in Versailles unter Vorsitz des amerikanischen Präsidenten Thomas Woodrow Wilson, der im gleichen Jahr übrigens den Friedensnobelpreis erhielt, die Entente-Mächte zusammen, um den Friedensvertrag vorzubereiten. Die Nachrichten von den chaotischen Zuständen in Berlin konnten sie nur ermuntern, Deutschland jenes hemmungslose Versailler Friedensdiktat aufzuzwingen, das letztlich bereits die Ursache für den erneuten, weltweiten Waffengang zwischen 1939 und 1945 in sich barg.
Lenins Weltbürgerkrieg konnte vorerst nirgends in Deutschland fußfassen. Mit einer Ausnahme: in Bayern. Die Ereignisse des Winters 1918/19 nahmen dort einen besonderen Verlauf. Eigentlich war davon nur Oberbayern betroffen, vornehmlich der Münchner Raum.

Zwischen Oberbayern und dem vorrevolutionären Rußland gab es eine gewisse Übereinstimmung: die Voraussetzungen für die Verwirklichung klassenkämpferischer Theorien im Sinne von Karl Marx waren denkbar ungünstig. Es gab im engeren Sinne kein Proletariat. Oberbayern war, wie Rußland, noch immer stark agrarisch ausgerichtet. Das Fürstenhaus, die bayerischen Wittelsbacher, waren durch ihren Märchenkönig Ludwig II. so populär wie keines der anderen deutschen Fürstenhäuser bei seinen Untertanen.
In der Gründerzeit, in der liberal-kapitalistischen Phase vor dem Ersten Weltkrieg, blieben die Klassengegensätze kaum irgendwo anders so milde ausgeprägt wie gerade in München. Es gab selbstverständlich den reichen Kapitalisten und den lohnabhängigen Arbeiter — aber der Kapitalist war bodenständig geprägt, Mühlenbesitzer, Erbe von Brauereien, Landhandelsunternehmer oder Viehhändler, selten nur anonymer „Ausbeuter". Und sowohl im städtischen Alltag, als auch bei festtäglichen Gelegenheiten gab es keine äußerlich dokumentierten Klassenunterschiede. Im Gasthaus und auch im Oktoberfestzelt, um nur ein Beispiel zu nennen, saßen Kommerzienräte und Gepäckträger ganz selbstverständlich nebeneinander.
In München und dem engeren Oberbayern kam es deshalb zur sogenannten Revolution auf sehr ähnliche Weise wie kurz vorher in Petersburg und Umgebung: einige zu allem entschlossene Berufsrevolutionäre putschten. Mit Gewalt gingen sie gegen das monarchische System vor, entschlossen, vom Weltkrieg direkt in den Bürgerkrieg überzuleiten. Daß der einzige, wenigstens kurzfristig erfolgreiche Versuch, Lenins revolutionäre Absichten nun auch in Deutschland zu verwirklichen, ausgerechnet in Oberbayern gemacht wurde, hängt einzig und allein damit zusammen, daß hier die Figur eines Anführers und Organisators vorhanden war, ein zu allem entschlossener Berufsrevolutionär.
Sein Name: Kurt Kosmanowsky. Bekannt wurde er allerdings unter seinem angenommenen Namen Kurt Eisner. Eisner war Jude, ein begabter Publizist, der in Marburg bei dem jüdischen Philosophen Cohen studiert hatte und ursprünglich für den sozialdemokratischen „Vorwärts" in Berlin arbeitete, später auch für die „Frankfurter Zeitung". Eisner schloß sich schließlich als Kriegsdienstver-

weigerer der USPD an und zog nach München, wo er unter anderem Theaterkritiker der sozialdemokratischen „Münchner Post" war.

Eisner hielt bereits 1917 sogenannte Diskussionsabende ab, zu denen er einen Kreis von linken Intellektuellen einlud. Er behauptete in seinen Vorträgen ungeniert Deutschlands Schuld am Krieg, trat für Massenstreiks ein und propagierte den gewaltsamen Umsturz.

In den Wochen, in denen die Friedensverhandlungen in Brest-Litowsk liefen, rief Eisner besonders eifrig zum Generalstreik auf, um die beabsichtigte Frühjahrsoffensive an der Westfront zu verhindern und damit die deutsche Verhandlungsposition in Brest-Litowsk zu schwächen.

Tatsächlich brach am 31. Januar 1918 bei den Münchner Krupp-Werken ein Munitionsarbeiter-Streik aus — die Offensive rollte dennoch. Der populäre, wortgewaltige Redner aber wurde endlich verhaftet — und dann bereits acht Monate später durch den bayerischen Innenminister begnadigt. Anfang November 1918 hatte er die Münchner USPD schon wieder fest im Griff.

Am 7. November 1918 organisierte der freigelassene Sozialist Kurt Eisner einen Demonstrationszug, vor dem der bayrische König aus der Landeshauptstadt flüchtete. Am nächsten Tag, also noch 24 Stunden vor Ausrufung der Republik in Berlin und Liebknechts kommunistischer Versammlung auf dem Schloßplatz, rief sich Eisner im Gebäude des Bayerischen Landtags, dem Maximilianeum, vor einer bunt zusammengewürfelten Menge, die er als „Arbeiter- und Soldatenrat" bezeichnete, selbst zum Ministerpräsidenten aus.

Sozialistische Machtergreifung in München! Eisners USPD hatte geschafft, was Liebknecht in Berlin nicht gelungen war — sie hatte die Sozialdemokraten überrundet. Der siegreiche Umstürzler Eisner erklärte: „Es war ein Stück Überraschungsstrategie, mit der wir das alte Bayern aus den Angeln gehoben haben. Niemand hat vor zwei Tagen dergleichen für möglich gehalten ..." [10]

In München gab es also eine sozialistisch-radikale Räte-Regierung, der allerdings aus taktischen Gründen auch ein paar Sozialdemokraten und sogar parteilose Fachminister angehörten. In Berlin regierten die Sozialdemokraten Eberts. Eisner bekannte sich gegenüber

Berlin als „Föderalist“ und trat für ein „freies Schuldbekenntnis“ Deutschlands am Ersten Weltkrieg ein. Auf einer sozialistischen Konferenz in Bern sprach er über die Pflicht Deutschlands, Reparationen zu bezahlen.
Da er sich bei Wahlen keine Chancen ausrechnen konnte, widersetzte er sich heftig dem Berliner Vorhaben, die Bevölkerung über die Zusammensetzung einer Nationalversammlung abstimmen zu lassen. Allerdings vermochte sich Eisner mit diesem Standpunkt nicht einmal in der eigenen Regierung durchzusetzen. In Bayern wurde — schon eine Woche vor der Wahl zur Nationalversammlung — ein Landtag gewählt. Ergebnis: Die reichsfeindliche, aus dem Zentrum hervorgegangene Bayerische Volkspartei erzielte 36,3 Prozent der Stimmen, die SPD 32,7 Prozent und die USPD Eisners mußte sich mit einer Reihe von Splittergruppen den Rest teilen — sie bekam ganze 2,7 Prozent der Stimmen.
Die Meinung der Bevölkerung über den Putschisten Eisner war vernichtend. Und mit der Einberufung des neuen Landtags mußte seine Herrschaft eigentlich verfliegen wie ein übler Spuk.
Doch Eisner zögerte, getreu dem sowjetischen Vorbild des Genossen Lenin, die Einberufung des Landtags hinaus und veranlaßte statt dessen den Zusammentritt eines Kongresses der „Arbeiter-, Soldaten- und Bauernräte“. Eisner hielt eine flammende Rede, in der er den neuen, noch gar nicht konstituierten Landtag als „handlungsunfähig“ geißelte, weil schließlich kein Sozialist neben einem Zentrumsmann sitzen könne.
Hinter Eisners Worten stand keinerlei reale Macht mehr: Der sozialdemokratische Innenminister Auer berief, ungerührt von den Tiraden des revolutionären Ministerpräsidenten, für den 21. Februar 1919 den neuen Landtag ein.
Eisner wußte, und es wurde ihm in einer Kabinettsitzung am Vorabend der konstituierenden Sitzung auch noch einmal unmißverständlich gesagt, daß nach dem Zusammentritt des frischgewählten Parlaments die bisherige Regierung zurücktreten müßte, da sie über keine Mehrheitschancen verfügte. Der „Arbeiter-, Soldaten- und Bauernrat“ zog bereits am Tag vorher aus dem Landtag aus.
Seinen eigenen Rücktritt jedoch erlebte Kurt Kosmanowsky/Eisner nicht mehr. Auf dem Weg zum Parlament erschoß ihn der Leutnant

Graf Arco-Valley. Bei der anschließenden Trauersitzung im Maximilianeum streckte dann der Metzgergeselle Lindner, Angehöriger des „Revolutionären Arbeiterrats", der in das Gebäude eindringen konnte, einen Abgeordneten der Bayerischen Volkspartei nieder, sowie einen Polizisten und verletzte den Innenminister durch Schüsse schwer.

Der Landtag „stob" nun auseinander, wie es in einem zeitgenössischen Bericht heißt. Und ehe er wieder zusammentreten konnte, hatte die USPD bereits die Macht an sich gerissen. Sie verkündete einen Generalstreik, der auch befolgt wurde, und bildete einen „Zentralrat", der die Macht in Bayern ausüben sollte.

In den Tagen danach gründete ein gewisser Max Levien, der in der Züricher Zeit bereits Kontakte zu Lenin unterhalten hatte, auch in München eine „Kommunistische Partei Deutschlands" (KPD). Erich Mühsam, ein Anarchist, in dem Herbert Wehner damals übrigens „seinen väterlichen Freund und politischen Lehrmeister sah",[11] führte inzwischen im „revolutionären Arbeiterrat" das große Wort. Er forderte die sofortige Ausrufung einer Räterepublik und den Abbruch der Beziehungen zur Berliner Regierung.

Doch zunächst versammelte sich am 17. März 1919 erneut der Landtag, um eine Regierung zu bilden, die sich auf SPD- und USPD-Abgeordnete stützte. Ministerpräsident wurde der Sozialdemokrat Johannes Hoffmann.

Erst Anfang April war es dann soweit: Der Vorsitzende des „Zentralrates", der später als Nationalbolschewist bekanntgewordene Ernst Niekisch, forderte vor dem erneuten Zusammentreten des Landtags, anberaumt für den 8. April, die Ausrufung der Räterepublik Bayern. In der Nacht vom 6. auf den 7. April 1919 besetzten Linksradikale die Münchner Zeitungsredaktionen. Am Morgen des 7. April trat ein „Rat der Volksbeauftragten" zusammen, den natürlich niemand gewählt hatte und von dessen Existenz das Volk nichts wußte. Diesem Rat waren sowohl die USPD, die ja in der Regierung saß, als auch die KPD ferngeblieben. Die „Volksbeauftragten" proklamierten die „Räterepublik Bayern".

Die Regierung Hoffmann floh nach Bamberg. In München regierte der selbsternannte „Rat der Volksbeauftragten" — eine höchst merkwürdige Gesellschaft. Ihr gehörten neben Niekisch auch der

damalige Wehner-Freund Mühsam und der 26jährige Jurastudent und Literat Ernst Toller an.
Die Gründung und Ausrufung der „Räterepublik" erfolgte im ehemaligen Schlafzimmer der Königin im Wittelsbacher Palais. Erste Regierungsmaßnahme war die Proklamation des 7. April als „Nationalfeiertag".
Zum „Außenminister" dieser seltsamsten aller Regierungen, die Bayern je gesehen hat, wurde ein Privatgelehrter namens Dr. Lipp ernannt. Er dürfte sogar im Kreml einen Heiterkeitserfolg erzielt haben mit seinem Funkspruch, den er sogleich nach Ausrufung der „Räte-Republik" nach Moskau absandte. Der Text blieb glücklicherweise erhalten. Er lautet: „Proletariat Oberbayerns glücklich vereint. Sozialisten plus Unabhängige plus Kommunisten fest als Hammer zusammengeschlossen; mit Bauerntum einig. Liberales Bürgertum als Preußens Agent völlig entwaffnet. Bamberg Sitz des Flüchtlings Hoffmann, welcher aus meinem Ministerium den Abtrittschlüssel mitgenommen hat. Die preußische Politik, deren Handlanger Hoffmann ist, geht dahin, uns vom Norden, Berlin, Leipzig, Nürnberg abzuschneiden, auch von Frankfurt und vom Essener Kohlengebiet, und uns gleichzeitig bei der Entente als Bluthunde und Plünderer zu verdächtigen. Dabei triefen die haarigen Gorillahände Gustav Noskes von Blut ... Wir wollen den Frieden für immer. Immanuel Kant, ‚Vom Ewigen Frieden', 1795, Thesen 2—5. Preußen will den Waffenstillstand zur Vorbereitung des Rachekrieges."
Das Polit-Theater dauerte knapp eine Woche, dann verhafteten in der Nacht zum 13. April Soldaten der Münchner Garnison die „Volksbeauftragten" und lieferten sie mit einem Sonderzug der Bamberger Regierung aus. Doch kaum waren sie aus der bayrischen Metropole verschwunden, bemächtigten sich drei damals in München bereits namhafte Kommunisten und ihre Gefolgsleute der Ministerien: Eugene Levine-Nissen, Sohn eines reichen jüdischen Kaufmanns aus Petersburg, Max Levien und Paul Axelrod, beides ebenfalls russische Juden, die schon während Lenins Züricher Exil mit diesem konspiriert hatten.
Ihre Herrschaft war brutal und trug die Züge des sowjetischen Vorbilds in Petrograd. Ihr blutiges Regiment, das weder vor Geisel-

erschießungen noch vor politischen Morden und Hinrichtungen von Bürgern zurückschreckte, dauerte bis zum 2. Mai. Dann beendeten Verbände der Reichswehr und Freikorps unter dem Befehl des Generals Ritter von Epp die kommunistische Schreckensherrschaft.

Noch zwei Tage vorher mußten acht von den Kommunisten im Keller des Luitpold-Gymnasiums zusammengetriebene Geiseln sterben. Ein roter Funktionär hatte sie kurzerhand erschossen, als von Epps Truppen die Stadt einzuschließen begannen. Es waren angesehene Münchner Bürger, die der rechten „Thule-Gesellschaft" angehörten.

Nach zwei Wochen war die bayrische Räte-Republik wieder beseitigt. Die Bevölkerung atmete auf. Wo immer sich die in München einrückenden Soldaten zeigten, brach Jubel aus. Überall winkten „die Leute mit den Tüchern, alles sieht aus den Fenstern, applaudiert, die Begeisterung konnte nicht größer sein". [12]

Die Bayerische Volkspartei hatte in einer am 9. April 1919 in Bamberg veröffentlichten „Staatsrechtlichen Erklärung" bereits die „Vergewaltigung des Volksganzen durch eine terroristische, von land- und rassefremden Elementen geführte Minderheit" gegeißelt. Sie verlangte das Ende der kommunistischen Räterepublik und forderte, „daß endlich einmal die Verhetzung weiter Kreise durch ausländische politisierende Juden ein Ende hat ...". Auch ein von allen Parteien in Bamberg — auch der SPD — unterzeichneter Aufruf des Bayerischen Landtags sprach am 19. April von einer „von machthungrigen, von land- und rassefremden Führern irregeleiteten und verhetzten Minderheit", die in der Landeshauptstadt „eine Gewaltherrschaft schlimmster Art" ausübte.

München, nach dem Ersten Weltkrieg offensichtlich eine Hochburg marxistischer Berufsrevolutionäre und leninistischer Agenten, entwickelte sich nicht zuletzt unter dem Eindruck der Räte-Herrschaft in den darauffolgenden Jahren zu einer Hochburg antimarxistischer und antisemitischer Gesinnungen — und schließlich zur Hauptstadt der nationalsozialistischen Bewegung.

Mit dem Ende der Münchner Räterepublik war — wieder einmal — Lenins Traum von der kommunistischen Revolution in Deutschland zerronnen. Wieder hatte der neue Herrscher im fernen Kreml eine Schlacht im Weltbürgerkrieg verloren.

Die Entscheidung fiel in der Auseinandersetzung mit der bewaffneten Macht — wie immer seither. Und wo der revolutionäre Anhang so schwach war wie 1919 in Bayern und der Widerstand so entschlossen, wie unter von Epp, da konnte der Kommunismus noch nie fußfassen. Jeder kommunistische Machtergreifungsversuch, der nicht militärisch abgesichert war, blieb in den Jahrzehnten seit 1917 ein bloßes Abenteuer.

Doch Lenin, der erst am Anfang seiner Eroberungspolitik stand und mit seinem neuen Machtergreifungssystem erst noch Erfahrungen sammeln mußte, glaubte zunächst, einige Millionen Rubel und die Auslieferung revolutionärer Flugblätter in Massen würde genügen, um bürgerliche Regierungen zu stürzen. So gedachte er Nation um Nation zu okkupieren, Staat für Staat mit einer neuen Regierung zu versehen, die selbstverständlich Moskau unterstand und somit eine neue Eroberung des Kreml bedeutete.

Trotzki hatte, fußend auf Marx, die Formel für diese Eroberungspolitik geliefert: Es war die Formel von einer „permanenten Revolution“, die von einem Lande zum anderen weitergeht und von der Trotzki sagt: „Sie findet ihren Abschluß nicht vor dem endgültigen Siege der neuen Gesellschaft auf unserem ganzen Planeten.“ [13]

Als ein Instrument auf diesem Wege zur Weltrevolution mittels Weltbürgerkrieg ließ Lenin am 2. März 1919 in Moskau die „Kommunistische Internationale“ aus der Taufe heben, eine Konkurrenzorganisation zu jener fast gleichzeitig in Bern ins Leben gerufenen „2. Sozialistischen Internationale“ der europäischen Linksparteien, die wiederum eine Vorläuferin bereits vor dem Ersten Weltkrieg hatte.

Mitte März versicherte der Präsident der Kommunistischen Internationale, der alte Mitstreiter Lenins aus dem Exil, Grigorij Sinowjew, dem „Kommissar für auswärtige Angelegenheiten“ der Münchner Räte-Republik: „Wir sind tief überzeugt, daß die Stunde nicht fern ist, in der ganz Deutschland eine Sowjetrepublik sein wird.“

Die Arbeit der Kommunistischen Internationale reichte dann über rasch verklungene Propagandaparolen doch kaum hinaus. Eine Ausnahme bildete ein Rundschreiben Sinowjews vom 1. September 1919. Es regelte das Verhältnis der kommunistischen Parteien zu den parlamentarischen Demokratien und hat im Prinzip bis heute

Gültigkeit: „Befürworten wir die Beibehaltung bürgerlicher demokratischer Parlamente als die Form staatlicher Lenkung? Nein — unter keinen Umständen! Wir sind für Sowjets! Aber sind wir dafür, diese Parlamente für unsere kommunistische Arbeit zu benutzen, solange wir nicht stark genug sind, sie zu stürzen? Ja, dafür sind wir unter einer Reihe von Voraussetzungen."

Solche Voraussetzungen sind laut Sinowjew die Beibehaltung des Schwerpunktes kommunistischer Machtkämpfe außerhalb der Parlamente, also Streiks, Aufstände, Massendemonstrationen und die Verbindung dieser Kampfformen mit der Tätigkeit der Kommunisten innerhalb von Parlamenten. Dazu gehört ganz selbstverständlich, daß sich die Abgeordneten weiterhin auch illegal betätigen, sich an die Befehle des Zentralkomitees in Moskau halten und sich ihm unterwerfen. Sie dürfen keine Rücksicht auf parlamentarische Formen nehmen und keine Furcht vor Zusammenstößen mit den bürgerlichen Mehrheiten haben.

Doch alle Propaganda-Parolen konnten in diesen Monaten nicht darüber hinwegtäuschen, daß der Weltbürgerkrieg vorerst gescheitert war. Zwar hatten die Bolschewiken Anfang des Jahres in Moskau bereits gejubelt: „In tollem Tempo saust das alte Europa der proletarischen Revolution entgegen ... nach einem Jahr wird ganz Europa kommunistisch sein", aber in Wirklichkeit stand zu dieser Zeit das Schicksal der Revolution selbst in Rußland noch auf Messers Schneide:

Die baltische Landwehr hatte im Mai 1919 das von der Sowjetunion okkupierte Riga zurückerobert. Die Gegenkräfte zur kommunistischen Diktatur, die sogenannten weißen Armeen, die in der Ukraine und den Kosakengebieten bereits seit 1918 von Deutschland unterstützt wurden, gewannen Boden.

Nach der Kapitulation Deutschlands unterstützten England und Frankreich diese Truppenverbände, um wieder Einfluß in Rußland zu gewinnen. Im Kaukasus und in Archangelsk wurden Truppen ausgeschifft. Im Fernen Osten marschierten außerdem die Japaner in russisches Gebiet ein, im Westen Rußlands die Polen.

Petrograd war bedroht, und Lenin hatte sich schon entschlossen, die Stadt aufzugeben, um mit den freiwerdenden Truppen wenigstens Moskau zu halten, das inzwischen ebenfalls von einer weißen

Armee angegriffen wurde. Da gelang Trotzki am 21. Oktober eine Gegenoffensive im Raum Petrograd. Sie führte wenige Monate später zum „Frieden von Dorpat“ zwischen Estland und der Sowjetunion. Die dabei festgelegte Grenze galt bis zum Jahr 1940.
Kurz nach der Entscheidung bei Petrograd gelang es den roten Truppen, auch vor Moskau die Lage zu ihren Gunsten zu entscheiden.
Doch kaum war in diesem Spätherbst 1919 die Situation für Lenin wieder günstiger geworden, als plötzlich die Polen eine breit angelegte Offensive gegen Rußland begannen. Im Januar 1920 besetzten sie Dünaburg und Gomel. Am 7. Mai zog der spätere Marschall Pilsudski als Eroberer in Kiew ein.
Allerdings dauerte der polnische Traum von der Eroberung Rußlands nur kurze Zeit. Am 11. Juni warfen die Sowjets Pilsudskis Truppen bereits wieder aus Kiew hinaus, und am 10. Juli standen die ersten Soldaten der nachsetzenden Russen schon auf polnischem Gebiet.
Ihr Ziel war Warschau. Der sowjetische „Oberbefehlshaber der Westfront“ hatte am 2. Juli 1920 einen Tagesbefehl erlassen, in dem es hieß: „Das Schicksal der Weltrevolution wird an der Westfront entschieden. Der Weg des Weltenbrandes geht über die Leiche Polens.“ [14]
Karl Radek ließ damals die deutschen Kommunisten wissen, daß „der Konflikt zwischen Sowjet-Rußland und Polen neue Perspektiven eröffnet“.
Paul Levi, Chef der KPD und Abgeordneter des Deutschen Reichstags, forderte öffentlich ein Bündnis zwischen Deutschland und der Sowjetunion und bot einer jeden deutschen Regierung, die sich zu einer solchen Politik verstehe, die Unterstützung der KPD an. [15]
Damals zeichnete sich also bereits eine Konstellation ab, die später — allerdings ohne kommunistische Mitwirkung in Deutschland — Wirklichkeit wurde: Als Hitler und Stalin die Politik in Europa bestimmten, verständigten sie sich rasch, ohne Bedenken und ohne ideologische Scheuklappen, über die Interessen ihrer Reiche — und diese deutsch-sowjetische Verständigung ging dann prompt über die Leiche Polens.
Im Sommer 1920 war der sowjetische Ruf in Deutschland dagegen

noch ungehört verhallt. Viel besser erging es damals den Polen: Ihr Hilfe-Ersuchen fand in Frankreich Gehör. Und unter Führung des französischen Generals Weygand sammelten sich die polnischen Truppen zu einer Entscheidungsschlacht, die am 19. August 1920 zum „Wunder an der Weichsel“ wurde: Die Rote Armee wurde geschlagen und flutete in Auflösung nach Osten zurück.

IN RAPALLO HANDELTEN DEUTSCHLAND UND DIE SOWJETUNION ERSTMALS INTERNATIONAL IM GEMEINSAMEN INTERESSE

Gemeinsamer Feind verbindet: Der ideologische Graben, der durch den kommunistischen Umsturz von 1917 in Petrograd und die folgenden Revolutions-Versuche in Berlin und München zwischen dem Deutschen Reich und der Sowjetunion aufgebrochen war, konnte schon bald wieder überbrückt werden durch eine parallel gelagerte Interessenpolitik beider Länder, vor allem gegenüber Polen.
Als im Januar 1920 Polen seinen Überfall auf die Sowjetunion startete, schrieb General Hans von Seeckt, damals Chef der deutschen Heeresleitung, in einem Brief: „Ich lehne Unterstützung Polens ab, selbst auf die Gefahr hin, daß Polen aufgefressen wird. Im Gegenteil, ich rechne damit, und wenn wir zur Zeit Rußland nicht bei der Wiederherstellung seiner alten Reichsgrenzen helfen können, so sollten wir es doch dabei nicht hindern." [1])
Drei Wochen später begannen bereits die Kontakte der Reichswehr mit der Roten Armee. General von Seeckt, der anfänglich das baldige Ende der bolschewistischen Herrschaft erwartet und auf das „Rußland von morgen" gehofft hatte, richtete sich nun darauf ein, mit den Herrschern der Sowjetunion staatliche Interessenpolitik zu betreiben.
Allerdings stellte er in jenem Brief auch unmißverständlich fest: „Sollte der Bolschewismus nicht auf die Weltrevolution verzichten, dann muß ihm an unseren eigenen Grenzen Widerstand entgegengesetzt werden." — Er verschwieg dabei jedoch, daß es dafür nach einem möglichen Fall von Warschau sehr wahrscheinlich zu spät gewesen wäre.
Dennoch gehörte von Seeckt damals zu den kühl und berechnend denkenden Politikern. Im Volk und in den Parteien dagegen kochten die Emotionen. Als die Sowjets Pilsudski aus Kiew verjagt hatten und sich auf dem Vormarsch nach Warschau befanden, nahm die Bevölkerung in Deutschland erregt Anteil. Nicht nur die Kommunisten — insbesondere die deutsche Rechte begeisterte sich an der Möglichkeit, Polen niederzuwerfen:
Von Oberschlesien aus versuchte ein Freikorpsführer, mit seinen

Leuten gegen Warschau zu marschieren, um die Rote Armee zu entlasten. [2])

Ernst, Graf zu Reventlow, ein kaiserlicher Marineoffizier, der sich 1918 den Deutsch-Völkischen angeschlossen hatte, wollte die „Liga der unterdrückten Nationen“ gegen den Westen mobilisieren und mit der Roten Armee kooperieren, „um so gemeinsam den polnischen Staat zu zertrümmern“.

In den Freikorps arbeiteten Rechte und Kommunisten zusammen. Die Offiziere machten beste Erfahrungen mit „der nationalen Zuverlässigkeit“ der deutschen Kommunisten, wie Generaloberst Ludwig Beck im Mai 1944 rückschauend berichtete. [3])

Der Nationalrevolutionär Ernst Niekisch, den wir bereits im Zusammenhang mit der Münchner Räte-Republik zitierten, schrieb damals: „Die Befreiung der unerlösten Gebiete, das ist, nachdem sich die alte Generation in verächtlicher Feigheit dieser Aufgabe entzogen hat, die heilige Mission der Jugend, der kommenden Geschlechter. Hier ist kein Kompromiß, keine Verständigung, kein Rückzug erlaubt; der Mut, europäischer Unruhestifter zu sein, wird deutsche, nationale Pflicht. Ekelerregend ist das Ruhebedürfnis der Räuber deutschen Landes und deutscher Menschen; sie möchten ein sittliches Gesetz daraus machen, sie nicht bei der Verdauung ihres Raubes zu stören. Mag dieses ‚Sittengesetz‘ in Genf oder sonstwo verkündet werden: für Deutsche kann es nicht verbindlich sein. Geknechtetes deutsches Land, vergewaltigtes deutsches Volkstum will erlöst sein, mag es Jahrhunderte dauern: Es muß erlöst werden und eingehen in das große einige Reich der Deutschen.“ [4])

Es gibt keinen Zweifel, daß Niekisch eine Politik zusammen mit Rußland im Sinn hatte. Auch wenn er den Historiker Hans Dellbrück mit einem Beitrag vom 29. März 1919 zitiert, der sich diese Politik nur am Rande des Abgrunds vorstellen konnte: „Wir geben uns keiner Selbsttäuschung darüber hin, daß ein Bündnis mit dem Bolschewismus für uns das Verderben bedeuten würde, selbst dann, wenn wir den schlimmsten Formen des Terrorismus entgehen sollten . . . Droht aber die Entente uns Bedingungen aufzuerlegen, die uns ebenso wirtschaftlich wie national töten, so gibt es für uns keine andere Antwort als: Wohlan! So sollt ihr wenigstens mit uns hinunter in den Abgrund.“ [5])

Das war angesichts der Beratungen von Versailles niedergeschrieben worden. Jetzt wurde bereits — wie durch den schon zitierten Paul Levi geschehen — offen zum Bündnis mit der Sowjetunion aufgerufen, ohne daß ein Sturm der Entrüstung ausgelöst wor- wäre.

Lenin stellte Ende 1920 im Rückblick auf diese Tage des russischen Einmarsches in Polen fest, Deutschland, das nach Amerika fortschrittlichste Land der Erde, befinde sich unter unerträglichen existentiellen Bedingungen, und „in dieser Lage wird Deutschland natürlich zu einem Bündnis mit Rußland getrieben. Als die russischen Truppen sich Warschau näherten, da brodelte es in ganz Deutschland. Ein Bündnis zwischen Rußland und diesem Lande, das abgewürgt worden ist, das die Möglichkeit hat, gewaltige Produktivkräfte in Bewegung zu setzen! Das gab den Anstoß dazu, daß in Deutschland ein politisches Durcheinander entstand: Die deutschen Reaktionäre trafen sich in ihrer Sympathie für die russischen Bolschewiki mit den Spartakusleuten. Und das ist begreiflich.“ [6])

Rechte und Linke trafen sich in Wahrheit im Kampf um nationale deutsche Interessen. Auch der in Deutschland aufkommende „Nationalbolschewismus“ der „Linken Leute von rechts“ [7]) bezog von daher seine Kraft.

Die von Lenin apostrophierte „Sympathie für die russischen Bolschewiki“ war dagegen nicht sehr weit verbreitet. Die Methoden und Formen bolschewistischer Herrschaft stießen die meisten Zeitgenossen ab. Man hielt es mit Moeller van den Bruck, der kategorisch feststellte: „Ein jedes Volk hat seinen eigenen Sozialismus.“ [8])

Der deutsche Sozialismus jener Zeit hatte allerdings noch keineswegs klare Formen oder war gar allgemeinverbindlich für die sozialistisch gesinnten Gruppen.

Doch wirklich an den Bolschewismus angelehnt und erklärt marxistisch war jedenfalls nur ein Teil des kommunistischen Funktionärskaders. Moskau als allmächtige zentrale Befehlsstelle anzuerkennen, weigerten sich sogar die eingefleischtesten deutschen Kommunisten.

Viele deutsche Sozialisten suchten in diesen Jahren nach dem Ersten Weltkrieg eine Synthese mit dem Nationalismus. Denn, so stellte Hans Zehrer im Oktober 1931 rückblickend fest, diese Generation kehrte „national und sozialistisch“ aus dem Kriege heim.

Er erläuterte diese national-sozialistische Prägung auch und grenzte sie gegen die Gesinnung der Marxisten ab: „Diese Generation kam sozialistisch nach Hause zurück, nicht, weil sie Karl Marx gelesen und verstanden hatte, sondern weil sie in einer Gemeinschaft auf Tod und Leben zutiefst das soziale Unrecht gespürt und die Berechtigung des sozialen Ressentiments, das in der Arbeiterschaft lebte, begriffen hatte." 9)

Zehrer, der sich als einer der wichtigsten Befürworter einer „dritten Front" zwischen NSDAP und Kommunismus profilierte, hatte einen Kreis um sich gesammelt, der sich nach der von ihm herausgegebenen Zeitschrift „Tat" als „Tat-Kreis" bezeichnete. In dem bereits angeführten Aufsatz kommt er zu dem Schluß: „Die Nationalsozialisten sind noch nicht als sozialistisch, die Kommunisten noch nicht als national anzusprechen."

Der Kriegssozialismus war es jedenfalls, der die deutsche Idee eines eigenen nationalen Sozialismus entstehen ließ.

In den Regierungsparteien der Weimarer Republik fand diese Stimmung jedoch kaum Widerhall. Dieser Staat war deshalb für viele, die das nationale und das soziale Dilemma Deutschlands bedrückte, „nicht mehr als ein öder Wartesaal". 10)

„Es besteht kein Zweifel, was politisch gemeint ist. Nicht die ehemaligen Gegner, sondern die Republik wird als das wichtigste Hemmnis auf dem erstrebten Weg zum deutschen, nationalen Sozialismus angesehen." 11)

Franz Schauwecker schrieb: „Wir mußten den Krieg verlieren, um die Nation zu gewinnen." 12) Die Nation, die es zu gewinnen galt — das war das „geheime Deutschland", das „heimliche Deutschland": Das Reich. Nicht das verlorene wilhelminische sollte zurückgewonnen werden — „das Reich" mußte erst kommen.

Kriegssozialismus und Sehnsucht nach dem Reich — das waren die beherrschenden Strömungen im revolutionären Teil der deutschen Rechten jener Jahre.

Und Weimar — das war einfach ein Durchgangsstadium. Konservative, Nationalrevolutionäre und sogar Kommunisten waren sich da einig.

Doch wie sollte die nationale Erneuerung Deutschlands praktisch bewerkstelligt werden? Wie konnte aus der militärischen Niederlage des Ersten Weltkrieges heraus das sozialistische neue Reich errichtet werden?

Die Nationalrevolutionäre sahen in Weimar einen „Nichtsstaat", in dem der Rückstand des kleindeutschen Reiches fortspukte. Die Grundvoraussetzung für ein neues Deutschland war die Beseitigung des status quo, die Revision des Versailler Diktates und der Bedingungen, die die Sieger Deutschland auferlegt hatten. Deutschland mußte seine nationale Unabhängigkeit wiedererlangen.

So ist die Begeisterung zu erklären, mit der die deutschen Nationalisten den sowjetischen Vorstoß auf Warschau verfolgten — nicht durch „Sympathie" für den Bolschewismus! Weil die Sowjetunion begonnen hatte, Polen, den Deutschland von Osten her bedrohenden Feind, niederzuwerfen, ergriffen die Nationalisten Partei für die Bolschewisten. Damit konnte die geschlagene Nation hoffen, wenigstens an einer Front Entlastung zu erfahren, ihre Handlungsfreiheit zu vergrößern.

Polen war bekanntlich erst durch das Versailler Diktat wiedererstanden und hatte von den Siegern ohne Volksabstimmung, als reine Kriegsbeute, zunächst die deutschen Gebiete Posen und fast ganz Westpreußen — mit Ausnahme von Danzig — zugesprochen erhalten. Später folgte trotz überwältigender Abstimmungsmehrheit für Deutschland auch noch der Großteil Oberschlesiens.

Lag es da nicht nahe, mit der Sowjetunion zusammen Polen in die Zange zu nehmen, um die geraubten Gebiete zurückzugewinnen?

Im August 1920 gingen in Berlin Nachrichten ein, die besagten, daß russische Divisionskommandeure gegenüber Deutschen von der Möglichkeit gesprochen hatten, den Kampf gegen die Westmächte fortzusetzen, ob mit oder ohne deutsche Hilfe. Sie hätten Befehl, nach Danzig und nach Thorn zu marschieren. Rußland beabsichtige, die alten Grenzen Deutschlands wiederherzustellen.

Die Weimarer Republik aber war noch zu sehr mit sich selbst und mit der Suche nach Kompromißformeln im Westen beschäftigt. Die sowjetische Karte zu spielen — davon war man noch weit entfernt: „Von einer solchen Außenpolitik ist bis jetzt nichts zu verspüren gewesen. Der Versuch, den Krieg, der militärisch verloren war, sozialistisch zu gewinnen, wurde überhaupt nicht gemacht. Der Gedanke, die Verbindung mit Rußland aufzunehmen und den revolutionierten Osten gegen den kapitalistischen Westen auszuspielen, wurde weit abgewiesen. Die Möglichkeit, durch den Druck eines großen, drohenden und wäre es vorgetäuschten Ostblocks auf den Frieden unmittelbar einzuwirken, ging in der Angst dieser Außenpolitik unter, das Wohlwollen der Verhandlungsgegner zu verlieren." [13])

Moeller van den Bruck, der diese Sätze geschrieben hat, war einer der härtesten Kritiker der Weimarer Außenpolitik. Für ihn begannen die Fehler allerdings schon am 9. November, als die Arbeiterschaft den großen Augenblick der Revolution verpaßt habe, weil sie nicht in der Lage gewesen sei, die historische Stunde politisch zu begreifen. Moeller: „Sie ließ sich entwaffnen, statt ihre Waffen in den Osten zu retten." [14])

Doch der sozialdemokratische Reichspräsident Friedrich Ebert hatte mit einem „Draht nach Osten" gar nichts im Sinn. Er war erfüllt von der Sorge, schon ein deutsch-russisches Zweckbündnis könnte westalliierte Repressalien hervorrufen. Reichskanzler Josef Wirth wollte ebenfalls zunächst lieber den Bedingungen von Versailles entsprechen, um die Lasten möglichst schnell abzubauen und dann mit Polen „Fraktur" reden zu können. Er förderte allerdings schon damals die von General von Seeckt initiierte Zusammenarbeit der Reichswehr mit der Roten Armee.

Außenminister Walter Rathenau versuchte, seine Verbindungen nach England zu nutzen, um für Deutschland eine Lockerung der Versailler Lasten zu erreichen.

Der scharfzüngige Moeller van den Bruck zu diesen außenpolitischen Eiertänzen der Weimarer Republik: „Unsere Außenpolitik blieb, was sie war. Sie blieb bei den kleinen Mitteln, an die sie sich gewöhnt hatte. Sie blieb bei der Anbiederung, die bald hier bald dort von ihr versucht wurde. Erst den Franzosen über die Schweiz frankophil, dann wieder den Engländern in Berlin anglophil zu kommen, schließlich jedem Volke, mit dem wir nunmehr die Grenze teilten, mit Nachgiebigkeiten entgegenzukommen, die allmählich zu Selbstverständlichkeiten wurden: das war die Weisheit dieser Außenpolitik. Sie bedeutete in der Summe: Verzicht auf Außenpolitik." [15])

Georg Cleinow, in jenen Tagen führendes Mitglied der „Bromber-

ger Volksräte", hieb in die gleiche Kerbe. Er machte der Regierung den Vorwurf, sie habe nicht erkannt, daß die Bolschewiken nach der Revolution in Rußland nicht nur die Politik des internationalen Klassenkampfes und der Weltrevolution verfolgten, sondern daß die Herrscher der Sowjetunion zugleich auch die Außenpolitik des tausendjährigen Rußlands betrieben. Und als solche seien sie die Bundesgenossen Deutschlands in seinem Kampf gegen den polnischen Staat, der die Ostmark des Reiches bedroht. Cleinow: „Daß in der Hinneigung der Spartakisten zu Moskau, trotz ihres klassenkämpferischen Charakters, auch ein positiver Hinweis, eine Erinnerung an die Vergangenheit preußisch-russischer Beziehungen lag, wurde entweder überhaupt nicht verstanden oder grundsätzlich als gegenstandslos für die weitere Entwicklung behandelt." [16])
Auf der anderen Seite der Barrikade — bildlich gesprochen — wurden statt dessen Versuche gemacht, mit dem Westen gegen die Sowjetunion zu ziehen. Bereits im Juni 1918 erschien eine Denkschrift des Oberst von Haeften, Leiter der militärischen Abteilung des Auswärtigen Amtes, in der die Sicherung „der unterdrückten osteuropäischen Völker gegen die zerstörenden Kräfte des Bolschewismus ... als Pflicht Deutschlands im Namen Europas" gefordert wurde. [17])
Im Herbst 1918 versuchte der damalige deutsche Generalquartiermeister Wilhelm Groener, bei den ersten Kontakten mit amerikanischen Offizieren herauszufinden, in wie weit die ehemaligen Gegner bereit seien, zusammen mit Deutschland die Bolschewiken niederzuwerfen.
Die Oberste Heeresleitung (OHL) war damals noch ganz eindeutig nach Westen orientiert. Das änderte sich erst, als General von Seeckt, der im März 1920 die OHL übernahm, wie bereits erwähnt, nach anfänglichem Zögern schließlich doch für ein gewisses Paktieren mit den Sowjets eintrat.
Nach dem Versailler Diktat war zwar sowohl von deutschen Militärs als auch von Regierungspolitikern in Berlin gelegentlich schon ein Zusammenspiel mit der Sowjetunion an die Wand gemalt worden, damit sollten die Westalliierten konzessionsbereiter gestimmt werden. Aber nie kamen solche Ansätze über das taktische Lavieren und Bluffen hinaus. Es stand keinerlei wirkliche Absicht dahinter.

Eine andere Qualität erhielten die deutsch-russischen Beziehungen erst, als die Westalliierten im Herbst 1919 Deutschland aufforderten, sich an der Wirtschafts-Blockade gegen die Sowjetunion zu beteiligen, die zur Unterstützung der weißrussischen Angriffe gegen Moskau von der Entente verhängt worden war. Jetzt galt es, sich zu entscheiden.
Im Auswärtigen Amt in Berlin saßen damals Fachleute, die sich der Tragweite dieser Entscheidung von Anfang an bewußt waren. Ihnen war klar, daß Deutschland sich als westlicher Hilfswilliger gegen Rußland, jeder Chance auf eine künftige größere außenpolitische Beweglichkeit durch das Spielen der sowjetischen Karte begeben hätte. So lehnte Deutschland trotz, oder gerade wegen, seiner ohnmächtigen Lage dieses Ansinnen der Alliierten kategorisch ab.
In Deutschland und in der Sowjetunion war man sich in dieser Situation erstmals in gewisser Weise einig, in der Gegnerschaft zum Versailler Diktat und seinen Folgen. Eine neue politische Konstellation kündigte sich an, die die Westalliierten aufhorchen ließ.
Damals lebten auch Pläne wieder auf, die in Deutschland seit den Revolutionstagen von 1918 immer wieder diskutiert wurden, ohne zum Tragen zu kommen. Ihr Inhalt war kühn. Es ging um Kontakte zur Sowjetunion mit dem Ziel, das Reich physisch und moralisch vom Osten her wieder zu regenerieren, unter gleichzeitiger Wiederherstellung der Grenzen von 1914 — mithin natürlich ohne selbständiges Polen.
Es wurde auch überlegt, wenigstens zeitweise einen selbständigen deutschen Oststaat als „Wacht an der Oder“ zu errichten, als Instrument gegen den polnischen Druck auf das Reich. Doch dazu bedurfte es erst einer deutsch-sowjetischen Übereinkunft. Ebenso für jene Pläne, die selbständige Bundesstaaten im Osten vorsahen — Überlegungen, die 1918/19 schon weit gediehen waren. [18])
Der Nationalrevolutionär Hans von Hentig, der sich den Sozialismus nur als Befreiungsbewegung für Deutschland vorstellen konnte, als „hinreißenden, gepanzerten Sozialismus“, plädierte 1921 für eine „Rätearmee“ der „nationalen Notwehr“. Das Staatsgebiet, für das sie kämpfen sollte, war für ihn das des „ethnographischen Deutschlands“. Sein Plan: eine Verteidigungslinie im Westen, an Weser, Werra, Thüringer Wald und eine zweite im Osten, an Oder,

Obra, Netze, Weichsel. In dem entstehenden Raum sollten mehrere „Arbeitsarmeen“ von je 3 Millionen Mann aufgestellt werden, außerdem eine Rote Armee von 5 Millionen Mann. Von Hentig: „Nach Erledigung der Ostfragen wird die Befreiung der deutschen West- und Südgebiete in Angriff genommen — (die entweder von Franzosen oder deutschen, katholischen, jedenfalls reichsfeindlichen Kräften kontrolliert waren, der Verf.). Nach Erreichung der früheren Reichsgrenze macht die Rote Armee halt und streckt der revolutionären Arbeiterschaft der Westländer die Bruderhand entgegen.“ [19])

Auch in der Bewegung der „Konservativen Revolution“ oder „Deutschen Bewegung“ standen solche Gedanken im Mittelpunkt außenpolitischer Überlegungen. Einer der herausragenden Vertreter der „Konservativen Revolution“, der bereits zitierte Moeller van den Bruck, stellte in „Das Gewissen“ zwar unmißverständlich fest: „Der Bolschewismus ist russisch. Und er ist nur russisch.“ [20])

Doch dann beleuchtete er in seiner bekannten, unmißverständlichen Art die Situation des „deutschen Sozialismus“ und die Chancen und Notwendigkeiten deutscher Außenpolitik in diesen ersten Monaten der Weimarer Republik und kam zu ähnlich revolutionären, wenn auch grundsätzlicheren und mehr auf das Politische gerichteten Einsichten wie Hans von Hentig: „Jedes Land hat seinen eigenen Sozialismus. Die deutschen Arbeiter glauben es noch immer nicht. Das ist deutsch. Sie haben vor dem Kriege zu oft und lange und immer wieder die Auslegung gehört, die man der frohen Botschaft von der Vereinigung der Proletarier aller Länder gab. Sie nahmen als wahr und wirklich und wörtlich an, wenn man ihnen versicherte, daß die Proletarier überall dieselben Klasseninteressen haben, welchen Teil der Erde sie auch bewohnen, und daß sie mehr Gemeinschaft untereinander haben, als mit den übrigen Klassen des eigenen Landes.[21]) Sie sind in den Krieg gezogen, weil sie der guten Natur folgten, die in ihnen lebte, und der treuen Disziplin, zu der sie erzogen waren. Auch das war deutsch. Sie haben den Krieg auf ihre Weise beendet, als sie ihn für verloren hielten, als eine lockende Stimme herüberkam und ihnen zum Lohne versprach, daß ihrem Volke ein Friede der Gerechtigkeit werden würde. Das war ganz besonders deutsch. Sie sind jetzt irre geworden. Sie glauben überhaupt nichts mehr. Sie glauben auch ihren Führern nichts mehr. In ihnen ist ein geheimer Idealismus, der nicht zugestehen will, daß er getäuscht worden ist. Sie werden es sich eingestehen müssen. Und sie werden nach der Erkenntnis handeln müssen, daß sie niemals so versklavt gewesen sind, wie sie jetzt versklavt werden sollen: durch den Kapitalismus fremder Nationen." [22])

Moeller van den Bruck geißelte den deutschen Sozialismus, weil dieser „niemals außenpolitisch gedacht habe: „Er hat sich nicht gesagt, daß es auf einen Ausgleich nicht so sehr zwischen den Klassen als zwischen den Nationen ankommt. Er hat nicht gesehen, daß hier die Voraussetzung für jeden Sozialismus liegt, die zunächst einmal sichergestellt werden muß . . .

Was soll eine sozialistische Außenpolitik tun? . . . Es gibt vor wie nach nur den einen Unterschied zwischen Menschen, der in dem Unterschiede von Ausbeutern und Ausgebeuteten liegt. Aber dieser Unterschied wird nach dem Frieden von Versailles von den einzelnen Menschen auf ganze Nationen übertragen sein. Es bleibt dem Sozialismus nur übrig, sich von einem Klassensozialismus in einen Völkersozialismus zu übertragen. [23]) Das soll eine sozialistische Außenpolitik tun! Rußland hat begriffen, um was es in diesem Kriege ging. Der russische Sozialismus weiß, daß die Revolution eine Erhebung gegen die nutznießende Gesellschaft des Westens ist.

Wenn der Bolschewismus gegen Indien vorstößt, dann meint er England. Und wenn er gegen Polen andrängt, dann meint er Frankreich. Er meint unsere Feinde. Das verbindet den russischen und den deutschen Sozialismus. Sollen sie den gemeinsamen Kampf nicht gemeinsam führen? [24])

Moeller van den Bruck hat in wenigen Sätzen gesagt, was damals eine ganze Generation bewegte und was bis zum heutigen Tage die deutsche Frage schlechthin geblieben ist: Wie muß ein Land in unserer Situation, eingekreist von einer Vielzahl anderer Nationen, zwischen Blöcke eingekeilt und von hohem Beutewert, wie muß es seine Außenpolitik gestalten, um sie zu einer hohen Kunst zu entwickeln, zur Kunst des Notwendigen?

Für die Weimarer Republik hat der konservative Revolutionär die Aufgabe so formuliert:

„Die deutsche Außenpolitik steht vor ihrer schwersten Entscheidung.
Der deutsche Sozialismus kann sich nur dann für Rußland entscheiden, wenn auch der russische Sozialismus erkennt, daß jedes Volk seinen eigenen Sozialismus hat ...
Unsere sozialistische Außenpolitik kann nur deutsche Volkspolitik sein.
Wenn der Bolschewismus den Unterschied zwischen dem russischen und deutschen Sozialismus nicht erkennt, dann wird der deutsche Sozialismus in dem russischen Sozialismus nur den feindlichen, nicht den freundlichen Bruder sehen können. Der Bolschewismus wird uns dann zwingen, uns gegen ihn zu entscheiden ...
Wenn aber der Bolschewismus anerkennt, daß russischer und deutscher Sozialismus sich unterscheiden wie der russische und der deutsche Mensch, wie Rußland und Deutschland selbst, dann wird das gemeinsame Ziel sie gegen den Westen außenpolitisch verbinden können." [25])
Moeller hat damit an eine schon bewährte preußische und deutsche Tradition angeknüpft, indem er mit Hilfe des Ostens versuchen wollte, Freiheit im Westen zu erlangen.
Der konservativ-revolutionäre Theoretiker sah die deutsche Lage illusionslos. Moeller: „Dem deutschen Volke wird niemand helfen, wenn es sich nicht selbst hilft."
Ein verdammt aktueller Satz, der — so banal er an sich auch klingen mag — im Jahre 1984, also über 60 Jahre später, nichts von seiner Bedeutung verloren hat — und dessen notwendige Folgerungen heute ebensowenig gezogen werden, wie zur Zeit Moeller van den Brucks.
Es ist faszinierend, auch mit Blick auf unsere heutige Situation, nachzulesen, wie entschieden dieser Wortführer der konservativen Revolution damals außenpolitisch Stellung bezogen hat, wie er seine Entscheidung fällte und begründete:
„Der Augenblick rückt heran, in dem wir uns für oder gegen den Osten entscheiden müssen.
Es kann nur eine östliche Orientierung für uns geben. Wer heute noch von westlicher Orientierung spricht, der hat den Krieg nicht verstanden. Und solange wir nicht den ‚verstandenen Krieg' als

ein Gemeingut aller Deutschen besitzen, dürfen wir nicht erwarten, daß wir uns je aus unserer Niederlage erheben werden.
Wir haben den Krieg gegen den Westen verloren. Der Sozialismus hat ihn gegen den Liberalismus verloren. Junge Völker haben ihn gegen die alten Völker verloren. Das hat Rußland begriffen. Deshalb setzen die Russen den Kampf fort, in dem die Deutschen zusammenbrachen, als sie von ihm abstanden.
Wir sollten doch ja nicht wähnen, daß die Welt in Menschenaltern wieder zur Ruhe kommen wird . . .
Wir vernehmen jetzt von der Lockung, für den Westen den Kampf gegen den Bolschewismus zu führen. Ob sie bereits ausgesprochen wurde oder nicht, ist gleichgültig. Sie wird als Forderung kommen. Und wir müssen uns darüber klar sein, daß sie, wenn wir ihr nachkommen, unsere endgültige Vasallenschaft bestätigen, unsere Aufnahme unter die portugalisierten Nationen bedeuten wird. Das ist der Sinn, den die westliche Orientierung für uns haben kann.
Aber Kampf gegen Rußland ist nur möglich, wenn Rußland die Unklugheit begeht, von Deutschland nicht ein deutsches Wirtschaftsgefüge zu verlangen, sondern eine russische Nachahmung." [26])
Und hier nun markiert Moeller van den Bruck exakt die Schwelle jeder denkbaren Zusammenarbeit. Er spricht es aus, jenes „bis hierher und nicht weiter", einer deutsch-russischen Kooperation: „Deutschland kann Bolschewismus nicht brauchen, auch einen gereinigten Bolschewismus nicht, der des roten Schreckens entkleidet wurde, den ihm die bürgerliche Vorstellung anhing . . .
Der deutsche Arbeiter wird es nicht lange ertragen, Proletarier zu bleiben. Er wird vielmehr einen Aufstieg aus der Masse suchen, den er nur in Gliederungen finden kann . . .
Nur wenn Rußland die deutsche Eigentümlichkeit so anerkennt, wie Deutschland die russische, werden die beiden Länder den Kampf gegen den Westen und den westlichen Kapitalismus führen können, der auf der ganzen Erde die Ausbeutung will." [27])
Wir wissen, daß die Sowjetunion die Eigentümlichkeiten anderer Völker, die Unabhängigkeit der Nationen und damit auch den nationalen Sozialismus bis heute nicht bereit ist, anzuerkennen.
Am internationalistischen Dogma Moskauer Politik, jenem roten Imperialismus des Kreml, der durch jeden einzelnen Nachfolger

Lenins wieder erneuert und praktiziert wurde, ist die Kooperation des Reiches mit der Sowjetunion bislang letztlich immer wieder gescheitert.

Zwar hat Lenin vor dem Putsch von Petrograd die Parolen von nationaler Selbständigkeit der Völker und Unabhängigkeit der Bauern in den Vordergrund seiner Propaganda geschoben. Doch nach der Machtergreifung standen Nationalismus und bäuerliches Privateigentum zuoberst auf der Liste der zu bekämpfenden Kräfte, weil sie sich gegen internationalistische und gleichmacherische Tendenzen des Bolschewismus sträubten.

Ebensosehr wie im Innern der Sowjetunion Bolschewismus und nationalrussischer Imperialismus die Unabhängigkeitsbestrebungen der Nationen im Herrschaftsbereich des Kreml im Keim erstickten und 16 total abhängige Sowjet-Republiken erzwangen, hat die Sowjetunion im zwischenstaatlichen Bereich ihren Herrschaftsanspruch über alle sozialistischen Länder der Erde nie wirklich bezweifeln lassen.

Breschnew war es, der schon vor Jahren unmißverständlich den imperialen bolschewistischen Anspruch neu formulierte. In einer außenpolitischen Doktrin, die seinen Namen trägt und als „Breschnew-Doktrin“ in die Geschichte eingehen wird, stellte der Boß in Partei und Staat der UdSSR fest, daß die Sowjetunion über ihr eigenes staatliches Herrschaftsgebiet hinaus sich auch jeglichen Eingriff in die inneren Angelegenheiten aller verbündeten Staaten vorbehält, natürlich, um „die Gefahr eines übermächtigen westlichen Einflusses abzuwehren“.

Wer sich in ein Bündnis mit der Sowjetunion begibt, der kommt drin um — das scheint die einzige Lehre zu sein, die ein verantwortungsbewußter Staatsmann für sein Vaterland aus diesem Verhalten des Sowjet-Imperialismus ziehen kann.

Auch die meisten verantwortlichen Politiker und ein Teil der politischen Denker in der Weimarer Republik empfanden angesichts der sowjetischen Komintern-Experimente und der permanenten Putschversuche damals so und nicht anders. Für eine Wiederholung der Bismarck-Politik von 1863, als Preußen dem Zaren bei der Niederschlagung des polnischen Aufstandes wenigstens indirekte Hilfestellung gewährte, schienen alle Voraussetzungen zu fehlen.

Doch in Wirklichkeit entstanden diese Voraussetzungen justament in den Jahren 1920/21 aufs neue.
Erster Anstoß für ein Überdenken ihrer Außenpolitik gegenüber Deutschland war für die Sowjets das Debakel mit Polen. Nach der Niederlage der bolschewistischen Armee im August 1920 an der Weichsel begann der Kreml, russische, staatliche Interessenpolitik wieder in Erwägung zu ziehen.
Auch auf deutscher Seite hatte sich neben der emotionalen Bewegung in der Rechten, 1920 erstmals ein deutlicher Stimmungsumschwung auch in der praktischen Politik Weimars bemerkbar gemacht. Auslöser dafür war folgender Vorgang: Anfang Februar hatte die Entente eine Liste an Deutschland übergeben, die nicht weniger als 895 Namen sogenannter Kriegsverbrecher enthielt, die auszuliefern waren. Der deutsche Diplomat Wipert von Blücher berichtet: „Die größten Namen der jüngsten deutschen Geschichte waren darunter: Hindenburg, Ludendorff, Tirpitz. Die Liste löste bei den Angehörigen sämtlicher Parteien tiefe Empörung aus. Die Hoffnung, sich mit der Entente verständigen zu können, zerrann in ein Nichts und wurde abgelöst von dem Gefühl, daß jetzt als letzter Ausweg nur Anlehnung an Rußland übrig bleibe.
Am 13. Februar 1920 fand eine geheime Sitzung des Kabinetts statt, in der die neue Strömung mit elementarer Gewalt durchbrach. Es wurde beschlossen, eine seit einiger Zeit in Berlin arbeitende, bolschewistische Fürsorgestelle für russische Kriegsgefangene, die ein obskures Dasein fristete, nicht zu stören, sondern weiter zuzulassen und eine deutsche Rote-Kreuz-Kommission nach Rußland zu schicken.“ [28])
Entscheidend aber wurde das Jahr 1921. Es begann damit, daß Lenin in größte Bedrängnis kam: Am 1. März dieses Jahres rebellierte die gesamte Kronstädter Matrosen-Garnison vor allem gegen die von Trotzki eingeführten bolschewistischen Polit-Kommissare in der Truppe. Im Mittelpunkt des „Kronstädter Programms“ [29]) der Aufständischen stand die Forderung nach „Abberufung der Parteikommissare aus der Armee“. Außerdem wurde verlangt:
„Abschaffung der kommunistischen Aufseher in Werkstätten und Fabriken.“

„Volle Freiheit für die Bauern bezüglich ihres eigenen Landes."
„Gleichheit der Rationen für alle Arbeitenden mit Ausnahme der in gesundheitsschädlichen Betrieben Arbeitenden."
„Rede- und Pressefreiheit für Arbeiter und Bauern."
„Neuwahlen mit geheimer Abstimmung."
Alles Forderungen, die letztlich auf die Abschaffung des Bolschewismus zielten, die ohne den Sturz Lenins nicht verwirklicht werden konnten und die deshalb logischerweise eben diesen Sturz beinhalteten.
Ausgerechnet die baltische Flotte, die einstige Sturmtruppe der Revolution, erhob sich gegen die Herrschaft der Bolschewisten und ihres Führers Lenin. — Dieser Aufwand wog weit schwerer, als eine Revolte von Sozialrevolutionären im Juli 1918 in Petrograd und Moskau oder das Pistolenattentat der altbewährten sozialrevolutionären Untergrundkämpferin Dora Kaplan am 30. August 1918 auf Lenin.
Die 14 000 rebellierenden Matrosen des Frühjahrs 1921 sprachen in ihren Aufrufen und Flugblättern von der „dreijährigen blutigen Zerstörungsarbeit der Kommunisten".
Der Kronstädter Aufstand nahm für die Bolschewiken bedrohliche Ausmaße an. Fast eine Woche lang hielten die rebellierenden Matrosen die vor den Toren Petrograds gelegene Festung unter Kontrolle. Auch in Petrograd selbst sympathisierten einige Regimenter mit den Matrosen und mußten entwaffnet werden.
Die Bolschewiken richteten ein Ultimatum an die Aufständischen. Es wurde abgelehnt. Da erschien Trotzki persönlich in Petrograd. Er rief die Truppen der „Tscheka", der neugeschaffenen kommunistischen Geheimpolizei, und den damaligen Armeeoberbefehlshaber Tuchatschewski auf, die Kronstädter Matrosen „einzeln, wie Enten auf dem Teich" abzuschießen.
Die Rotarmisten griffen über das Eis des zugefrorenen finnischen Meerbusens hinweg an. Zehn Tage lang wurden sie von den Rebellen immer wieder zurückgeschlagen. Doch auf die Dauer konnten die Matrosen der Übermacht nicht standhalten. Am 18. März brach der Widerstand zusammen. Wer nicht in den Kämpfen gefallen war, endete unter der Kugeln der Erschießungskommandos oder in den Straflagern Sibiriens.
Der Kronstädter Aufstand, obwohl niedergeschlagen, hatte enorme

Auswirkungen: Sinowjew, der Präsident der Komintern, schickte eilends eine Agentengruppe nach Deutschland, um dort — zur „Entlastung" der inneren Bürgerkriegs-Front in der Sowjetunion — einen Putsch zu organisieren. Wieder einmal.
Die Parolen lauteten: „Man muß das Geschick der Revolution zwingen." „Die Partei muß wagen, die Offensive zu übernehmen."
Ziel dieser „Offensive" war das mitteldeutsche Industrie-Revier von Mansfeld. Zunächst bestanden die revolutionären Aktionen in einigen aufsehenerregenden Sprengstoffanschlägen. Als Höhepunkt war schließlich vorgesehen, die Berliner Siegessäule in die Luft zu sprengen.
Franz Borkenau, von 1921 bis 1929 KPD-Funktionär und jahrelang Mitglied des Komintern-Apparats, beschreibt die ganze Affäre: „Mitte März 1921 rief die Partei die Arbeiter zum Aufstand. Aber der Aufruf fand außerhalb Mansfelds keinerlei Widerhall. Daraufhin beschloß die Partei, die widerstrebenden Massen in die Aktion hineinzutreiben. Vielerorts griffen Gruppen von kommunistischen Arbeitslosen die Fabriken an, um die Einstellung der Arbeit zu erzwingen. Die Partei organisierte Sprengversuche an Eisenbahnlinien zur Empörung der Eisenbahner und versuchte in Halle und Breslau, ihre eigenen Parteigebäude in die Luft zu sprengen, um den Eindruck eines ‚faschistischen Anschlags' zu erzeugen. Es führte alles zu nichts. Der engbegrenzte Aufstandsherd in Mitteldeutschland wurde ohne Schwierigkeiten ausgemerzt, und mehr als die Hälfte der Parteimitgliedschaft im ganzen Lande zerriß ihre Mitgliedsbücher. Es war eine umfassende Katastrophe.[30])
Lenin spürte, daß sein System zum Scheitern verurteilt war, wenn er nicht bald durch einschneidende Änderungen eine Verbesserung der Lage der Menschen in der Sowjetunion erreichte.
Die erste Maßnahme war die Einführung der bereits erwähnten „Neuen Ökonomischen Politik" (NEP). Damit verbunden war die Erlaubnis für die Bauern, wenigstens einen Teil ihrer Ernten wieder privat zu verkaufen und gegen Industriegüter einzutauschen. Es war der verzweifelte, aber weitgehend gelungene Versuch, die permanente Hungersnot, die durch die Liquidierung eines Großteils des Bauerntums und durch die Zwangskollektivierung entstanden war, etwas zu mildern, und damit die labilen, innerrussischen Verhältnisse wieder zu stabilisieren.

Die zweite Maßnahme betraf das Verhältnis zu Deutschland, und sie traf sich mit den Tendenzen, die zur gleichen Zeit hier bereits vorhanden waren: In Moskau erkannte man nach dem Schock von Kronstadt und dem oben geschilderten erneuten Scheitern eines Aufstandes in Deutschland, daß die Weltrevolution zurückgestellt werden mußte, zugunsten ganz eigener, existentieller russischer Staatsinteressen, und daß man für die weitere Festigung der Wirtschaft und der militärischen Kraft einen Partner brauchte. Und der konnte nach Lage der Dinge nur Deutschland sein. — Hier ergänzten sich Lenin und Moeller.

Im Mai 1921 wurden — als ein Schritt in diese Richtung — die beiderseitigen Rote-Kreuz-Kommissionen schließlich zu halbdiplomatischen Institutionen ausgebaut. Ab September desselben Jahres wurde in Geheimgesprächen über den Aufbau von Rüstungsfabriken in der Sowjetunion unter Beteiligung deutscher Firmen verhandelt. An den produzierten Panzern und Flugzeugen sollten deutsche Soldaten militärisch geschult werden. So ließen sich die Auflagen des Versailler Vertrages, die eine deutsche militärische Erstarkung verhindern sollten, mit sowjetischer Hilfe unterlaufen. Einige hohe deutsche Offiziere reisten nach Moskau, um die Möglichkeiten an Ort und Stelle zu untersuchen.

Die Westalliierten zeigten zu dieser Zeit gegenüber Deutschland nicht das geringste Entgegenkommen in den Lebensfragen der Nation. Im Gegenteil. Sie hatten nicht nur Oberschlesien gegen den Willen der Bevölkerung geteilt und die Reparationsschraube bis zum äußersten angezogen. Sie versuchten auch immer wieder, mit den Sowjets Arrangements auf Kosten der schwachen Weimarer Republik zu treffen. Und das hinderte sie andererseits dennoch nicht, auch wiederholt den Versuch zu machen, Deutschland gegen Rußland zu mobilisieren.

Die Sowjetunion ihrerseits befürchtete, Deutschland könnte eine Kolonie der Entente werden. Vor allem die herrschende Schicht, Sozialdemokraten und Zentrumskreise, so die Sorge in Moskau, könnten dem Drängen und dem Druck des Westens schließlich nachgeben.

Entschiedene Gegnerschaft zum Westen zeichnete dagegen die deutsche Rechte aus. Und Moskau zögerte nicht, hier seine Partner

für ein Zweckbündnis zu suchen. Die Sowjets machten kein Hehl mehr daraus, daß sie ein Abkommen mit Deutschland anstrebten.
Karl Radek, der nach den Putschversuchen in Berlin am 12. Februar 1919 verhaftet worden war und bis Januar 1920 in einem Berliner Gefängnis einsaß, ehe er nach Moskau zurückgeschickt wurde, ergriff als Deutschlandspezialist des Kreml und Beauftragter der Internationale die Initiative.
Er setzte zunächst Druck hinter die Wünsche der Sowjetunion, zur Zusammenarbeit mit Deutschland zu kommen. Am 27. Dezember 1921 veröffentlichte er in der Prawda einen Artikel, in dem er „unmißverständlich" andeutete, Sowjet-Rußland könne jederzeit die Bestimmungen des Versailler Vertrages annehmen und gemäß Artikel 116 einen Anteil an den Reparationszahlungen verlangen.[31])
Am 5. Februar 1922 wurde die regierungsamtliche Iswestia noch deutlicher: „Sowjet-Rußland brauche nur auf der Basis des Artikels 116 zu Ungunsten Deutschlands mit der Entente zu gehen, um durch die daraus entstehende Verarmung das deutsche Proletariat in seinem Klassenkampf zu stärken!"[32])
Diese Drohungen, mit denen Moskau seine partnerschaftlichen Absichten unterstrich, nachdem sie in Deutschland noch nicht das richtige Gehör fanden, gründeten sich auf den dritten Absatz des angeführten Paragraphen 116 des Versailler Diktats. Dort heißt es: „Die Alliierten und Assoziierten Mächte behalten ausdrücklich die Rechte Rußlands vor, von Deutschland alle Wiederherstellungen und Wiedergutmachungen zu erhalten, die den Grundsätzen des gegenwärtigen Vertrags entsprechen."
Die Westalliierten hatten damit der Sowjetunion einen Platz in der Riege der Reparationsgläubiger freigehalten. Hintergrund war, daß Frankreich hoffte, auf diesem Wege Hunderte von Millionen Goldfranken zurückzubekommen, die es bereits vor 1914 zum Zwecke der Aufrüstung gegen Deutschland ins Zarenreich hineingepumpt hatte. — Die Sowjets sollten die Reparationen kassieren und an Frankreich abführen.
Man wußte in Moskau genau, wie empfindlich Deutschland an diesem Punkt war. Noch ein Reparationseintreiber wäre zuviel gewesen. Der Würgegriff der Versailler Mächte ließ dem Reich ohnedies kaum mehr Luft zum bloßen Existieren.

Aber man hatte es im Kreml gar nicht auf den Exitus Deutschlands abgesehen, sondern auf ein Geschäft, das der sowjetischen Wirtschaft und damit dem angeschlagenen bolschewistischen Regime wieder auf die Beine helfen sollte.
Die UdSSR brauchte Wirtschaftshilfe, Wiederaufbauhilfe im großen Stil. Schon Ende Oktober 1921 hatte Moskau die Westalliierten wissen lassen, daß es Finanzspritzen benötige und den Wunsch habe, an internationalen Wirtschaftskonferenzen teilzunehmen.
Bei den Westmächten wurden Pläne geschmiedet, nach denen ein internationales Wirtschaftskonsortium den Wiederaufbau Rußlands in die Hand nehmen sollte. Treibende Kraft dabei war der britische Premierminister Lloyd George.
Moskau winkte ab. Diese für den kapitalistischen Westen damals bereits typischen Kolonisationsmethoden durchschaute Lenin sofort. Er erkannte, daß er, angenommen er ließe sich auf das Projekt des internationalen Kapitals ein, seine Wirtschaft den Westalliierten ausliefern würde. Die UdSSR wäre so etwas wie eine anglo-amerikanische Wirtschaftskolonie geworden.
Außerdem hätte der Wirtschaftspakt mit den Alliierten nichts anderes bedeutet, als die Kapitulation des ersten sozialistischen Landes vor dem „internationalen Kapitalismus". Also war diese Form des Wiederaufbaus Rußlands auch aus ideologischen Gründen nicht möglich.
Anders sah es dagegen bei Geschäften mit Deutschland aus. Begrenzte Konzessionen an die deutsche Industrie und den deutschen Handel, die beide nach dem Rußlandgeschäft drängten, schon um die eigene Abhängigkeit vom Westen zu mildern, waren vom sowjetisch-nationalen Interesse her unbedenklich, angesichts der Schwäche des Reiches, und ideologisch war das Geschäft gerade noch tragbar.
Und auch außenpolitisch lag für die Sowjetunion ein Arrangement mit Deutschland nahe, denn die Feinde des Reiches waren — entsprechend der von Moeller geschilderten Situation — identisch mit den Feinden Rußlands:
Da war Großbritannien, das sich ausgezeichnet hatte durch den Raub der deutschen Hochseeflotte, ein Feind Deutschlands auf den Weltmärkten und dazu Reparationsgläubiger — für die Sowjets Widersacher an ihrer gesamten asiatischen Landfront.

Da war Frankreich, das sich ausgezeichnet hatte durch den Raub von Elsaß und Lothringen, Besatzer auf dem linken Rheinufer, Verbündeter Polens und der schlimmste Reparationsgläubiger — für die Sowjets zu dieser Zeit der Feind Nummer eins, denn Frankreich versuchte, das Versailler Europa gegen Sowjet-Rußland zu mobilisieren.

Und Polen, mit dem die Sowjets nach wie vor auf Kriegsfuß standen, fungierte als „Frankreichs Gendarm in Osteuropa".

Polen war Deutschlands größter Feind im Osten, gehaßt wegen des Raubes riesiger deutscher Gebiete im Gefolge des Versailler Diktats. Für die Sowjets ebenfalls Todfeind — verbündet mit Rumänien, einem weiteren Gegner der UdSSR und aktives Mitglied in der „baltischen Entente", einem antisowjetischen Aktionsbündnis aus Polen, Lettland, Estland und Finnland.

In Berlin führte das Streben nach Rückgewinnung größerer nationaler Unabhängigkeit ab 1921 zu der Einsicht, die bei fast allen Parteien wuchs, nunmehr sei es an der Zeit, die Beziehungen zu dem nun doch weitgehend gefestigten Sowjet-Rußland zu normalisieren. Es stand fest, daß sich die Bolschewiken im Bürgerkrieg so gut wie durchgesetzt hatten. Wer in der Wilhelmstraße Ostpolitik treiben wollte, mußte also mit den Sowjets rechnen und mit sonst niemandem.

Die wirtschaftliche Zusammenarbeit Deutschlands mit der UdSSR lief Ende 1921 bereits auf Hochtouren. Im Herbst war es außerdem in Moskau zu Absprachen über gemeinsame Aktionen im Falle eines Krieges gekommen.

Noch weitergehenden Übereinkünften oder gar einem deutsch-russischen Vertrag aber standen damals Ebert und Rathenau noch immer ablehnend gegenüber.

Und doch kam 1921 plötzlich System in die Sache. Adolf Georg Otto — genannt Ago — Freiherr von Maltzan wurde Leiter der Ostabeilung des Auswärtigen Amtes, und er arbeitete direkt auf ein deutsch-russisches Abkommen hin. Dafür sicherte er sich die Rückendeckung durch Reichskanzler Wirth. Er wollte Reichspräsident Ebert und Außenminister Rathenau (ab Januar 1922) vor vollendete Tatsachen stellen. Und das gelang ihm auch.

Durch Geheimkontakte wurde das Unternehmen vorbereitet, das

dann 1922 tatsächlich zustande kam: Ende Januar fanden in Berlin erste Verhandlungen um einen deutsch-sowjetischen Vertrag statt. Die Sowjets waren dabei viel stürmischer als ihre deutschen Gesprächspartner.

Doch jedesmal, wenn die Vertreter der Ostabteilung im AA den Russen zu zäh erschienen, drohte Karl Radek — er war als des Kremls Deutschlandexperte selbstverständlich wieder mit von der Partie — abermals mit der Verhandlungsbereitschaft Frankreichs gegenüber der UdSSR.

Die Verhandlungen waren noch im Gange, da wurde die Entscheidung plötzlich im Februar 1922 von unerwarteter Seite forciert: Die Westalliierten luden alle europäischen Mächte, zum erstenmal auch Deutschland und die Sowjetunion, ab 10. April 1922 zu einer Weltwirtschaftskonferenz nach Genua ein.

Auf der Fahrt zum Konferenzort kamen die sowjetischen Vertreter durch Berlin. Ago von Maltzan und Außenkommissar Tschitscherin verhandelten neben den offiziellen Gesprächen, die in diesen Tagen geführt wurden, auch in geheimer Mission. Ebert und Rathenau durften von diesen Gesprächen nichts wissen. Ihr Inhalt: deutsch-russische Kooperation; ein Abkommen zwischen den Staaten zum Nutzen beider Seiten.

Auf einem Empfang, den der deutsche Außenminister Rathenau zu Ehren der nach Genua reisenden Sowjetdelegation gab, sprach Radek ganz offen über die Notwendigkeit und die Absicht, „in Deutschland Kommunisten und Rechtsbolschewisten zum endgültigen Kampf gegen den westeuropäischen Kapitalismus zu vereinigen“.[33])

Als dann die Konferenz in Genua begann, wurde die deutsche Delegation von Anfang an geschnitten und an den Rand des Geschehens verdrängt. Von den wichtigen Ausschüssen der Konferenz, vor allem von der Rußlandkommission, blieben die deutschen Vertreter ausgeschlossen. Deutschland sah sich als Nation zweiter Klasse behandelt und diskriminiert.

Außenminister Walter Rathenau war bitter enttäuscht. Er hatte so sehr auf das Entgegenkommen der Engländer, insbesondere des Premiers Lloyd George, gehofft, den er bei den Plänen für ein internationales Konsortium zum Aufbau Rußlands unterstützt hatte.

Auch die Franzosen waren für Rathenau eine herbe Enttäuschung. Sie weigerten sich, die Reparationsfrage überhaupt zu erörtern, und machten so alle Hoffnungen des Außenministers der Weimarer Republik zunichte, vielleicht im gegenseitigen Einvernehmen eine für Deutschland tragbare Lösung zu finden.
Dagegen hofierten die Westalliierten auch bei dieser internationalen Konferenz wieder die Sowjets. Sie ließen keine Chance aus, Moskau auf ihre Seite zu ziehen. England und Frankreich forderten die Bolschewiki ausdrücklich und immer wieder dazu auf, doch noch in den Ring der Reparationsgläubiger einzutreten.
Vielleicht hätten die Sowjets letztlich auch mitgemacht. Aber die Aussicht, à conto deutscher Reparationen lediglich zaristische Vorkriegsschulden mit Frankreich zu begleichen, erschien dem Kreml wenig ersprießlich. Auch das geplante internationale Konsortium für wirtschaftlichen Wiederaufbau war Moskau aus den bereits dargelegten Gründen höchst suspekt. Insgesamt fühlten sich die sowjetischen Vertreter von den Mächtigen dieser Konferenz regelrecht verschaukelt.
Und in dieser Situation kamen die monatelangen Bemühungen der Ostabteilung des AA und die schon erwähnten Vorgespräche von Berlin, kurz vor dieser Konferenz, zum Tragen.
Was geschah, wurde oft geschildert. Die nächtliche Szene, am Ostersamstag 1922, als Rußlands Kommissar für Äußeres die deutsche Delegation zu Verhandlungen über einen Sondervertrag aufforderte und die Vorgänge des Ostersonntagmorgens, als im 30 Kilometer von Genua entfernten Badeort Rapallo, in den die Sowjetdelegation ausquartiert worden war, angeblich weil Genua überfüllt war, ein Vertrag zwischen Deutschen und Sowjets unterzeichnet wurde, die lange gebastelte Bombe also hochging.
Der deutsche Diplomat Wipert von Blücher schildert die Ereignisse jener Tage und die entscheidenden Stunden:
„Der deutschen Delegation waren von verschiedenen Seiten Nachrichten zugegangen, die besagten, daß die Entente-Mächte mit den Russen verhandelten, um sie gleich zu Beginn der Konferenz in ihr Lager hinüberzuziehn. Es würde von den Russen Anerkennung des Versailler Vertrages einschließlich des Artikels 116 verlangt, und die französische Delegation spekuliere darauf, sich die russi-

schen Forderungen aus Artikel 116 gegen Deutschland zedieren zu lassen, als teilweisen Ersatz für die der zaristischen Regierung in Paris gegebenen Anleihen. Es verlautete, daß die Russen hiergegen wenig Widerstand leisteten, und daß mit einer Verständigung zwischen Entente und Sowjet-Regierung auf dieser Basis gerechnet werden müsse.

Diese Meldungen lösten tiefen Pessimismus im Lager der deutschen Delegation aus, die voraussah, in völliger Isolierung die Konferenz bestehen zu müssen. Daher bedeutete es für Maltzan eine große und angenehme Überraschung, als Tschitscherin ihn in der Nacht vom 15. auf den 16. April 1922 telefonisch anrief und ihm vorschlug, am kommenden Tage vertraulich deutsch-russische Sonderbesprechungen in Rapallo aufzunehmen. Als alter Praktikus zeigte Maltzan zunächst kein Empressement, sondern bemerkte kühl: ‚Morgen ist Sonntag, und ich muß zur Kirche gehen.' Aber als Tschitscherin auf seinem Vorschlag beharrte, ließ Maltzan sich herbei, seine religiösen Pflichten diesmal hinter seine politischen Aufgaben zurückzustellen. Er nahm daraufhin für die deutsche Delegation an.

Um dann Rathenau für die Idee zu gewinnen, suchte er ihn trotz der nächtlichen Stunde in seinem Hotelzimmer auf. Der Außenminister des Deutschen Reiches lag nicht im Bett, sondern ging in tiefe Gedanken versunken von einem Ende seines Zimmers zum anderen mit langen Schritten auf und ab. Als Maltzan bei ihm eindrang, fragte Rathenau: ‚Bringen Sie mir mein Todesurteil?' Maltzan antwortete: ‚Nein, eine viel bessere Nachricht. Die Russen wollen mit uns verhandeln.' Als Rathenau sich langsam von seiner Überraschung erholt hatte, erwiderte er: ‚Ich werde zunächst mit Lloyd George darüber sprechen.' Das war nicht im Sinne Maltzans. Er wandte sich gegen diese Idee und bezeichnete sie als Vertrauensmißbrauch gegenüber Tschitscherin. Mit seinem stärkeren Willen setzte er sich durch, und Rathenau gab nach. Dann mußte noch der Reichskanzler Wirth gefragt werden, aber dieser erklärte ohne weiteres sein Einverständnis. (Wenn Maltzan diese Szene im kleinen Kreise zum besten gab, pflegte er zu sagen: Ich habe damals Rathenau vergewaltigt.)

Am nächsten Tage fanden in Rapallo im geheimen die deutsch-russischen Besprechungen statt. Sie verliefen nicht ohne Meinungsver-

schiedenheiten, aber nach der Lunch-Pause war man so weit, daß der Text von beiden Seiten angenommen und gezeichnet wurde.
Als kurz darauf die übrigen Delegationen informiert wurden, wirkte die Ankündigung wie eine Bombe. Die beiden Verfemten der Konferenz hatten sich zusammengefunden, ohne sich um die anderen zu kümmern, und einen Vertrag abgeschlossen, während die übrigen Delegationen noch mit leeren Händen dastanden und unschlüssig waren, wie die Lasten der kommenden Neuregelungen möglichst auf deutschen und russischen Rücken abzuladen wären." [33])
Der Vertrag, der zur „Weltsensation" wurde, hat folgenden Wortlaut:
„Artikel 1
Die beiden Regierungen sind darüber einig, daß die Auseinandersetzung zwischen dem Deutschen Reich und der Russischen Sozialistischen Föderativen Sowjetrepublik über die Fragen aus der Zeit des Kriegszustandes zwischen Deutschland und Rußland auf folgender Grundlage geregelt wird:

a) Das Deutsche Reich und die Russische Sozialistische Föderative Sowjetrepublik verzichten gegenseitig auf den Ersatz ihrer Kriegskosten sowie auf den Ersatz der Kriegsschäden, d. h. derjenigen Schäden, die ihnen und ihren Angehörigen in den Kriegsgebieten durch militärische Maßnahmen einschließlich aller in Feindesland vorgenommenen Requisitionen entstanden sind. Desgleichen verzichten beide Teile auf den Ersatz der Zivilschäden, die den Angehörigen des einen Teiles durch die sogenannten Kriegsausnahmegesetze oder durch Gewaltmaßnahmen staatlicher Organe des anderen Teiles verursacht worden sind.
b) Die durch den Kriegszustand betroffenen öffentlichen und privaten Rechtsbeziehungen, einschließlich der Frage der Behandlung der in die Gewalt des anderen Teiles geratenen Handelsschiffe, werden nach dem Grundsatz der Gegenseitigkeit geregelt werden.
c) Deutschland und Rußland verzichten gegenseitig auf Erstattung der beiderseitigen Aufwendungen für Kriegsgefangene. Ebenfalls verzichtet die Deutsche Regierung auf Erstattung der von

ihr für die in Deutschland internierten Angehörigen der Roten Armee gemachten Aufwendungen. Die Russische Regierung verzichtet ihrerseits auf Erstattung des Erlöses aus von Deutschland vorgenommenen Verkäufen des von diesen Internierten nach Deutschland gebrachten Heeresgutes.

Artikel 2

Deutschland verzichtet auf die Ansprüche, die sich aus der bisherigen Anwendung der Gesetze und Maßnahmen der Russischen Sozialistischen Föderativen Sowjetrepublik auf deutsche Reichsangehörige oder ihre Privatrechte sowie auf die Rechte des Deutschen Reiches und der Länder gegen Rußland sowie aus den von der Russischen Sozialistischen Föderativen Sowjetrepublik oder ihren Organen sonst gegen Reichsangehörige oder ihre Privatrechte getroffenen Maßnahmen ergeben, vorausgesetzt, daß die Regierung der Russischen Sozialistischen Föderativen Sowjetrepublik auch ähnliche Ansprüche dritter Staaten nicht befriedigt.

Artikel 3

Die diplomatischen und konsularischen Beziehungen zwischen dem Deutschen Reich und der Russischen Sozialistischen Föderativen Sowjetrepublik werden sogleich wieder aufenommen. Die Zulassung der beiderseitigen Konsuln wird durch ein besonderes Abkommen geregelt werden.

Artikel 4

Die beiden Regierungen sind sich ferner auch darüber einig, daß für die allgemeine Rechtsstellung der Angehörigen des einen Teils im Gebiet des anderen Teils und für die allgemeine Regelung der beiderseitigen Wirtschafts- und Handelsbeziehungen der Grundsatz der Meistbegünstigung gelten soll. Der Grundsatz der Meistbegünstigung erstreckt sich nicht auf die Vorrechte und Erleichterungen, die die Russische Sozialistische Föderative Sowjetrepublik einer Sowjetrepublik oder einem solchen Staate gewährt, der früher Bestandteil des ehemaligen Russischen Reiches war.

Artikel 5

Die beiden Regierungen werden den wirtschaftlichen Bedürfnissen der beiden Länder in wohlwollendem Geiste wechselseitig entgegenkommen. Bei einer grundsätzlichen Regelung dieser Frage auf internationaler Basis werden sie in vorherigen Gedankenaustausch eintreten. Die Deutsche Regierung erklärt sich bereit, die ihr neuerdings mitgeteilten, von Privatfirmen beabsichtigten Vereinbarungen nach Möglichkeit zu unterstützen und ihre Durchführung zu erleichtern.

Artikel 6

Die Artikel 1 b und 4 dieses Vertrages treten mit der Ratifikation, die übrigen Bestimmungen dieses Vertrages treten sofort in Kraft".

Dieser Vertrag war ein Donnerschlag in der Weltpolitik. Unmittelbar nachdem er bekanntgeworden war, eilte ein hoher britischer Würdenträger in das Quartier der deutschen Delegation. Sein Ansinnen war nicht mehr und nicht weniger, als den gewissermaßen ungehörigen Vertrag sofort wieder rückgängig zu machen. Sogar der Ruf nach Strafmaßnahmen wurde unter den Westalliierten laut. Hatte doch der Versailler Vertrag Deutschland in eine Art politischer Kolonie des Westens verwandelt — da galt ein derart selbständiger Schritt als Sakrileg.

Deutschland reagierte gelassen. Es war über Nacht spürbar souveräner geworden. Reichspräsident Ebert, der ja quasi überfahren worden war, stand später loyal zu diesem Abkommen, das für die Zeit der Weimarer Republik und weit darüber hinaus, eigentlich bis in unsere Zeit hinein, zum Inbegriff deutsch-russischer Zusammenarbeit geworden ist.

Was immer auch im einzelnen die Motive der Sowjets und der Verhandlungsführer des Berliner Auswärtigen Amtes gewesen sein mochten, das Signal für eine „deutsch-russische Entente", wie damals eine französische Zeitung den Vorgang bereits nannte, war auf grün gestellt.

Jetzt mußte es sich zeigen, ob Moskau weiterhin die Weltrevolution und damit die Eroberung Deutschlands für den Kommunismus obenan stellte oder eine Partnerschaft zwischen den beiden Staaten zur Wahrung der gemeinsamen Interessen.

Lenin kommentierte den Vertrag in Moskau, wo die Zeitungen nur in kleinen Notizen von dem Ereignis berichtet hatten, mit den Worten: „Wir gingen nach Genua nicht als Kommunisten, sondern als Geschäftsleute."

Und genauso wurde Rapallo auch in der Wilhelmstraße in Berlin verstanden. Bei weiterhin bestehenden, unüberbrückbaren ideologi-

schen Gegensätzen, die in manchen politischen Kreisen beider Länder bis zur blanken Feindschaft gediehen waren, hatte man sich auf die Befriedigung der beiderseitigen Interessen geeinigt.
So gesehen waren die Ergebnisse von Rapallo nicht schlecht:

- Beide Partner hatten, was Kriegs- und Nachkriegsschäden anbetraf, einen Strich unter die Vergangenheit gemacht und so die Möglichkeit für einen neuen Anfang geschaffen — ein Ergebnis, wie es in Nachkriegsverhandlungen seither auf der Welt nicht mehr erzielt worden ist.
- Die Beziehungen zwischen beiden Staaten wurden wieder normalisiert. Das beinhaltete auch den Verzicht der Sowjets auf Realisierung des Artikels 116 des Versailler Vertrags und den Verzicht Deutschlands auf Teilnahme an dem vom Westen geplanten internationalen Konsortium.
- Beide Seiten hatten gegeben und genommen. Und über Interessenbefriedigung hinaus dennoch auch politischen Gewinn erzielt. Die UdSSR hatte durch die exklusive Zusammenarbeit mit dem Deutschen Reich die befürchtete „kapitalistische Einkreisung" gebannt. Deutschland hatte seit Versailles zum erstenmal seine außenpolitischen Ketten etwas zu lockern vermocht.

General Hans von Seeckt sah im Vertrag von Rapallo den ersten und bislang einzigen Machtzuwachs, den Deutschland nach 1918 erreicht habe. Nunmehr müsse und werde Polen, das für Deutschland am unerträglichsten sei, verschwinden.
Von Seeckt erklärte zur künftigen Außenpolitik Deutschlands wörtlich: „Wir wünschen zwei Dinge: Rußland wirtschaftlich, politisch und dementsprechend militärisch zu stärken. Dadurch stärken wir uns selbst, in dem wir einen möglichen Verbündeten der Zukunft kräftigen."
Moeller van den Bruck schrieb zwar, im Gegensatz zur allgemeinen Begeisterung, in der Zeitschrift „Das Gewissen" auffallend zurückhaltend, von aktiver deutscher Politik könne im Zusammenhang mit dem Vertrag von Rapallo keine Rede sein. Die Russen hätten die Zwangslage Deutschlands ausgenutzt. Aber er stellte auch fest, Rapallo sei dennoch die Voraussetzung einer künftigen deutschen Politik, die eine „deutsch-russische Gruppierung" anstreben müsse.[35])

Hermann Rauschning sah in der Rapallo-Politik ganz einfach ein „politisch taktisches Hilfsmittel". Und damit kam auch er der Beurteilung des Auswärtigen Amtes in Berlin sehr nahe.

Und der Nationalrevolutionär Ernst Niekisch bezeichnete später den Vertrag als eine Chance, die Deutschland allerdings nicht genutzt habe: „Der Rapallo-Vertrag schien für die Weimarer Republik nach ihrer Verohnmachtung durch den Versailler Vertrag eine neue weltpolitische Plattform geschaffen zu haben. Rußland hatte sich der Weimarer Republik als Bundesgenosse angeboten, und Arm in Arm mit ihm konnte sie den Gedanken fassen, den Westmächten die Stirn zu bieten. Mit entschlossener Tatkraft freilich hätte die neue Politik ergriffen werden müssen. Dies aber war nicht der Fall. Nur mit schlechtem Gewissen ‚beging', so könnte man sagen, die Weimarer Regierung die Rapallopolitik." [36])

Der Vertrag wurde schließlich vom Reichstag ohne weiteres gutgeheißen. In der Folge aber haben das Zentrum, die Sozialdemokraten und die Linksliberalen die Rapallo-Politik nur lustlos und passiv mitgetragen. Die Nationalen, Konservativen und die verschiedenen rechten Gruppierungen Weimars dagegen engagierten sich voll in dieser Politik.

Die Politik von Rapallo erwies sich als ein Beispiel für jene Art von Außenpolitik, die sich als „die Kunst des Notwendigen" (Moeller) verstand. Dahinter stand kein Dogma und keine Ideologie. Ago von Maltzan, der Vater des Rapallo-Vertrages, hatte sich noch kurz vor der Aufnahme so enger Kontakte zu den Sowjets, quasi am Vorabend der Rapallo-Politik, mit Diplomaten und Militärs der Westalliierten über eine gemeinsame europäische Intervention gegen den Bolschewismus auseinandergesetzt. Als für Deutschland bei diesen Gesprächen nichts herauskam, entschloß er sich, die sowjetische Karte zu spielen.

Einer der wichtigsten Mitspieler wurde dann unmittelbar nach dem Vertragsschluß von Rapallo der Graf Brockdorff-Rantzau; jener Mann, der im Sommer 1919 als Außenminister der ersten Weimarer Regierung so vehement gegen die Annahme des Versailler Diktats eingetreten war. Er hatte damals für die entscheidende Sitzung der Nationalversammlung eine Rede vorbereitet, in der es hieß, die Ablehnung des Diktats von Versailles würde zwar schwere

Opfer für das deutsche Volk erwarten lassen. Aber diese Opfer würden die letzten sein. Wenn die feindlichen Regierungen dann Gewalt anwenden wollten, würden ihre Völker ihnen die Gefolgschaft verweigern. Dann käme die Zeit, „wo es wieder möglich sein wird, von Volk zu Volk zu sprechen und die Arbeitsgemeinschaft zu begründen, ohne die ein neues Europa nicht entstehen kann".
Graf Brockdorff hatte damals in seinem Redemanuskript stehen, er erwartete von der Nationalversammlung „die unerbittliche Kampfansage gegen den Kapitalismus und Imperialismus, dessen Dokument der Friedensvertrag von Versailles ist".[37])
Die Rede hat er nie gehalten. Die Regierung und das Parlament der Weimarer Republik entschieden sich für die Annahme des Vertrages. Außenminister Brockdorff-Rantzau trat mit der Regierung am 20. Juni 1919 zurück.
In den drei Jahren bis Rapallo lebte er zurückgezogen auf seinem Gut. Seine Konzeption aber setzte sich in der deutschen Außenpolitik durch: Moskau sollte der Hebel sein, mit dem Deutschland das System von Versailles aus den Angeln heben wollte — nur gegen die durch Hans von Seeckt betriebene militärische Zusammenarbeit hat er sich immer ausgesprochen.
Am 4. November 1922, ein halbes Jahr nach der sensationellen Vertragsunterzeichnung von Rapallo, traf Graf Brockdorff-Rantzau als deutscher Botschafter in Moskau ein. Die Kapelle, die zum Empfang angetreten war, spielte den Hohenfriedberger Marsch, der dem Preußenkönig Friedrich II. zugeschrieben wird. Eine Geste, die bei Konservativen und Nationalisten in Deutschland bestens ankam.
Boris Stein, der Leiter der Abteilung „Zentraleuropa" im sowjetischen Außenministerium, äußerte die Überzeugung, daß das neue Verhältnis Deutschland-Rußland „eine wesentliche Achse der Weltpolitik" sei.
Karl Radek schließlich rechnete beim vierten Weltkongreß der Komintern vom 5. November bis 5. Dezember 1922 in Petrograd und Moskau mit der Politik von Versailles ab und stellte seine Berichte unter das Motto der Liquidation dieses Vertrages. Radek führte aus, Versailles sei auf der Vernichtung Rußlands aufgebaut gewesen und die Politik der Erdrosselung Deutschlands sei ebenfalls gegen Rußland gerichtet, „denn möchte Rußland regiert sein,

von wem es wolle, in jedem Falle hätte es ein Interesse an der Existenz Deutschlands". Die Lage Rußlands erfordere es, „daß es in der Existenz Deutschlands ein Gegengewicht zur Hegemonie der Verbündeten besäße".[38])
Bei diesem Kongreß wurde Rapallo von allen Seiten gewürdigt und allgemein positiv beurteilt.
Doch Nikolas Iwanowitsch Bucharin, der alte Mitkämpfer Lenins, marxistischer Revolutionär und führender Wirtschaftsideologe der Bolschewiken, erörterte lediglich die Zweckmäßigkeit des Bündnisses der UdSSR mit einem bürgerlichen Staat im Sinne der Weltrevolution. Und er kam dann zu der sehr ernüchternden Feststellung, Rußland sei bereits so stark, daß es „ein militärisches Bündnis mit einer Bourgeoisie schließen könne, um mittels dieses bürgerlichen Staates ein anderes Bürgertum niederzuschmettern".[39])
Alles weitere, so Bucharin, sei dann eine Frage „der rein strategisch-taktischen Zweckmäßigkeit". Die KP des betreffenden bürgerlichen Staates müsse den Pakt mit diesem Staat unterstützen, bis eine Lage eintrete, in der auch diese Regierung zu überwinden sei.
Da war sie wieder, jene Doppelstrategie, nach der die Sowjetunion operierte, seit sie auf der weltpolitischen Bühne auftrat: Bucharin forderte die deutschen Kommunisten auf, nach außen die Weimarer Republik zu unterstützen, insgeheim jedoch ihren Sturz vorzubereiten. Die Weltrevolution hatte für Moskau also weiter Vorrang. Rapallo war zwar eine große Möglichkeit, aber eben im Konzept der Bolschewiken letztlich nur ein taktisches Zwischenspiel — mehr nicht. Jedenfalls nicht für jene, auf die es ankam.

DIE REVOLUTION FRASS AUCH RAPALLO — DOCH DER „DEUTSCHE OKTOBER" FAND NICHT STATT

Am 11. Januar 1923, ein knappes Jahr nach Unterzeichnung des Vertrages von Rapallo, marschierten französische und belgische Truppen im Ruhrgebiet ein. Sie besetzten Betriebe und öffentliche Einrichtungen in Essen und Gelsenkirchen. Der Vorwand für den Gewaltakt war denkbar dürftig — angeblich lag Deutschland mit der Reparationslieferung von Telegrafenstangen im Rückstand. In Wirklichkeit sollte die französische Grenze an den Rhein verlegt und das Reich seines noch verbliebenen industriellen Zentrums beraubt werden.
Die Reichswehr konnte in dieser Situation allein nicht wirksam Widerstand leisten. Würde es jetzt wohl eine gemeinsame deutsch-sowjetische Aktion geben?
Karl Radek soll unter dem Eindruck des Ruhreinmarsches auf einer Sitzung des Exekutivkomitees der Komintern an das Jahr 1806 erinnert haben, als Clausewitz und der Reichsfreiherr von Stein in Rußland Zuflucht vor Napoleon gefunden und „vom russischen Boden her die Freiheitskriege geführt" hatten. [1])
Radek hat noch wiederholt in den darauffolgenden Monaten des Ruhrkampfes solche Wendungen gebraucht. Als der deutsche Freiheitskämpfer, Leutnant Albert Leo Schlageter, der im Ruhrgebiet mit einer kleinen Truppe von Untergrundkämpfern bewaffneten Widerstand gegen die Besatzer leistete, von den Franzosen gefangengenommen und erschossen worden war, hielt Radek eine Gedächtnisrede auf ihn. Sie war als eine Brücke zum deutschen nationalen Lager gedacht. Radek sagte u.a.: „Schlageter, der mutige Soldat der Konterrevolution, verdient es, von uns Soldaten der Revolution, aufrichtig verehrt zu werden."
Komintern-Präsident Sinowjew war nicht minder deutlich und entschieden: „Die Nation zerfällt. Das Erbe des deutschen Proletariats, geschaffen aus der Mühsal von Generationen von Arbeitern, ist bedroht von den Militärstiefeln der französischen Soldadeska und der feigen, profitlüsternen Schwäche der deutschen Bourgeoisie. Nur die Arbeiterschaft kann die Nation retten."
Am 13. Januar, also bereits zwei Tage nach dem französischen Einmarsch, erließ der Präsident des Allrussischen Zentral-Exekutiv-

Komitees einen Aufruf an die Völker der Welt: „Sowjetrußland gegen die Ruhrbesetzung." [2])
Die Kommunisten waren in diesen Tagen wirklich die zuverlässigsten Bundesgenossen der deutschen Nationalisten. Ihre Einsatz- und Opferbereitschaft paarten sich mit dem glühenden Patriotismus der rechten Guerillas. In der Pfalz und in der Eifel sollen kommunistische Stoßtrupps unter nationalistischen Offizieren gegen die Franzosen gekämpft haben. Industrie und Bürgertum aber, die immer noch den Ausgleich oder das Geschäft mit Frankreich suchten, empfanden das Engagement der beiden extremen Lager als gleichermaßen störend.
Bei den Nationalisten blieb das Echo auf das Engagement der Kommunisten in nationalen Fragen nicht aus. Im Juli 1923 erschien eine Flugschrift der KPD, in der unter dem Titel „Schlageter" Radeks Rede und gleichzeitig auch eine Stellungnahme Moeller van den Brucks (der den Begriff „Drittes Reich" geprägt hat), sowie des späteren nationalsozialistischen Reichstagsabgeordneten Graf Reventlow abgedruckt waren.
Radek, der, wie schon angeführt, in seiner berühmt gewordenen Schlageter-Rede auch an die preußischen Reformer nach 1806 erinnert hatte und meinte, sie hätten damals bewußt die soziale Befreiung als Voraussetzung der nationalen Freiheit betrieben, erklärte jetzt, Deutschland müsse wieder die nationale Einheitsfront aller Schaffenden herstellen. Die Sache des Volkes müsse zur Sache der Nation gemacht werden. — Keine Frage, daß er dafür die KPD als die geeignete Kraft ansah und propagierte.
Radeks Rede und der daraus entwickelte „Schlageter-Kurs" der KPD erregten bei den Rechten beträchtliches Aufsehen. Zwischen Radek auf der einen, Graf Reventlow und Moeller van den Bruck auf der anderen Seite entwickelte sich eine heiße Diskussion, die vor allem in der „Roten Fahne" und im „Gewissen" ihren Niederschlag fand und sich um die Frage drehte, ob Nationalisten und Kommunisten wirklich „ein Stück Wegs" gemeinsam gehen könnten, wie die Kommunisten propagierten.
Die Rechten waren es, die schließlich die Diskussion abbrachen, weil sie die sowjetischen Hintergedanken des Schlageter-Kurses durchschauten.

Graf Reventlow schrieb Anfang August 1923 zwei Aufsätze, die auch in der „Roten Fahne“ in Berlin veröffentlicht wurden. Darin heißt es unter der Überschrift „Ein Stück Wegs?“: „Ich antworte auf die Frage, ob meiner Ansicht nach der Kommunismus die nationalen Interessen Deutschlands gefährde, daß dies in der Tat bis jetzt der Fall ist. Auch war seine Stellungnahme bis zu Radeks Schlageter-Rede durchwegs ausgesprochen vehement antideutsch, antinational. Der Kommunismus kann sich nicht wundern, wenn seine neuerliche Haltung zunächst starker Skepsis begegnet . . .“
In einem zweiten, ebenfalls in der „Roten Fahne“ wiedergegebenen Artikel schreibt Reventlow unter der Überschrift „Trennendes“: „Ich bestreite, daß Rußland deshalb sich hätte siegreich behaupten können, weil es das ‚Banner der Weltrevolution aufpflanzte‘. Wollte man sich vorstellen, Rußland hätte das Banner der nationalen und sozialen Revolution aufgepflanzt, so würde es die Sympathie der anderen Unterdrückten nicht minder gefunden haben, als seinerzeit die große französische Revolution, die sich trotz internationaler Anreger und Antreiber immer mehr zu einer gewaltigen nationalen Bewegung auswuchs. Die ‚Rote Fahne‘ bezeichnet es als Illusion oder als bewußte Dienstleistung für den Kapitalismus, wenn behauptet werde, das völkische Deutschland könne sich selbst befreien. Ich bin anderer Ansicht . . . Ich kann auch nicht verstehen, warum ein sozial umgestaltetes Deutschland für seinen Kampf gegen die Unterdrückung nicht ebenfalls die volle Sympathie Rußlands finden sollte, auch dann, wenn dieses Deutschland sich nicht als Sektion der Kommunistischen Internationale bezeichnete noch eine solche wäre . . . Der soziale freiheitsliebende Mensch dient der Welt am besten, wenn er für die innere und äußere Freiheit seines eigenen Volkes kämpft und dieses zunächst vor allem hochhält.“
Moeller van den Bruck fragte schließlich, ob diese Aussprache zwischen den Nationalisten und den Kommunisten nicht nur „ein schlau sein sollendes“ Mittel darstelle, um Nationalisten zu fangen.
Die deutsche Revolution, so präzisierte Moeller schließlich den Standpunkt der Nationalrevolutionäre, lehne Planwirtschaft und Verwaltung der Wirtschaft durch die Arbeiter sowieso ab.
Diese deutsche Revolution müsse einen dritten Weg gehen und den

theoretischen Marxismus, wie auch den praktischen Bolschewismus auf einer eigenen, darüberliegenden deutschen Stufe verarbeiten. Moeller kritisierte, daß Moskau die Verständigung mit Deutschland nicht partnerschaftlich, sondern rein kommunistisch betreiben wolle. Es glaube an eine deutsche Revolution, die bolschewistisch sei und gehe damit völlig an der Realität vorbei.

In den Versammlungen nationaler Gruppierungen traten zwar kommunistische Redner auf, und auf Flugblättern und Plakaten waren sogar vereinzelt Hakenkreuz und Sowjetstern gemeinsam zu sehen. Doch die deutsche Rechte hatte gemerkt, daß es sich bei dem ganzen Schlageter-Kurs letztlich „um einen groß angelegten Versuch zur Übertölpelung" der nationalrevolutionären Aktivisten und des ständig größer werdenden nationalsozialistischen Anhangs gehandelt habe.[3])

In der Tat war der Schlageter-Kurs der KPD und des Komintern-Vertreters Radek im wesentlichen taktisch bestimmt. Die Kommunisten waren zu keiner Zeit bereit, den vorwiegend außenpolitisch orientierten und von außenpolitischen Zielen inspirierten deutschen Sozialismus wie er vor allem durch Moeller van den Bruck vertreten wurde, als Bündnispartner anzuerkennen. „Das Bemühen der KPD war ... 1923 darauf gerichtet, der deutschen Rechten die nationale Parole zu entwinden, um auf diesem indirekten Wege die Revolutionierung der Massen voranzutreiben", schreibt Otto Ernst Schüddekopf in „Linke Leute von rechts".[4])

Die deutsche Revolution stand also in Wirklichkeit wieder auf dem Programm Moskaus, und die propagandistische Annäherung an die Nationalrevolutionäre war, wie so oft, nur die eine Seite einer ausgekochten Doppelstrategie. Die andere Seite sah so aus: Schon im Januar 1923 hatte der KPD-Sprecher im Reichstag verkündet: „In dieser Stunde des Angriffs von außen müssen wir unsere Bourgeoisie von innen angreifen." Das war genau wieder das Leninsche Konzept.

Im besetzten Ruhrgebiet versuchten Kommunisten, eine „Arbeiterrepublik" zu gründen. Am 13. April gelang es ihnen, das Rathaus von Mühlheim/Ruhr zu besetzen, und erst die deutsche Polizei machte — mit Genehmigung der Franzosen — dem Spuk ein Ende. Anfang August 1923 zettelte die KPD einen Streik in der Berliner

Reichsdruckerei an, ein in jenen Monaten der dramatischen Geldentwertung geradezu lebenbedrohendes Ereignis für die Reichsregierung, die dringend auf eine tägliche Höchstproduktion an Banknoten angewiesen war.

Über diese Aktion berichtet Ruth Fischer: „Sie (die Drucker) schlugen zu, in der wohlüberlegten Absicht, die Cuno-Regierung zu Fall zu bringen und das Signal für den Aufstand im ganzen Reich zu geben. Wie die Drucker es vorausgesehen hatten, legte ihre Aktion die Staatsmaschine lahm. Die Papiergeldreserve war in wenigen Stunden verbraucht, und man konnte weder Beamtengehälter noch überhaupt irgendwelche Löhne auszahlen.

Die Aktion der Drucker löste am 10. August einen Massenstreik aus, der schnell Bürgerkriegsformen annahm. Jeder Verkehr in Berlin hörte auf; beschränkte Mengen an Gas und Elektrizität wurden nur in besonderen Ausnahmefällen abgegeben; Elektrizitätswerke wurden stillgelegt, so daß wichtige Teile der deutschen Industrie von der Elektrizität abgeschnitten waren ...

Am 10. August brachten die Kommunisten ein Mißtrauensvotum im Reichstag ein. Cuno trat am 11. zurück. Nun griff der Berliner Streik wie ein Lauffeuer um sich: Mitteldeutschland, die Wasserkante, das Rheinland, Stuttgart, Oberschlesien, Thüringen, Ostpreußen. Nur die Streiks der Jahre 1919 bis 1920 waren damit vergleichbar. In vielen Städten kam es zu Aufständen; am 11. August wurden in Hamburg, Gelsenkirchen, Krefeld, Aachen, Leipzig, Dresden und Ratibor fünfunddreißig Arbeiter getötet und ungefähr hundert verwundet. Am 12. August kam es zu Unruhen in Hannover, Rotthausen und Gelsenkirchen, wobei dreißig weitere Demonstranten getötet wurden. Am selben Tage bildete Gustav Stresemann eine neue Regierung mit vier sozialdemokratischen Ministern, darunter Rudolf Hilferding als Finanzminister.

Ausländische Beobachter stimmten darin überein, daß die soziale Revolution in Deutschland vor der Tür stehe und daß die nächsten Tage die definitive Entscheidung bringen würden.“ [5]

Wieder wurde eine Revolution an die Wand gemalt, die in Wirklichkeit überhaupt nicht zur Debatte stand. Es gab kommunistische Unruhen — der soziale Aufstand der Deutschen gegen ihre Regierung war es nicht.

Die kommunistische Aktion vom August 1923 hat vor allem eine Ernüchterung bei der Deutschen Rechten bewirkt. Und bald schon tobte der Kampf um die Stimmen der Deutschen in einer Reihe von Wahl- und Saalschlachten zwischen Kommunisten und Nationalsozialisten.
Moeller van den Bruck hat 1923 klargestellt, daß die Nationalen davon ausgingen, es sei möglich, mit Rußland zusammen den Vertrag von Versailles zu zerbrechen — aber Rußland gäbe keine brauchbare Unterstützung.
Deutschland blieb also letztlich doch wieder allein. Auch 1923.
Am 13. August trat die neue Regierung Stresemann ihr Amt an. Sie kapitulierte an der Ruhr, und der passive Widerstand gegen die französischen Besatzer wurde eingestellt.
Daraufhin unterbrachen die Führer des Moskauer Politbüros ihren Urlaub im Kaukasus. Am 23. August faßten sie den förmlichen Beschluß, die Revolution in Deutschland nun gewaltsam voranzutreiben.
Die nationalen Schalmeienklänge von kommunistischer Seite verstummten. Radek war jetzt vor allem mit der Frage beschäftigt, welche Machtmittel aufzubieten seien, um „im proletarischen Bezirk Mitteldeutschlands einen Wall zu bilden zwischen der Süd-Konterrevolution in Bayern und dem Nordfaschismus“. [6]
Moskau hielt nach dem Amtsantritt der englandfreundlichen Regierung Stresemann im übrigen die Rapallo-Politik für beendet und strebte jetzt den „deutschen Oktober“ an, quasi ein Duplikat der russischen „Oktoberrevolution“ von 1917.
Im September wurde die gesamte Vorstandschaft der KPD nach Moskau geholt. „Hinter geschlossenen Türen diskutierte das russische Politbüro mit den deutschen Delegierten die Einzelheiten des geplanten Aufstandes.“ [7]
Der Revolutionsplan sah vor, „einige hundert Offiziere der Roten Armee damit zu beauftragen, die geheimen militärischen Formationen der deutschen Partei anzuführen. Viele unter diesen waren keine Russen, sondern Österreicher, Ungarn, Serben, Polen oder andere nichtrussische Kommunisten“. [8]
Rote Hundertschaften sollten von Sachsen aus gegen Berlin und von Thüringen aus gegen München vorgehen. Trotzki hatte einen ge-

nauen Aktionskalender aufgestellt. Höhepunkt der Revolution sollte der 7. oder 9. November sein — wie einst in Petersburg.
Die Reichsregierung, der diese Vorbereitungen natürlich nicht verborgen blieben, erklärte am 14. Oktober den Ausnahmezustand für Sachsen und Thüringen und beauftragte den General der Reichswehr Müller mit der vollziehenden Gewalt.
Der Putsch-Apparat der KPD arbeitete indes weiter, unterstützt von den damals in Sachsen und Thüringen amtierenden sozialistischen Regierungen, die Kommunisten in maßgeblichen Positionen sitzen hatten — Vorläufer späterer Volksfrontbündnisse.
Am 21. Oktober jedoch lehnte eine Versammlung von Betriebsräten in Chemnitz, in der die Kommunisten in der Minderheit waren, den von Radek geforderten Generalstreik ab. Die KPD allein aber war zu schwach. Der große Revolutionsplan ging damit sang- und klanglos unter. Nach einer außerordentlichen Sitzung sagte das deutsche Zentralkomitee den Aufstand ab.
Durch eine Panne — die Kuriere des ZK mit dem Rückzugsbefehl waren zu spät gekommen — schlugen aber die Hamburger Kommunisten doch noch los. Sie überfielen im Morgengrauen des 23. Oktober 1923 zehn Hamburger Polizeiwachen und verschanzten sich, im Glauben, ganz Deutschland kämpfe und Rußland werde bald eingreifen, zu tagelangen Straßenkämpfen. Reichswehr und Freikorps schlugen den isolierten Aufstand schließlich nieder.
Der „deutsche Oktober“ fand nicht statt. Aber das deutsch-russische Verhältnis war tief getrübt.
Franz Borkenau, der bereits zitierte Komintern-Funktionär, beschreibt ironisierend, wie schizophren sich Deutschland und Rußland anderthalb Jahre nach Rapallo zueinander verhielten: „So konnte es geschehen, daß Sinowjew eifrig und aufrichtig einen deutschen Aufstand vorbereitete, während gleichzeitig die Rote Armee deutsche Flieger schulte und der Reichswehr Granaten lieferte. In der Weltpolitik behandelte Rußland das Reich seit dem Rapallo-Vertrag von 1922 als einen Verbündeten; gleichzeitig behandelte die Komintern Deutschland als das ausgewählte erste Opfer der kommunistischen Weltbewegung.“ [9]
Die Doppelstrategie, die Bucharin beschrieben hatte, wurde also konsequent verwirklicht. Eine echte Partnerschaft war so natürlich

nicht möglich. Die Erkenntnis begann, sich auch bei den größten Optimisten durchzusetzen, daß man mit der Sowjetunion wirklich nur sehr begrenzt und rein taktisch zusammenarbeiten konnte; ein Bündnis, wie unter bürgerlichen Staaten, war mit dem ideologisch so sehr fixierten, revolutionären Rußland offenbar nicht möglich. Die Weltrevolution und ihr erstes Ziel, die deutsche Revolution, wurden von Moskau immer nur solange zurückgestellt, als existentielle Bedürfnisse der Sowjetunion die Zusammenarbeit mit einer bürgerlichen Regierung, getreu der Doppelstrategie, nahelegten.

IN DEUTSCHLAND GEWANN DER NATIONAL-SOZIALISMUS, UND STALIN GEWANN IN AMERIKA

Am 21. Januar 1924 starb Lenin. Damit fand die erste Phase des Bolschewismus ihren Abschluß. Auch in den deutsch-sowjetischen Beziehungen begann ein neues Kapitel.

Unter Lenins Nachfolger, dem Georgier Jossif Wissarionowitsch Dschugaschwili, der sich Stalin nannte, und schon ab 1922 als Generalsekreätr den Kurs der KPdSU maßgeblich mitbestimmte, wurde eine Politik eingeleitet, die sich in folgenden Sätzen zusammenfassen läßt:

Während Lenin durch die immer neuen Umsturzversuche in Europa, insbesondere in Deutschland, letztlich sogar seine eigene Herrschaft in der Sowjetunion riskierte, um möglichst rasch, gewissermaßen im Handstreich, die Weltrevolution zu erzwingen, hatte Stalin Zeit.

Er setzte die bolschewistische Doppelstrategie längerfristig an. Sein Anliegen war es, zunächst die Sowjetunion zu stärken und zu konsolidieren. Die Parole, die er dafür ausgab, war die vom Sozialismus „in einem Lande“. Das hieß: Erst nachdem der Sozialismus in der Sowjetunion siegreich war, konnte er sich auch in anderen Ländern durchsetzen. Gleichzeitig sollte jedoch die Komintern jedes erreichbare bürgerliche System so gründlich wie möglich schwächen. Am Ende dieser ebenfalls doppelgeleisigen Politik stand für ihn, wie für Lenin, die Weltrevolution — jetzt allerdings noch stärker als je zuvor als Weltherrschaft Moskaus konzipiert: Der großrussische Nationalismus wurde unter Stalin zu einer beherrschenden Strömung in der sowjetischen Politik.

Stalin berücksichtigte auch noch stärker eine Erkenntnis, die schon unter Lenin in Moskau gewonnen worden war: Durch gelegentliche revolutionäre Funksprüche, große Geldüberweisungen, ein paar eingeschleuste Agenten und aufrüherische Flugblätter waren noch keine Massen zu bewegen und keine Revolutionen zu haben. Auch die Erwartung, es würden sich irgendwo auf der Welt Entwicklungen im Sinne der Theorie des Karl Marx von der geschichtlichen Determination der Revolution, vollziehen, ohne machtmäßiges sowjetisches Eingreifen, wurde ad acta gelegt.

Stalin brachte nun den Generalstab der Weltrevolution auf Vordermann. Er suchte sich persönlich „aus den zahllosen Problemen der Internationale Deutschland als sein Spezialgebiet" aus, und er „zeigte seinen erstaunlichen Sinn für das organisatorische Detail der deutschen Bewegung, war es auch noch so geringfügig". So berichtet Ruth Fischer, die 1924 eine Reihe von Gesprächen mit dem neuen Herrscher der Sowjetunion führte. [1])

Stalin versäumte bei aller revolutionären Zielstrebigkeit, die er, ungeachtet seiner neuen Strategie ebenso an den Tag legte, wie alle Bolschewisten vor und nach ihm, zu keiner Zeit die Pflege der staatlichen Beziehungen zu Deutschland. So wurde am 29. April 1926, vier Jahre nach Rapallo, der damalige Vertrag durch einen zusätzlichen deutsch-sowjetischen „Freundschafts- und Neutralitätsvertrag" ergänzt, die Rapallo-Politik noch erweitert.

Doch weiterhin galt die alte Doppelstrategie. So wurde in der Folgezeit Berlin „ein zweites Hauptquartier für die russischen Agenten" (Ruth Fischer). Aus den Trümmern der gescheiterten Revolution errichteten Stalins Gesandte einen glänzend funktionierenden Nachrichtendienst.

Außerdem richtete die neue Kreml-Führung erstmals konsequent und mit allem konspirativem Einsatz ihr Augenmerk auf Sozialdemokraten, die zur Volksfront bewegt werden sollten und auf die Gewerkschaften in Mittel- und Westeuropa. In ihnen sah sie Bundes-Genossen, ohne die eine Revolution schlechterdings unmöglich sei.

Den ersten Erfolg mit der neuen Gewerkschaftspolitik erzielte Stalin in England, wo ein gewisser A. J. Cook, Generalsekretär des Bergarbeiterverbandes und gleichzeitig geheimes Mitglied der KP (Borkenau: „vielleicht der erste Krypto-Kommunist überhaupt"), [2]) es fertigbrachte, nicht nur einen Bergarbeiterstreik, sondern einen richtigen Generalstreik zu organisieren, wie es ihn bis dahin in der britischen Geschichte nicht gegeben hatte.

Marx und Lenin hätten bei einem solchen Erfolg sicher die englische Revolution bereits übermorgen erwartet. Nicht so Stalin. Für ihn war es ein Manöver, eine Übung. Und es genügte ihm vorläufig, zu wissen, wie man das englische Staatswesen in kürzester Zeit zum Beben bringen konnte.

Eine der ersten Maßnahmen zur Stabilisierung des Bolschewismus in der Sowjetunion Stalins war dann die zweite, diesmal noch rigorosere „Entkulakisierung“ der russischen Landwirtschaft. Die privaten Bauern, die die Leninsche Kollektivierung der Landwirtschaft überlebt hatten, wurden verschleppt, liquidiert, enteignet. Die Landwirtschaft wurde zwangskollektiviert. Millionen von Bauern kamen dabei um.

Eine weitere Stalinsche Neuerung war das planmäßige Einspannen der sogenannten Intellektuellen in den Dienst der Weltrevolution. Willi Münzenberg, ein deutscher Kommunist, der schon mit Lenin in Zürich bekanntgeworden war, ist der Bahnbrecher dieser Intellektuellen-Taktik gewesen. Jetzt, nach Stalins Machtübernahme kam seine große Zeit. Er prägte das Schlagwort: „Wir müssen die Intellektuellen organisieren.“ Es gilt bis heute.

Münzenberg entdeckte den Typus des „Sympathisierenden“ und schuf als Organisationsrahmen dafür die „überparteiliche Nebenorganisation“. Er stellte einen der größten Zeitungskonzerne des Kontinents auf die Beine. Münzenberg erfand auch den „fellow traveller“, jenen Intellektuellen und vornehmlich auch Journalisten, der der kommunistischen Bewegung diente, sich aber mit seiner Nicht-Mitgliedschaft schützte — den Mitläufer, Mitreisenden, den Trittbrettfahrer der Revolution.

Ein weiterer Pfeiler Stalinscher Politik, der dann bald zum Hauptpfeiler werden sollte, war die Rüstung. Stalins Schwager Kaganowitsch sprach deutlich aus, worauf es bei den neu eingeführten Fünfjahres-Plänen ankam: „Bei unserem Wirken für die Entwicklung der sozialistischen Wirtschaft richten wir unser Hauptaugenmerk auf die Aufgabe der allseitigen Verstärkung der Roten Armee.“ [3])

Stalin führte schließlich durch die neue Verfassung von 1936, die bis zum Frühjahr 1977 galt, die allgemeine Wehrpflicht ein, ohne die bis dahin geltenden Beschränkungen auf „Arbeiter- und Bauernsöhne“.

1937 säuberte er in einer brutalen Aktion das höhere Offizierskorps der Roten Armee. Auch Marschall Tuchatschewski fiel dieser Maßnahme zum Opfer. Dabei war Stalin auf belastendes Spielmaterial des deutschen SD-Chefs Reinhard Heydrich hereingefallen. Es war die erste große und erfolgreiche Operation, die der nationalsozialitische Geheimdienst gegen die Sowjetunion inszenierte.[4]) Tausende von bewährten Offizieren fielen der Säuberung zum Opfer — militärische Führer, die Stalin vier Jahre später, zu Beginn des Unternehmens Barbarossa, schmerzlich fehlten.

1929 kündigte sich als Abschluß der ersten Phase Stalinscher Politik auch ein neuer Kurs gegenüber Deutschland an. Tschitscherin, für den Rapallo noch ein wichtiger Bestandteil der sowjetischen Außenpolitik gewesen war, wurde durch Maxim Litwinow ersetzt, der Rapallo viel nüchterner als ein politisches Mittel wie jedes andere ansah.

Bereits im Februar 1929 schloß er ein Nichtangriffspakt-System mit Rumänien, Polen, Lettland und Estland. Im Sommer 1931 kam es dann zu einem sowjetisch-französischen Nichtangriffs-Vertrag. Eine „neue Entente" zeichnete sich ab, zu mindestens in den Köpfen der Franzosen.

Inzwischen jedoch war in Deutschland ebenfalls eine neue Politik wirksam geworden, die das Reich und seine Existenzprobleme mit Macht vertrat und eine europäische Neuordnung ganz eigener Vorstellung anstrebte:

Ein knappes Jahr, nachdem Stalin als Nachfolger Lenins im Januar 1924 die volle Macht in der Sowjetunion übernommen hatte, wurde der Führer der Nationalsozialistischen-Deutschen-Arbeiter-Partei (NSDAP), Adolf Hitler, vorzeitig aus der Festung Landsberg entlassen, wohin er nach dem Münchner Putsch-Versuch von 1923 verbannt worden war. Man schrieb den 20. Dezember 1924.

Die NSDAP wurde in der Folgezeit immer stärker zur eigentlichen Konkurrenz der Kommunisten. Je schwieriger die Lage der Republik sich gestaltete, je stärker der nationale Notstand die Deutschen aufwühlte, je größer Elend und Not bei Arbeitern, Bauern und Mittelstand und die Existenzsorgen selbst bei der Großindustrie wurden, um so größer war der Zulauf zu den nationalen Sozialisten. Hitlers Partei schlug die Arbeiter in ihren Bann, wie es Lenin schon 1921 und 1923 befürchtet hatte. Mit dem Explodieren der Arbeitslosenzahlen explodierten auch die Wahlergebnisse für die NSDAP. Und am Ende stand „die braune Revolution", nicht die rote.[5])

So erzielte im Mai 1928 die NSDAP bei den Reichstagswahlen rund eine Million Stimmen, die KPD über drei Millionen.

Die Reichstagswahl von 1930, die bereits voll von den Auswirkungen der Weltwirtschaftskrise bestimmt war, brachte der NSDAP dann über sechs Millionen Wählerstimmen, die KPD blieb mit gut vier Millionen Stimmen bereits deutlich zurück.
Im Juli 1932 wurde die NSDAP stärkste Partei. Sie erzielte fast 14 Millionen Stimmen. Die KPD blieb mit knapp über fünf Millionen weit abgeschlagen auf der Strecke.
Als der Reichstag im September 1932 zusammentrat, eröffnete eine vertraute Freundin Lenins die Sitzung: Klara Zetkin. Mit zitternder Stimme, aber voller Leidenschaft rief sie aus, sie hoffe, den Aufstieg eines „Sowjetdeutschlands" noch zu erleben.
Die Hoffnung der Klara Zetkin erfüllte sich bekanntlich nicht. Nachdem Reichspräsident Paul von Hindenburg im Januar 1933 den Führer der stärksten Partei, Adolf Hitler, nach langem Zögern doch noch zum Reichskanzler berufen hatte, ging die neue Regierung schneller und gründlicher gegen die KPD vor, als diese es sich in ihren schlimmsten Träumen hatte ausmalen können. An eine Machtergreifung der Kommunisten in Deutschland war nun so schnell nicht mehr zu denken.
Stalins Deutschlandpolitik hatte einen schweren Rückschlag erlitten, und die europäische Neuordnungs-Politik erfuhr unter dem Nationalsozialismus eine völlig andere Qualität.
Doch zunächst verlief diese Politik des Dritten Reiches keineswegs so, wie viele Gegner einer deutsch-sowjetischen Verständigung damals gehofft hatten, und wie man heute, rückschauend vielleicht annehmen könnte.
Der verstorbene Chefredakteur der „Deutsche Zeitung — Christ und Welt", Giselher Wirsing, schrieb 1933, seinerzeit noch Schriftleiter der bereits erwähnten Zeitschrift „Die Tat": „Sowohl Frankreich, wie insbesondere auch die deutschen Kommunisten hatten gehofft, mit dem Sieg der nationalsozialistischen Revolution müsse sofort zwischen Deutschland und Rußland ein Bruch entstehen, der die wechselseitige Unterstützung, die sich die beiden Länder seit Kriegsende gegen den westlichen Imperialismus gewährt haben, beenden würde. Der innere Staatsfeind und die mißgünstigen Mächte außerhalb der Grenzen sind daher tief enttäuscht worden, als im Mai 1933 Reichskanzler Adolf Hitler mit weitschauendem staats-

männischem Blick den abgelaufenen Berliner Vertrag von neuem verlängerte. Die nationalsozialistische Regierung erkannte, daß auch heute noch die Form, in der am 16. April 1922 der Rapallo-Vertrag (entstand), der 1926 durch den Berliner Vertrag ergänzt wurde, von wesentlicher Bedeutung für den deutschen Kampf gegen Versailles gewesen ist." [6])

Generaloberst von Seeckt schrieb ebenfalls 1933: „Der Bolschewismus in Rußland wird nicht zusammenbrechen, wenn wir die Verträge von Rapallo und Berlin lösen; wir werden aber dann einen Feind an der Grenze haben ... Man erzählt, daß der Graf Schlieffen noch in seiner Todesstunde gesagt habe: ‚Macht mir nur den rechten Flügel stark', so rufen wir der deutschen Politik zu: Haltet mir den Rücken frei!" [7])

Und Adolf Hitler sagte in seiner Regierungserklärung vom 23. März 1933: „Gegenüber der Sowjetunion ist die Reichsregierung gewillt, freundschaftliche, für beide Teile nutzbringende Beziehungen zu pflegen. Gerade die Regierung der nationalen Revolution sieht sich zu einer solchen positiven Politik gegenüber Sowjetrußland in der Lage. Der Kampf gegen den Kommunismus in Deutschland ist unsere innere Angelegenheit, in die wir Einmischungen von außen niemals dulden werden. Die staatspolitischen Beziehungen zu anderen Mächten, mit denen uns gemeinsame Interessen verbinden, werden davon nicht berührt." [8])

Doch Stalin verstärkte noch einmal seine Verbindungen zu Frankreich. Und in Spanien versuchte er jene Taktik zu verwirklichen, die ursprünglich für Deutschland vorgesehen war: Durch den Bürgerkrieg, der drei Jahre dauerte und durch die internationalen Brigaden auf der einen, durch die Hilfe Deutschlands und Italiens auf der anderen Seite zu einer großen Machtprobe zwischen den beiden Systemen wurde, sollte Spanien rot werden.

1939 war die Entscheidung gefallen. General Franco konnte sich aufgrund des faschistischen und des nationalsozialistischen Eingreifens behaupten. — Franco-Spanien überdauerte schließlich auch den zweiten Weltkrieg und wurde zum dauerhaftesten außenpolitischen Resultat der Politik des Dritten Reiches.

Das wichtigste Ereignis dieser Periode der Weltpolitik in den dreißiger Jahren bis zum Krieg aber war die Anknüpfung der Bezie-

hungen zwischen der Sowjetunion und den Vereinigten Staaten von Amerika. Dadurch wurden letztlich die Verhältnisse auf unserem Erdball so gestaltet, wie wir sie heute vor uns haben.
Es begann damit, daß im November 1932 mit Franklin Delano Roosevelt ein US-Präsident ans Ruder kam, der seine Sympathien mit dem bolschewistischen Rußland auf die Politik seines Landes übertrug, und der sich mit Beratern umgab, die von Moskau ausgebildet waren, mit Moskau sympathisierten oder konspirierten.
Roosevelt, der zehn Tage vor Adolf Hitler Regierungschef geworden war, ließ sich beispielsweise von einem Senator namens C. Bullitt beraten, der 1919 bereits die Sowjetunion bereist und mit Lenin und Trotzki verhandelt hatte. Dieser machte damals nach seiner Rückkehr einen Bericht, der ausschlaggebend für die amerikanische Entscheidung war, einer Art westlichem „Kreuzzug" gegen die Sowjetunion, der schon geplant war, doch nicht zuzustimmen. Der französische Marschall Foch, der diesen Kreuzzug anführen wollte und sich schon auf „einem grandiosen Marsch nach Rußland" sah, mußte deshalb aufgeben. Und die weißrussischen Armeen, die auf Entlastung gehofft hatten, unterlagen schließlich ohne diese West-Hilfe den Bolschewiki.
Der Historiker Georg von Rauch berichtet über Bullitts Einfluß im Jahre 1919 auf den damaligen US-Präsidenten Wilson: „Anfang des Jahres hatte Senator Bullitt Sowjetrußland in geheimer Mission bereist und die Überzeugung mitgebracht, daß eine weitere Schwächung Rußlands im Hinblick auf Japans Stellung im Pazifik und in Ostasien auch für die USA nicht opportun wäre. Davon hatte sich Wilson überzeugen lassen." [9])
Zur Zeit von Roosevelts Amtsantritt hatte Bullitt eine ganze Gruppe von Liberalen um sich geschart, die massiv auf eine politische Verständigung der USA mit der Sowjetunion drängten.
Diese Gruppe entsandte schließlich einen Colonel Raymond Robins nach Moskau. Am 13. Mai 1933 wurde er von Stalin persönlich im Kreml empfangen. Das war außergewöhnlich, da Stalin sonst nie Ausländer zu sich ließ.
Näheres über diesen erstaunlichen Vorgang berichtet W. Appleman-Williams in seinem Buch: „American Russian Relations 1781 bis 1947." Er zitiert dabei u. a. Stalin selbst mit einer Bemerkung über

seine Kenntnis von dem amerikanischen Gesprächspartner. Appleman-Williams schreibt: „Die Erklärung für Robins Zulassung in den Kreml bietet die lange Kampagne, die er führte, um die wirtschaftliche und politische Zusammenarbeit mit Moskau durchzusetzen. ‚Ich weiß darüber schon seit dem Jahre 1918 Bescheid', bemerkte Stalin, ‚damals durch Mitteilungen Lenins, später aufgrund von Tatsachen'."

Weiter berichtete Appleman-Williams: „Robins, der klarstellte, daß er ‚kein Kommunist' sei, unterstrich seinen Wunsch — als privater Bürger — alles, was er könne, zu tun, um ‚durch Mittel, wie die Gewährung von Krediten und die Herstellung normaler Beziehungen zwischen beiden Ländern, die beiderseitige Sicherheit der USA und Rußland zu verstärken'."

Die „beiderseitige Sicherheit" von USA und UdSSR — als ob sie zu jener Zeit in irgendeiner Form bedroht gewesen wäre.

Ernst Niekisch hat in seinem 1930 erschienenen Buch „Entscheidung" eine bemerkenswerte Deutung des neuen Verhältnisses von Amerika und Sowjetunion gegeben und darin die spätere Roosevelt-Politik und die wichtigste Konstellation des zweiten Weltkriegs mit beeindruckender Deutlichkeit vorhergesagt. Der Nationalbolschewist Niekisch schrieb: „Amerika hat die ganzen Jahre seit 1918 insgeheim seine Hand über Rußland gehalten; es versorgt Rußland heute noch mit Krediten und Ingenieuren. Indem Rußland fortfährt, die europäischen Imperien zu unterwühlen, ist es Amerika gefällig; was Rußland gelingt, braucht Amerika nicht selbst zu vollbringen. So besteht zwischen Amerikanismus und Bolschewismus eine noch kaum bemerkte Interessengemeinschaft: Sie entspringt der gleichgerichteten Gegnerschaft gegen Europa."

Im November 1933 wurden die diplomatischen Beziehungen zwischen Amerika und Sowjet-Rußland wieder aufgenommen, die rund ein Jahrzehnt unterbrochen waren. Der Moskauer Außenminister Litwinow hielt sich zu diesem Zweck vom 7. bis zum 25. November in Washington auf, wo er mehrfach stundenlang mit Roosevelt konferierte. Ein Times-Korrespondent schrieb, Litwinow habe ihm versichert, er sei „von der Herzlichkeit des Empfanges außerordentlich beeindruckt". — Bullitt war übrigens bei den meisten Gesprächen zwischen den beiden Politikern als Berater anwesend.

In einer Rede vom 18. November 1933 äußerte sich Roosevelt zu den neuen Beziehungen und betonte, daß „der dringende Friedenswunsch“ beider Länder das Hauptmotiv der eingeleiteten Schritte sei.

Die Hintergründe der amerikanisch-sowjetischen Kooperationen ab 1933, im Vorfeld des Zweiten Weltkrieges, während des Krieges und danach, als es um die Teilung der Beute ging, sind eines der finstersten Kapitel der internationalen Politik und eines der folgenschwersten für Deutschland und Europa. Es gibt nur wenige offen zugängliche Quellen, die diese Beziehungen zwischen der kapitalistischen und der kommunistischen Führungsmacht erhellen. Und doch wird erst durch die Kenntnis dieser Zusammenhänge die oft verwirrend anmutende Geschichte der letzten vierzig Jahre verständlich. Das Schicksal Deutschlands und Europas wurde von den Verbindungen USA/UdSSR, den Absprachen und dem Zusammenspiel der beiden Supermächte wahrscheinlich stärker beeinflußt, als durch die meisten Entscheidungen die in den europäischen Hauptstädten selbst gefällt wurden.

Der amerikanische Diplomat George F. Kennan nannte rückblikkend Roosevelts Regierung schlicht „prosowjetisch“. Er schrieb: „Ich glaube, daß dem allgemeinen Verständnis für die Probleme der Gegenwart nicht gedient wird, wenn wir Amerikaner nicht offen anerkennen, daß die Fehler, die zwischen 1935 und 1945 in unserer Politik der Sowjetunion gegenüber gemacht worden sind, zu den schwersten und verhängnisvollsten in der ganzen Geschichte unserer Außenpolitik gerechnet werden müssen.“ [10]

Ehe jedoch die amerikanische Hochfinanz ihre zweite Ernte im Gefolge eines Weltkrieges einfahren konnte, knapp 30 Jahre nach der ersten Gewinnsträhne, der von 1914/18, mußte sie noch einmal um das Gelingen ihrer Politik fürchten. Denn im Sommer 1939 bahnte sich plötzlich eine erneute Verständigung zwischen Deutschland und der Sowjetunion an.

NOCH EINMAL SCHLOSSEN DEUTSCHLAND UND RUSSLAND EINEN PAKT — DANN STANDEN SIE SICH WIEDER AUF DEM SCHLACHTFELD GEGENÜBER

Es ist auffallend, wenn man auf 60 Jahre deutsch-sowjetischer Beziehungen zurückblickt, daß Moskau uns Deutsche immer dann umworben hat, wenn es mit den Westmächten nicht recht ins Geschäft kam, und wenn es selbst in Schwierigkeiten geriet. Aber es hat sich der Zusammenarbeit mit Deutschland wegen niemals ernstlich mit dem Westen überworfen.

Dies ist nicht räsonierend gemeint. Den Sowjets ist kein moralischer Vorwurf zu machen. Denn warum in aller Welt sollten sie sonst mit Deutschland gemeinsame Sache machen, wenn nicht zu ihrem Vorteil? Und wenn anderswo die Vorteile größer sind? Dann ist die Sowjetunion jederzeit bereit und in der Lage, alte Bindungen aufzulösen und neue einzugehen — ohne Skrupel und immer das Wohl des eigenen Landes im Auge, um eine Formel Bismarcks zu gebrauchen. Das ist Außenpolitik, die Erfolg verspricht und die allein diese Bezeichnung verdient.

Nur weil die Sowjetunion so denkt und handelt, war Rapallo möglich. Und wegen dieses Charakters ihrer Außenpolitik wurde schließlich auch möglich, was 1939 ebenso viel Aufsehen erregte, wie einst der Vertrag von 1922: Am 23. August 1939 wurde die Welt von einem Freundschafts- und Nichtangriffspakt zwischen dem bolschewistischen Rußland und dem nationalsozialistischen Deutschland überrascht, den der deutsche Reichsaußenminister von Ribbentrop mit dem sowjetischen Außenminister Molotow in Stalins Gegenwart unterzeichnete.

In einem geheimen Zusatzprotokoll wurden mit dem deutsch-russischen Abkommen auch die gegenseitigen Interessengebiete in Osteuropa abgegrenzt und damit die vierte Teilung Polens festgelegt. Dies ging über die Befriedigung der territorialen Ansprüche an Polen natürlich weit hinaus, die beide Staaten sowieso hatten — dies bedeutete das Ende Polens, die weiter oben bereits apostrophierte „Leiche Polens“ war beschlossene Sache.

Wie ist es nun plötzlich wieder zu dieser Verständigung zwischen

Moskau und Berlin gekommen? Erstens erkannte Stalin, daß sein militärischer Beistandspakt, den er 1936 mit Frankreich geschlossen hatte, im Zweifel nur wenig wert war. In den Krisen um Österreich und die Tschechoslowakei bis 1938 hatte sich gezeigt, daß Frankreich kein verläßlicher Partner war. Bei der Konferenz von München wurde über die mit den Sowjets verbündete Tschecho-Slowakei entschieden, als ob es Moskau gar nicht gäbe. Es war kein Verlaß auf Paris, und Deutschland wurde von Tag zu Tag stärker . . .

Da schwenkte Stalins Politik um 180 Grad und richtete sich wieder auf das Reich aus — auf das Dritte Reich freilich. Aber Stalins Außenpolitik zeichnete sich ja gerade dadurch aus, daß sie wenig mit Ideologie, aber viel mit den Interessen Rußlands zu tun hatte.

Als dann um die Jahreswende 1938/39 die Westmächte Stalin drängten, die Entente mit Rußland analog 1914 wiederherzustellen, winkte Stalin ab. In Berlin blieb dies natürlich nicht unbemerkt. Ebensowenig Stalins Rede vom 10. März 1939, in der er vor dem XIX. Parteitag erklärte:

„Seit dem XVIII. Parteitag sind fünf Jahre verflossen . . . Welche Veränderungen haben sich in dieser Periode in der internationalen Lage vollzogen? . . . Deutschland, das durch den ersten imperialistischen Krieg und den Versailler Frieden ernsthaft Schaden gelitten hatte, schloß sich Japan und Italien an und forderte die Vergrößerung seines Territoriums in Europa und die Rückgabe der Kolonien, die ihm die Sieger im ersten imperialistischen Krieg weggenommen hatten . . .

Kennzeichnend ist der Lärm, den die englische, französische und nordamerikanische Presse um die Sowjetukraine erhob. Die Vertreter dieser Presse schrieben sich die Finger wund, daß die Deutschen gegen die Sowjetukraine marschieren, daß sie gegenwärtig die sogenannte Karpato-Ukraine in Händen haben . . . und daß die Deutschen nicht später als im Frühling dieses Jahres den Anschluß der Sowjetukraine . . . an die sogenannte Karpato-Ukraine vollziehen werden. Es hat den Anschein, als ob dieser verdächtige Lärm den Zweck hatte, bei der Sowjetunion Wut gegen Deutschland zu erregen, die Atmosphäre zu vergiften und einen Konflikt mit Deutschland zu provozieren, ohne daß dazu sichtbare Gründe vorliegen . . .

Die Aufgaben der Partei auf dem Gebiet der Außenpolitik bestehen in folgendem:

1. Auch in Zukunft eine Politik des Friedens und der Festigung sachlicher Beziehungen mit allen Ländern zu betreiben.
2. Vorsicht walten zu lassen und den Kriegsprovokateuren, die gewohnt sind, sich von anderen die Kastanien aus dem Feuer holen zu lassen, nicht die Möglichkeit zu geben, unser Land in Konflikte hineinzuziehen ...“

Als Außenminister Ribbentrop dann im August 1939 seine erste Unterredung mit Stalin hatte, erinnerte er ihn an diese Äußerungen und sagte, daß sie von Hitler ganz besonders beachtet worden seien. Stalins Antwort: „Für ihn habe ich das ja auch gesagt.“

In Moskau wurde dann der Text des Hitler-Stalin-Paktes entworfen. Botschafter Graf Schulenburg empfing ihn aus der Hand Molotows. Sein Wortlaut:

„Die Regierungen der UdSSR und Deutschlands, geleitet von dem Wunsch nach Festigung der Sache des Friedens zwischen den Völkern und ausgehend von den grundlegenden Bestimmungen des Neutralitätsvertrages, der im April 1926 zwischen der Union der Sozialistischen Sowjetrepubliken und Deutschland geschlossen wurde, sind zu nachstehender Übereinkunft gelangt:

Artikel 1: Beide vertragschließende Teile verpflichten sich, sich gegenseitig irgendeines Gewaltaktes und irgendeiner aggressiven Handlung gegeneinander oder eines Angriffs aufeinander, sowohl einzeln als auch gemeinsam mit anderen Mächten zu enthalten.

Artikel 2: Falls einer der vertragschließenden Teile Gegenstand eines Gewaltaktes oder Angriffs seitens einer dritten Macht werden sollte, so wird der andere vertragschließende Teil in keiner wie immer gearteten Form solche Handlungen dieser Macht unterstützen.

Artikel 3: Im Falle der Entstehung von Streitigkeiten oder Konflikten zwischen den vertragschließenden Teilen über diese oder jene Fragen verpflichten sich beide Teile, diese Streitigkeiten und Konflikte ausschließlich auf friedlichem Wege mittels gegenseitiger Konsultation oder erforderlichenfalls mittels Schaffung von entsprechenden Schlichtungskommissionen zu regeln.

Artikel 4: Der gegenwärtige Vertrag wird auf die Dauer von fünf

Jahren abgeschlossen mit der Maßgabe, daß, sofern einer der vertragschließenden Teile ihn nicht ein Jahr vor Ablauf der Frist kündigt, die Dauer der Wirksamkeit des Vertrages automatisch für weitere fünf Jahre als verlängert gelten wird.
Artikel 5: Der gegenwärtige Vertrag soll innerhalb einer möglichst kurzen Frist ratifiziert werden, wonach der Pakt in Kraft tritt."
Als Vorbedingung für das Wirksamwerden dieses Vertrages hatte Stalin ein „besonderes Protokoll" gefordert. Es war das bereits erwähnte geheime Zusatzprotokoll über die Aufteilung Polens. Sein Wortlaut:
„Aus Anlaß der Unterzeichnung des Nichtangriffsvertrages zwischen dem Deutschen Reich und der Union der Sozialistischen Sowjetrepubliken haben die unterzeichneten Bevollmächtigten der beiden Teile in streng vertraulicher Aussprache die Frage der Abgrenzung der beidseitigen Interessensphären in Osteuropa erörtert. Diese Aussprache hat zu folgendem Ergebnis geführt:
1. Für den Fall einer territorial-politischen Umgestaltung in den zu den baltischen Staaten (Finnland, Estland, Lettland, Litauen) gehörenden Gebieten bildet die nördliche Grenze Litauens zugleich die Grenze der Interessensphären Deutschlands und der UdSSR. Hierbei wird das Interesse Litauens am Wilnaer Gebiet beiderseits anerkannt.
2. Für den Fall einer territorial-politischen Umgestaltung der zum polnischen Staate gehörenden Gebiete werden die Interessensphären Deutschlands und der UdSSR ungefähr durch die Linie der Flüsse Narew, Weichsel und San abgegrenzt.
Die Frage, ob die beiderseitigen Interessen die Erhaltung eines unabhängigen polnischen Staates erwünscht erscheinen lassen und wie dieser Staat abzugrenzen wäre, kann endgültig erst im Laufe der weiteren politischen Entwicklung geklärt werden.
In jedem Falle werden beide Regierungen diese Frage im Wege einer freundschaftlichen Verständigung lösen.
3. Hinsichtlich des Südostens Europas wird von sowjetischer Seite das Interesse an Bessarabien betont. Von deutscher Seite wird das völlige politische Desinteressement an diesen Gebieten erklärt.
4. Dieses Protokoll wird von beiden Seiten streng geheim behandelt werden.

Für die Deutsche Reichsregierung:
v. Ribbentrop
In Vollmacht der Regierung der UdSSR:
W. Molotow

Moskau, 23. August 1939"

Hier also hatte die erneute Aufteilung Polens ihren Ursprung. Zwangsläufig bedeutete diese Übereinkunft Krieg. Die Formel, Adolf Hitler habe „den Krieg vom Zaun gebrochen" wird dadurch mehr als fragwürdig. Dieser blutige Akt war zwischen Berlin und Moskau vertraglich vereinbart. Er war die Vorbedingung Stalins für das Abkommen mit Deutschland. Und als die deutschen Truppen auf Warschau vorgestoßen waren, übermittelte Stalins Außenminister Molotow am 9. September 1939 der Reichsregierung bereits „Glückwünsche und Grüße".

Eine Woche später, am 17. September 1939, griff die Sowjetunion Polen an und sicherte sich ihren Teil der Beute. Die deutschen Truppen, die durch ihren schnellen Vormarsch zu weit nach Ostpolen vorgestoßen waren, also in den festgelegten sowjetischen Interessenbereich hinein, räumten dieses Gebiet nach der Niederlage Polens und dem Einmarsch der Roten Armee in Ostpolen gemäß der Moskauer Übereinkunft. Deutsche und sowjetische Truppen veranstalteten eine gemeinsame Siegesparade, deutsche und sowjetische Offiziere verständigten sich über den genauen Verlauf der Demarkationslinie.

Stalin gab damals eine Erklärung ab, um den Krieg gegen Polen zu rechtfertigen und die Rolle der beiden Staaten, Deutschland und Sowjetunion, klarzustellen. Sie lautet:

„Zur Verhütung von irgendwelchen unbegründeten Gerüchten hinsichtlich der Aufgaben der deutschen und sowjetischen Truppen, die in Polen tätig sind, erklären die deutsche Reichsregierung und die Regierung der UdSSR, daß die Handlungen dieser Truppen keinerlei Ziele verfolgen, die den Interessen Deutschlands und der Sowjetunion zuwiderlaufen und dem Geiste und Buchstaben des zwischen Deutschland und der UdSSR geschlossenen Nichtangriffsvertrages widersprechen. Die Aufgabe dieser Truppen besteht im Gegenteil darin, in Polen Ordnung und Ruhe herzustellen, die durch den Zerfall des polnischen Staates zerstört wurden, und der

Bevölkerung Polens zu helfen, die Bedingungen seines staatlichen Daseins neu zu regeln."

Als dann im Krieg Englands und Frankreichs gegen das Deutsche Reich bereits die ersten Schlachten geschlagen waren, erklärte Stalin:

„1. Nicht Deutschland hat Frankreich und England angegriffen, sondern Frankreich und England haben Deutschland angegriffen und damit die Verantwortung für den gegenwärtigen Krieg auf sich genommen.

2. Nach dem Ausbruch der Feindseligkeiten hat Deutschland Frankreich und England Friedensvorschläge gemacht und die Sowjetunion hat die Friedensvorschläge Deutschlands öffentlich unterstützt, weil sie dachte und immer noch denkt, ein rasches Ende des Krieges würde die Lage aller Länder und Völker radikal erleichtern.

3. Die herrschenden Kreise Frankreichs und Englands haben beide Deutschlands Friedensvorschläge und die Bemühungen der Sowjetunion nach rascher Beendigung des Krieges in verletzender Weise zurückgewiesen. Das sind die Tatsachen."[1)]

Nach der Teilung Polens, die eigentlich der Beginn einer dauerhaften Neuordnung Europas und der Zusammenarbeit des Reiches mit der Sowjetunion hätte sein können, hielt sich jedoch keiner der beiden Partner mehr genau an die einmal getroffenen Vereinbarungen.

Adolf Hitlers Ost- und Lebensraum-Politik und Stalins Drängen, seinen Machtbereich noch weiter auszudehnen, ließen das Ende der guten Beziehungen bereits ahnen.

Im Winter 1939/40 überfiel dann die Sowjetunion nach einem erpresserischen Ultimatum das kleine Finnland und wurde nach heldenmütiger und für Moskau äußerst verlustreicher Gegenwehr zur Erfüllung aller sowjetischen Wünsche gezwungen. In Berlin wußte man natürlich nur zu gut, daß damit Stalins Expansionsdrang noch längst nicht befriedigt war.

Schließlich setzte Adolf Hitler alles daran, Stalins weiteren Eroberungsabsichten zuvorzukommen. Die entscheidende Verschlechterung der deutsch-sowjetischen Beziehungen spielte sich im Sommer 1940 ab. Es ging um das für Deutschland wichtige rumänische Ölgebiet, das Stalin der Sowjetunion einverleiben wollte.

Deutschland übernahm die Garantie für das rumänische Territorium — eine klare antisowjetische Demonstration gegenüber Moskau vor aller Welt.

Im Herbst dieses Jahres dürfte nach allem, was sich seither herausgestellt hatte, der Entschluß Hitlers gefaßt worden sein, den Pakt mit Stalin durch einen Angriff auf Rußland zu zerreißen.

Einen letzten entscheidenden Schritt zum endgültigen Bruch zwischen dem Dritten Reich und der Sowjetunion stellte dann ohne Zweifel der Putsch von Belgrad im März 1941 dar. Dort wurde die deutsch-freundliche Regierung Zwetkowitsch gestürzt, die wenige Tage vorher in Wien den Beitritt zum Drei-Mächte-Pakt vollzogen hatte.
Roosevelt hatte kurz zuvor durch einen Sondergesandten auf dem Balkan Stimmung gegen die deutsch-italienische Politik machen lassen. Bei dem Putsch selbst hatte dann vor allem Moskau die Hand im Spiel. — Das sowjetische-amerikanische Zusammenspiel, das später kriegsentscheidend werden sollte, hatte hier erste Früchte getragen.
Am 22. Juni 1941 war die kurze Episode deutsch-sowjetischer Bündnispolitik, die zwischen Hitler und Stalin stattgefunden hatte, dann endgültig vorbei. Im Morgengrauen dieses Tages begann das Unternehmen Barbarossa, der deutsche Angriff auf die Sowjetunion.
Hitler war Stalin zuvorgekommen. Der Gegenspieler im Kreml hatte sich 1941 lediglich auf einen eigenen Angriff gegen das rumänische Ölgebiet eingerichtet und den großen Krieg erst für 1942 ins Auge gefaßt. Aber der deutsche Angriff traf ihn keineswegs unvorbereitet, wie die historische Forschung längst festgestellt hat. Und unmittelbar nach Beginn der deutschen Operationen wurde in Washington die volle Hilfeleistung der Vereinigten Staaten für Stalin verkündet.
Stalins Armee befand sich zunächst trotz der deutschen Initiative in einer vorteilhaften Lage: Sie war seit 1928 systematisch aufgerüstet worden. Im Grenzgebiet zu Deutschland waren 4,5 Millionen Sowjet-Soldaten (10 Armeen) zusammengezogen — eine der Wehrmacht zahlenmäßig haushoch überlegene Masse. Die Unterstützung

durch Amerika war Stalin sicher. Durch einen beispiellosen Geheimdienst-Apparat war der Kreml außerdem über alle wichtigen Einzelheiten der Pläne seines deutschen Gegners unterrichtet — deshalb stand die Rote Armee in Grenznähe bereit. Die Mobilisierung in der Sowjetunion hatte bereits Wochen vor dem deutschen Angriff eingesetzt.

Doch all diese günstigen Bedingungen nützten Stalin zu Beginn des deutsch-sowjetischen Krieges nichts. Seine Rotarmisten konnten sie nicht nutzen. Sie wollten nicht. Sie waren nicht willens, sich rückhaltlos für das Regime einzusetzen. Eine Reihe schwerer strategischer und taktischer Fehler in der sowjetischen Kampfführung und die überlegenen Kampf- und Führungsleistungen der deutschen Wehrmacht trugen ein übriges dazu bei, daß die deutschen Operationen von Siegesmeldungen begleitet waren und zu einem raschen Vormarsch gediehen. Die deutschen militärischen Angriffserfolge des Sommers 1941 stehen in der Kriegsgeschichte zweifellos einzigartig da.

Mit einer Armee von drei Millionen Mann, mit über dreitausendfünfhundert Panzern und fast 2000 Flugzeugen, hatte der deutsche Angriff begonnen.

Die Rote Armee wurde von der Plötzlichkeit und der Wucht des deutschen Angriffs, der in drei Säulen von den Heeresgruppen Nord, Mitte und Süd vorangetrieben wurde, gleich beim ersten Ansturm zerschlagen. Auf breiter Front, von Finnland bis zum Schwarzen Meer, stürmte die Wehrmacht nach Osten.

In gewaltigen Kesselschlachten mit astronomischen Gefangenenzahlen — innerhalb des ersten Vierteljahres streckten nicht weniger als eineinhalb Millionen sowjetischer Soldaten die Waffen — bahnten sich die deutschen und verbündeten Armeen ihren Weg bis vor die Tore Moskaus, Leningrads und Sewastopols.

„Am 5. Dezember lagen die Stoßverbände der 3. Panzerarmee und der Panzergruppe 4 auf dem linken Flügel der Heeresgruppe Mitte in einem großen Halbbogen nördlich und nordwestlich von Moskau in schweren Angriffs- und Abwehrkämpfen“, beschreibt Paul Carell die Situation des Spätjahres 1941 vor der sowjetischen Hauptstadt. [2]

Vierzig Kilometer weiter im Süden waren die Soldaten einer Panzerdivision, Infanteristen und Kradschützen noch etwa „zweiunddreißig Kilometer nördlich vom Kreml. In Gorki, Katjuschki und Krasmaja Poljana — an der östlichsten Stelle noch etwa sechzehn Kilometer von Moskau entfernt — standen die Männer der Wiener 2. Panzerdivision in erbittertem Kampf . . .“ [3]

In Katjuschki, von Moskau so weit entfernt, wie Oranienburg von Berlin, konnten deutsche Offiziere durchs Scherenfernrohr auf dem Dachboden einer Bauernkate das Leben in den Straßen von Moskau beobachten. „Zum Greifen nahe lag alles. Aber sie konnten es nicht greifen. Die Kraft reichte nicht mehr.“ [4]

Es herrschten 30 bis 40 Grad Kälte. General Frost regierte. Es gab kaum mehr warmes Essen. Es fehlte an Mänteln. „Aber selbst das war noch nicht das Schlimmste. Schlimmer war der Mangel an Waffen und Munition: Die Panzerjäger hatten pro Zug noch zwei 5-cm-Pak, das Artillerieregiment noch ein Drittel seiner Rohre . . .

Was die Männer im freien Gelände an ihren MG, an der PAK, in den Schneelöchern aushielten, grenzt ans Phantastische. Sie weinten vor Kälte. Und sie weinten vor Wut und Hilflosigkeit: weil sie vor dem Ziel lagen und es nicht mehr schafften. Denn in der Nacht vom 5. zum 6. Dezember erreichte die am weitesten vorgeschobenen Divisionen der Befehl, die Angriffsoperationen einzustellen. Bei der 2. Panzerdivision war das sechzehn Kilometer nordwestlich von Moskau.“ [5]

Als die deutsche Armee vor den Toren Moskaus stand, als die vordersten Verbände bereits an der Endstation der Straßenbahn kämpften, als einheimische Plünderer durch Moskau zogen, in Erwartung des deutschen Sieges, da verlor Stalin kein Wort mehr über „Bourgeoisie“ und „Proletarier“. Er rief vom Roten Platz aus seinen Truppen zu: „Möge Euch in diesem Krieg das glorreiche Beispiel unserer großen Vorfahren begeistern . . .“

Und ein paar Monate später rief er am „Tag der Roten Armee“ zum Krieg für das Vaterland auf, beschwor „Millionen von Helden und Heldinnen, die bereit sind, für die Freiheit ihres Vaterlandes zu sterben“.

Kein Wort mehr vom Erbe des großen Karl Marx, das es zu verteidigen gelte — nur Rußland kann verteidigt werden.

Auf der Gegenseite mobilisierten die Deutschen in vielen Ländern

Europas Freiwillige für die Waffen-SS, jene Elite-Truppe im Kampf gegen den Bolschewismus. Die ersten 1000 kamen aus Siebenbürgen in Rumänien. Später stieg die Zahl der Deutschen aus Südosteuropa, die in der SS dienten auf 350 000. Die meisten wurden als Wehrpflichtige eingezogen, nach entsprechendem Abkommen mit den Regierungen. Aus Frankreich kamen 20 000 SS-Freiwillige, aus Holland 50 000, aus Belgien 20 000, aus Dänemark und Norwegen je etwa 6000 und 1200 aus der Schweiz, Schweden und Luxemburg. Dazu 200 000 Letten, Esten, Ukrainer, Russen, Kaukasier und Angehörige der Balkanvölker.

Und dennoch konnte Rußland nicht niedergerungen werden. Der Winter vor Moskau brachte eine erste Atempause für die Rote Armee, sie ging zum Gegenangriff über und zwang die deutschen Verbände erstmals zum Rückzug.

1942 gab es dann wieder deutsche Erfolge. Eine Armee erreichte den Nordkaukasus. Der Schwarzmeerhafen Sewastopol fiel, die Sowjets wurden an der Nordfront blutig geschlagen. Mit letzter, äußerster Anstrengung erreichten die deutschen Armeen das Industriezentrum von Stalingrad. Dann aber versiegten ihre Kräfte. In der Kesselschlacht von Stalingrad ging die 6. Armee unter.

Die Rote Armee Stalins errang mit einer Fülle von Angriffen schließlich die Initiative. Die Wehrmacht war auf dem Rückzug. Weite Teile des europäischen Rußlands wurden verwüstet. Über manche Gegenden ging die Kriegswalze mehrmals hinweg. Stalin hatte schon 1941 befohlen, den Deutschen nichts als „verbrannte Erde“ zu hinterlassen. Verkehrswege wurden zerstört, Brücken in die Luft gejagt, ganze Städte und Dörfer dem Erdboden gleichgemacht.

Doch die operativen Möglichkeiten der großdeutschen Wehrmacht waren durch diese Schläge noch immer nicht erschöpft. Im Sommer 1943 sollten aufgefrischte Armeen mit neuen und vorzüglichen Waffen in der Schlacht von Kursk und Orel die Entscheidung gegen die Rote Armee erzwingen.

Stalins bestens informiertes Spionagenetz aber hatte die deutschen Pläne längst ausgekundschaftet. Die Sowjets entblößten rücksichtslos alle anderen Fronten und wehrten den deutschen Angriff mit überlegenen Kräften ab. Bestens ausgerüstet und versorgt — die amerikanischen Hilfslieferungen flossen reichlich — stießen sie nach und übernahmen endgültig die Initiative. Hier fiel die Entscheidung über den Ausgang des Krieges, nicht in Stalingrad.

Als im Juni 1944 die deutsche Heeresgruppe Mitte unter dem Ansturm überlegener roter Panzerarmeen und dem Einsatz aller Partisanengruppen im deutschen Hinterland schließlich zusammenbrach, war der Vormarsch der Sowjet-Armee nicht mehr aufzuhalten.

Auch in der Kriegspropaganda setzte sich die Sowjetunion mit der Zeit an die Spitze. Ihre Haßgesänge sind unerreicht. Berühmt/berüchtigt wurde der sadistische Aufruf des Moskauer Schriftstellers Ilja Ehrenburg, der den russischen Soldaten beim Vormarsch in Deutschland mit auf den Weg gegeben wurde: „Tötet!

Es gibt nichts, was in den Deutschen unschuldig ist!

Die Lebenden nicht und die Ungeborenen nicht!

Folgt der Weisung des Genossen Stalin!

Zerstampft für immer das faschistische Tier in seiner Höhle!

Brecht mit Gewalt den Rassenhochmut der germanischen Frauen!

Nehmt sie als Beute!

Tötet, ihr tapfer vorwärts stürmenden Rotarmisten!"

Das blieben nicht nur Worte. Alle Deutschen waren Freiwild — ohne Unterschied der Klassen!

Als die rote Fahne über dem deutschen Reichstag in Berlin aufgezogen wurde, erklärte Stalin voller Stolz in der Sprache des russischen Nationalisten:

„Die großen Opfer, die wir für die Freiheit und Unabhängigkeit unseres Vaterlandes gebracht haben, die unermeßlichen Leiden unseres Volkes während des Krieges, die harte Arbeit in der Heimat und an der Front des Vaterlandes waren nicht umsonst; sie wurden mit dem vollen Sieg gekrönt. Der uralte Kampf der slawischen Völker um ihre Existenz und Unabhängigkeit hat mit dem Triumph über die deutschen Eindringlinge und mit dem Sieg in Deutschland geendet. Von nun an wird die große Fahne der Volksfreiheit und des Friedens unter den Völkern über Europa wehen." [6]

Und dennoch, trotz aller Haßtiraden und einer Kriegsführung, die an Erbitterung und Grausamkeit nicht zu übertreffen ist, die auf beiden Seiten Millionen Menschen den Tod gebracht hat — die

Verbindungen zwischen Berlin und Moskau rissen niemals ganz ab. Als die von den Westalliierten, insbesondere den USA, Stalin versprochene „zweite Front", also die Invasion im Westen, immer länger auf sich warten ließ, gab es über verborgene Kanäle plötzlich wieder Kontakte zwischen den Sowjets und den Deutschen mit der Absicht, gegebenenfalls einen Separatfrieden zu schließen.
Diese Bestrebungen sind in vielen, zum Teil überraschenden Einzelheiten in einem Band der „Studien zur Zeitgeschichte" ausführlich dargestellt. Alexander Fischer beschreibt unter dem Titel: Sowjetische Deutschlandpolitik im Zweiten Weltkrieg 1941 bis 1945"[7] die Versuche der Japaner, insbesondere der japanischen Marine, zwischen Moskau und Berlin zu vermitteln, um den Sonderfrieden zu erreichen.
Der Autor geht dann vor allem auf jene deutsch-sowjetischen Kontakte ein, die zwischen Ende 1942 und Sommer 1943 in Stockholm von Dr. Peter Kleist geknüpft worden sind. Kleist, der seinerzeit Leiter der „Zentralstelle Osteuropa" in der Dienststelle Ribbentrop war, führte mehrmals Gespräche mit Verbindungsleuten Stalins, scheiterte aber letztlich am Nein Ribbentrops und Hitlers.
In seinen Büchern „Zwischen Hitler und Stalin", bzw. „Die europäische Tragödie" schildert Peter Kleist ausführlich seine Sondierungen. Seinen Gesprächspartner, einen Kontaktmann zur Sowjetbotschaft in Stockholm, zitiert er mit dem Satz: „Ich garantiere Ihnen, wenn Deutschland auf die Grenzen von 1939 eingeht, so können Sie in acht Tagen Frieden haben."
Stalin war damals offenbar tatsächlich gesprächsbereit, denn die Anstrengungen für den mörderischen Kampf seiner Roten Armee gegen die großdeutsche Wehrmacht hatten die Sowjetunion trotz großzügiger US-Hilfe an den Rand ihrer Kräfte gebracht.[8]
Schließlich gediehen die Kontakte so weit, daß sich die hochgestellte Sowjetfunktionärin, die Gesandte Aleksandria Kolontaij, aus der Stockholmer Botschaft in die Gespräche einschaltete. Eine Reihe von Zeugen bestätigt dies. Es gab auch Kontakte zwischen deutschen und sowjetischen Diplomaten. Im Ostseebad Saltsjöbaden kam es dann nach Berichten des US-Geheimdienstes CIA zu einem alles entscheidenden Treffen, an dem Michail Nikitin von der sowjetischen Gesandtschaft und Paul Schmidt von der Presse- und In-

formationsabteilung des Berliner Auswärtigen Amtes teilgenommen haben sollen. Das war bereits im Juni 1943. Den Sonderfrieden aber brachte leider auch diese Treffen nicht.
Alexander Fischer kommt zu dem Ergebnis, es spreche „vieles dafür", daß Stalin in der zweiten Junihälfte des Jahres 1943 darauf abzielte, „einen energischen Versuch zur Wiederannäherung an Deutschland zu wagen".
Woran die Verhandlungen dann letztlich gescheitert sind, an „zu weitreichenden territorialen oder ökonomischen Forderungen der deutschen Seite", wie vermutet wird, oder einfach an der knallharten Ablehnung Hitlers oder am Mißtrauen beider Seiten, und der Furcht, der jeweils andere Gesprächspartner könnte die geheimen Treffen in der Weltöffentlichkeit hinausposaunen, um entweder den Westen schnell zur Invasion oder seinerseits zu einem Sonderfrieden mit Berlin zu bewegen, — Tatsache bleibt, daß die Sowjets in einer ganz bestimmten Situation doch wieder das Gespräch mit dem Reich gesucht haben.
Wieder waren also die staatliche Interessenpolitik und eine entideologisierte Außenpolitik für Moskau in den Bereich des Möglichen gerückt. — Ein Vorgang, der Beachtung verdient, weil er symptomatisch ist für das Verhalten des Kreml und sogar Hinweise für eine künftige deutsche Außenpolitik liefern könnte.

RUSSEN UND AMERIKANER WERDEN BESATZUNGSMACHT IN DEUTSCHLAND UND DIE USA ZEIGEN BALD, WARUM MACHIAVELLI KEIN TEXANER WAR

Das Ende des Dramas ist bekannt.

Deutschland mußte kapitulieren. Die Sowjetunion war schließlich Hauptsieger des Zweiten Weltkriegs. Bei der Siegesparade vom 24. Juni 1945 in Moskau, wurden die erbeuteten Fahnen und Standarten der deutschen Regimenter in den Schmutz der Straßen gezogen.

Bei den Konferenzen der Alliierten über das Schicksal Deutschlands, die schon 1943 in Casablanca und Teheran, 1945 in Jalta auf der Krim und in Potsdam stattfanden, hat Stalin sich durchgesetzt — und er war der einzige, der sich während des Krieges bereits intensive und sehr konstruktive Gedanken über die Zeit danach gemacht hatte, der jetzt also klare Vorstellung von der machtmäßigen und territorialen Neuordnung der Welt besaß.

Wie es bei den Konferenzen zur Aufteilung der Erde zuging, in welcher Atmosphäre sie stattfanden und welche Interessen dort zur Sprache kamen, zeigen uns die im Jahre 1961 vom amerikanischen State Department veröffentlichten Dokumente zum Treffen von Teheran (21. November bis 2. Dezember 1943). Dort findet sich auch die nachstehend zitierte amtliche Aufzeichnung über ein Gespräch zwischen Stalin, Roosevelt und Churchill während eines Dinners am 29. November, das inzwischen übrigens auch von Churchill in seinen Memoiren geschildert wurde: „In bezug auf die künftige Behandlung Deutschlands entwickelte Marschall Stalin die These, die er bereits vorher ausgedrückt hatte, nämlich, daß wirklich wirksame Maßnahmen zur Kontrolle Deutschlands vorbereitet werden müßten, sonst würde Deutschland in 15 bis 20 Jahren wieder aufstehen und die Welt in einen neuen Krieg treiben. Er sagte, daß zwei Bedingungen erfüllt werden müßten:

1. Mindestens 50 000 und vielleicht 100 000 der deutschen Führungsschicht müssen physisch liquidiert werden (‚At least 50 000 and perhaps 100 000 of the German Commanding Staff must be physially liquitated').
2. Die siegreichen Alliierten müßten die wichtigsten strategischen

Punkte der Welt in Besitz behalten, so daß Deutschland sofort gestoppt werden könnte, wenn es nur einen Muskel rühre. Der Präsident sagte scherzend, er würde die Zahl der deutschen Führungsschicht, die exekutiert werden sollte, auf 49 000 oder mehr (‚at 49 000 or more') festsetzen. Der Premierminister (Churchill) erhob scharfe Einwendungen gegen das, was er kaltblütige Ermordung von Soldaten nannte, die für ihr Land gekämpft hatten ..." [1])
Die Brutalität, mit der über das Schicksal des Reiches und des Deutschen Volkes bestimmt wurde, ist — wie hier schon deutlich wird — keineswegs auf die Person des sowjetischen Diktators Stalin beschränkt. 1944 hatte außerdem US-Finanzminister Henry Morgenthau bekanntlich einen Ausrottungsplan für Deutschland vorgelegt, den nach ihm benannten Morgenthau-Plan. Er sah zunächst Zwangssterilisierungs-Maßnahmen zur Dezimierung der deutschen Bevölkerung und die Vernichtung der Industrie des Reiches vor. Am Rande trug das Dokument der Unmenschlichkeit bereits die Einverständniserklärung des US-Präsidenten: „O. K. FDR." Auch Churchill hatte hier zugestimmt.
Die Ausarbeitung dieses Plans soll gewissen Anzeichen zufolge, von dem an anderer Stelle erwähnten kommunistischen Agenten und Unterstaatssekretär in Morgenthaus Finanzministerium, Dexter White, stammen.
Daß der Morgenthau-Plan letztlich doch nicht verwirklicht wurde, verdanken wir der plötzlichen Klimaverschlechterung zwischen dem Westen und der Sowjetunion. Die Bundesrepublik wurde noch gebraucht.
Dagegen haben die Sieger in Jalta die heute so schmerzlich empfundene Teilung Berlins, die schon 1943 in London konzipiert worden war, endgültig beschlossen. Und der amerikanische Präsident Roosevelt war es, der sogar jegliche Erörterung von Zufahrtswegen und Korridoren für die geteilte Stadt strikt ablehnte. — Einer seiner Nachfolger, der in den USA und der BRD gleichermaßen vergötterte John Fitzgerald Kennedy, erklärte dafür etwas später sehr publikumswirksam: „Ich bin ein Berliner."
1945 jedoch war Stalin am Zug. Seine Kriegsziele, die er sofort anging, umfaßten vier Punkte. [2]) Dazu gehörte erstens die Annektion des ostpreußischen Hafens Königsberg durch die Sowjets.

Zweitens wollte und bekam Stalin für das von ihm im Osten erneut auf die Grenze vom 8. Dezember 1919[3]) zurechtgestutzte Polen, als Ersatz im Westen jene bis heute bestehende, weit auf deutsches Gebiet vorgeschobene Oder-Neiße-Grenze.
Drittens wollte Stalin — und auch dies hat er ohne Abstriche erreicht — aus Restdeutschland Reparationen im Werte von mindestens 10 Milliarden Dollar, also damals etwa vierzig Milliarden Mark, herausholen.
Dazu kam dann schließlich noch die Erbeutung ganz Mitteldeutschlands, seiner Industrie, seiner Fabriken, die demontiert und hinter den Ural transportiert wurden, und seiner 17 Millionen Menschen. Walter Wannenmacher stellt 1973 rückblickend fest: „Legt man die Zahl der heute im erwerbsfähigen Alter stehenden Bevölkerung zugrunde, erbeutete Rußland 1945 die Verfügungsgewalt über ein Viertel der im schwarz-rot-goldenen Bereich lebenden Deutschen.“ [4])
Stalins viertes Ziel war es, Deutschland endlich ganz unter den Einfluß Sowjetrußlands zu bringen — die Revolution also auf kaltem Wege endlich nachzuholen.
Bis auf den vierten Punkt hat er alle seine Ziele erreicht. Daß ihm das Letzte nicht gelungen ist, dafür gibt es eine Reihe von Gründen, die in Deutschland selbst, aber auch im Verhältnis der Alliierten untereinander zu finden sind.
Das Bündnis der Sowjetunion mit den westlichen Großmächten überlebte den Krieg nur kurze Zeit. Die schwärmerischen Träume, die vor allem im Westen geträumt wurden, und die den ewigen Frieden in der „einen Welt“ zum Inhalt hatten, waren rasch verflogen. Selbst in pro-amerikanischen Publikationen wird diese Vergangenheit heute bereits bewältigt: „Der Glaube Roosevelts, die Weltläufe ließen sich in der Gemeinschaft mit der Sowjetunion Stalins in der Form von New Yorker Mehrheitsentscheidungen westlich-aufklärerisch bestimmen, mutet nach dreißig Jahren fast wie eine Satire an.“ [5])
Der Streit um die Beute entzweite die Anti-Hitler-Koalition schon in Jalta und dann vor allem in Potsdam.[6]) Nach außen hin wurden die Risse noch einmal notdürftig gekittet. Doch schon kurze Zeit später — Roosevelt, der in Potsdam schon nicht mehr dabei war,

starb 60 Tage nach dieser Konferenz — begann der „Kalte Krieg" und mit ihm ein gigantisches Wettrüsten. Der Westen merkte, daß „Uncle Sam", wie Roosevelt seinen Kompagnon Stalin stets zu nennen pflegte, alle übers Ohr gehauen hatte und zum Hauptsieger geworden war — nachdem er die ganzen Kriegsjahre hindurch vom Westen gestützt werden mußte, um nicht unterzugehen.
Churchill sah sich zu dieser Zeit der Entzweiung schließlich zu der berühmt gewordenen Äußerung veranlaßt: „Wir haben das falsche Schwein geschlachtet."
Stalin bolschewisierte dessen völlig ungeachtet den Teil Europas, den die Rote Armee 1945 besetzt hatte. Er verleibte seinem Imperium ein Gebiet ein, das etwa der Größe Spaniens entspricht. Die Panzer der Sowjetunion stehen seit dem Zweiten Weltkrieg 1000 Kilometer weiter westlich als 1939.
Unter der Gewalt der sowjetischen Militärmacht wurden außerdem die sowjetische Besatzungszone in Deutschland, die heutige DDR und Ungarn, Polen, die CSSR, Bulgarien sowie Rumänien zu Satelliten Moskaus degradiert. Auf dem Balkan konnten sich nur Jugoslawien und Albanien vor dem Zugriff der UdSSR bewahren. Sie hatten durch Partisanenarmeen ihre Unabhängigkeit selbst erkämpft.
Daß der westelbische Rumpfstaat Bundesrepublik nicht sowjetisch wurde und damit Stalin seinen vierten Zielpunkt nicht voll erreichen konnte, hat seinen Grund in der Entzweiung der Kriegskoalition in einen westlichen und einen östlichen Besatzungsbereich — aber nicht allein darin. Zum „Kalten Krieg", der nach 1945 die USA zur „Schutzmacht" des Westens werden ließ, kam die antikommunistische Erziehung der Deutschen während des Dritten Reiches hinzu und das Verhalten, das die Rote Armee während und nach dem Krieg gegenüber deutschen Zivilpersonen, Frauen und Kindern an den Tag legte. Die siegreichen Sowjets bestätigten beim Einmarsch ins Reich die schlimmsten Erwartungen der Deutschen.
Es war 1945 für die Soldaten der Wehrmacht selbstverständlich — wenn es schon sein mußte — sich möglichst den Amerikanern zu ergeben, keinesfalls aber den Russen. Viele versuchten noch im letzten Augenblick in amerikanisch kontrollierte Gebiete zu gelangen, schlugen sich oft auch tatsächlich dahin durch. Und viele wur-

den dann später doch an die Sowjets ausgeliefert, vor allem als die US-Truppen sich aus Sachsen und Thüringen zurückzogen, diese Gebiete also der Roten Armee und dem Kommunismus preisgaben. Als sich die Westmächte und die Sowjets schließlich auf ihre Besatzungszonen geeinigt hatten, schätzte sich jeder Deutsche glücklich, der in einer der Westzonen gelandet war. Und es war schließlich auch für jene, die nach 1945 aus ihrer angestammten Heimat in den Ostgebieten des Reiches vertrieben wurden — mit Zustimmung der USA — keine Frage, wohin es gehen sollte: in den Westen Deutschlands, wo nur die Amerikaner herrschten.
Diese Einstellung des Deutschen Volkes zu den Sowjets machte es Adenauer, dem ersten Kanzler der Bundesrepublik Deutschland letztlich leicht, sich vorbehaltlos für den Westen zu entscheiden, so daß es Stalin auch später nicht gelang, mittels kommunistischer Parteiarbeit dieses Gebiet unter seine Kontrolle zu bringen.
Die unmittelbar nach dem Krieg vorhandene, pro-westliche Stimmung in der Bundesrepublik wurde dann allerdings sehr bald erheblichen Belastungen ausgesetzt. Die Siegerjustiz — Spruchkammerverfahren, das Rache-Tribunal von Nürnberg, die Entnazifizierung und all die üblen Begleiterscheinungen wie Fragebogen und „Persilschein", die jedem Rechtsempfinden hohnsprechenden „Verfahren" gegen deutsche Soldaten in Dachau und schließlich die Hinrichtung hoher Offiziere in Landsberg — das alles hat viele Deutsche ernüchtert.
Dazu kamen der Fanatismus und die Arroganz der westlichen Siegermacht bei ihrer Umerziehungsmission. Diese blindwütige „reeducation", die vorgab aus den Barbaren in Deutschland erst humane Wesen machen zu müssen, wurde nur noch übertroffen von der hohen Insuffizienz, mit der Washington dem Gegenspieler im Kreml außenpolitisch in alle gestellten Fallen plumpste. Hätte es eines Beweises für die Naivität der USA in weltpolitischen Dingen bedurft, im Deutschland und Europa der Jahre nach 1945 hätten sie ihn erbracht. Missionarisch besessene Kaufleute fielen im alten Europa ein, machten sich daran, diesen Teil der Welt auf seinen Geschäftswert zu taxieren und verkündeten überall, den „american way of life" als verbindliche Form des menschlichen Zusammenlebens. Wer diesen „Stil" ablehnte, war verdächtig.

Den „Morgenthau-Boys“, wie sie von vielen Deutschen geringschätzig genannt wurden, fehlte der politische Eros.
Sie waren durch materielle Überlegenheit zu einem entscheidenden Siegesfaktor des zurückliegenden Krieges geworden.
Und bei der materiellen Überlegenheit blieb es auch. Ein neuer Markt lag den Amis zu Füßen. Jetzt sollten die Menschen noch rasch das richtige Bewußtsein, made in USA, erhalten, dann war die Welt o. k. Dabei verspielten sie Mitteldeutschland und Osteuropa.
Für machtpolitische Instinkte, wie sie Großmachtpolitik allemal zugrundeliegen müssen, war da kein Raum. Machiavelli kam schließlich nicht aus Texas.
Der Schriftsteller Joachim Fernau stellt in einem sarkastischen Resümee der amerikanischen Kriegspolitik fest: „Roosevelt ist der Schöpfer des russischen Weltreichs. Ich wundere mich — in vollem Ernst gesprochen — daß an der Kremlmauer noch immer nicht sein Denkmal steht. Er hat es verdient.“ [7])
Marshall-Plan und Wirtschaftswunder haben in den folgenden Jahren die in der BRD zunächst aufkeimenden antiamerikanischen Gefühle („Ami go home“) wieder verschüttet. Und die Praktiken der in der sowjetischen Besatzungszone herrschenden Kommunisten um Ulbricht, Grotewohl, Pieck und Konsorten, haben das ihrige dazu getan, die Bindungen der Bundesrepublik an den Westen alternativlos erscheinen zu lassen.
Die Nation geteilt, Deutschland zerstückelt und unter Besatzungsmächten aufgeteilt, das Grundgesetz der Bundesrepublik, das die Wiederherstellung Deutschlands zwingend fordert, harrt noch immer seiner Durchsetzung.

DIE BUNDESREPUBLIK WÄHLT DEN ANSCHLUSS AN AMERIKA UND VERZICHTET DAMIT AUF DEUTSCHE AUSSENPOLITIK

Adenauers Entscheidung für den Westen wird heute von vielen Historikern und von einem Großteil der Bevölkerung der BRD als bleibendes Verdienst dieses ersten Bundeskanzlers gewertet.

In den zurückliegenden Jahren seit 1949 hat es aber auch nicht an Kritikern gefehlt. Gemeinsam ist ihnen allen, daß sie nur wenig beachtet wurden — mit Ausnahme jener Sozialisten und Sozialdemokraten im Bonner Parlament, die mit ihren Deutschlandplänen in den ersten Jahren der Republik für einige Aufregung sorgten — und daß die Politik des ersten Regierungschefs am Rhein in ihrem wesentlichsten Punkt, der Aufrechterhaltung des status quo, bis heute von jeder nachfolgenden Regierung bestätigt wurde. Das gilt ganz besonders auch für die Zeit der sozial-liberalen Koalition seit 1969. Insofern steht die Politik Brandts und Schmidts durchaus in der Nachfolge der Adenauerschen Konzeption.

Es ist auffällig, daß die Politiker der SPD, zumindest seit 1967, niemals an der generellen Entscheidung des ersten Kanzlers der BRD gedeutelt haben. Sie legten im Gegenteil als Regierungspolitiker selbst wert auf die Feststellung, diese Adenauersche Politik fortzusetzen.

Die Kritiker an der West-Bindung sind immer weniger geworden — selbstredend, denn die beiden großen parteipolitischen Lager und damit auch ihre Einfluß-Apparate auf die öffentliche Meinung, vertreten zwar in Tagesfragen der deutschen Politik meist unterschiedliche Positionen, sind sich aber im wichtigsten Punkt der deutschen Außenpolitik, in der nationalen Frage, weitgehend einig und plädieren in ihrer Mehrheit für die bedingungslose „Westintegration".

Die Bundesrepublik Deutschland ist Bestandteil des westlichen Lagers, die DDR Bestandteil des Ostblocks — das ist das Ergebnis der Nachkriegspolitik der Siegermächte und der Entscheidungen in den herrschenden Parteien innerhalb der deutschen Teilstaaten. Die Wiedervereinigungsforderung des Grundgesetzes steht auf dem Papier.

Die deutschen Ostgebiete sind annektiert und von Deutschen entvölkert. Österreich ist ein zur Neutralität verpflichteter eigener Kleinstaat, der sich in allerlei Verrenkungen übt, um eine „österreichische Nation“ und gelegentlich gar eine „österreichische Sprache“ zu postulieren. Inzwischen hat das Land eine besondere Art von Souveränität entwickelt, die es ihm schon wieder erlaubt, in manchen Dingen ein nationales Empfinden zu bewahren und sogar deutsches Geschichtsbewußtsein zu zeigen und dies oft weniger komplexbeladen als die BRD. Doch das ist nur ein Empfindungsrest, der gerettet wurde, weil die Österreicher sich nicht mit Auschwitz identifizieren ließen und es fertiggebracht haben, daß Adolf Hitlers österreichische Herkunft im Bewußtsein unserer Zeit weitgehend vergessen ist.

Die Gründe für die Bindung Mitteldeutschlands und der Bundesrepublik an die beiden stärksten Mächte der Erde liegen natürlich zunächst in der Aufteilung Deutschlands durch die Sieger. Als dann jedoch durch den zunehmenden Antagonismus zwischen USA und Sowjetunion die Demarkationslinie an der Elbe zur Grenze der beiden Blöcke ausgebaut wurde, zögerten die inzwischen von den jeweiligen Besatzern gebildeten bzw. geduldeten Regierungen in Pankow und Bonn nicht, für ihre Siegermacht zu votieren.

Für die kommunistisch beherrschten Deutschen in Mitteldeutschland war dies ebensowenig eine Frage, wie für die Erben des Zentrums und der Bayerischen Volkspartei, für die Christliche Union in Bonn. Adenauer erklärte in seinen Memoiren: „Ich war der Auffassung, der Gegensatz zwischen Sowjetrußland und den freien Völkern werde ständig wachsen. Es war auch für Amerika notwendig, daß ein starkes Westeuropa entstand.“ [1])

Und da stand Bonn uneingeschränkt zur Verfügung. Adenauer wurde später dafür ein „Kanzler der Alliierten“ gescholten.

Der Rheinländer Adenauer, in seiner Jugend bereits mit dem Serum des Separatismus geimpft, hatte kein Empfinden für das Reich, das soeben unter den Stiefeln seiner Feinde zu Boden gegangen war. Seine Leidenschaften galten nicht jenen Landen im Osten, die sich mit den Namen Königsberg, Danzig, Marienburg, Thorn, Breslau verbinden. Seine politischen Vorstellungen erreichten schon Böhmen nicht mehr, das man die „Zitadelle“ nannte, von dessen Zentrum Prag aus die Ostgrenzen des Reiches noch 500 Kilometer entfernt liegen — ebensoweit, wie Bonn am Rhein. Für Adenauer begann im Grunde hinter Berlin bereits Asien.

Der erste Kanzler entstammt politisch dem reichsfeindlichen, rheinischen Katholizismus. Seine Entscheidung für den Westen und gegen das Reich stand schon deshalb niemals in Frage.

Der erste Bundeskanzler in Bonn sorgte sich vor allem um das Christentum, das er durch die „rote Flut" aus dem Osten bedroht sah. Er verteidigte humanistische, abendländische, liberalistische Traditionen. Und er setzte schließlich auf einen engen Zusammenschluß der Bundesrepublik mit dem westlichen Nachbarn Frankreich.

Und dennoch hat er in den allerersten Jahren der Republik, vermutlich das zunächst einzig richtige getan, indem er das westlich der Elbe liegende deutsche Gebiet unter den Schutz der USA stellte. Er handelte damit auch im vollen Einklang mit den Instinkten und Wünschen der meisten Deutschen. Die BRD entging dadurch außerdem in diesen ersten Jahren der durchaus vorhandenen Gefahr, auch noch Beute Stalins zu werden.

Die USA, die sich ihre Einflußsphäre dauerhaft sichern wollten, haben den nötigen Schutz für die BRD damals bereitwillig garantiert. Am 19. September 1950 erklärten die Westmächte unter dem Einfluß Amerikas in einem Kommuniqué zum Abschluß einer Außenministerkonferenz in New York, sie würden „jeglichen Angriff gegen die Bundesrepublik oder Berlin, von welcher Seite er auch kommt, als einen gegen sich selbst gerichteten Angriff betrachten". [2])

Johannes F. Barnick, der eine der ersten großen Analysen der bundesrepublikanischen Außenpolitik schrieb und schon 1958 die „Deutschen Trümpfe" aufdeckte, schreibt über die Grundentscheidung Adenauers: „Die Bundesrepublik haftet am Westen. Daß sie relativ fest an ihm haftet, ist Adenauers bereits historische, unbestreitbare verdienstvolle Leistung: Nichts sonst als diese Entscheidung hat das westelbische Glacis, Deutschlands letzte Hoffnung, und damit vermutlich ganz Westeuropa vor der sowjetischen Todesumarmung bis jetzt gerettet. Aber was nun weiter?" [3]) Diese Frage, die Barnick 1958 stellte, ist bis heute offen. Was nun weiter?

Die Wiedervereinigung steht als Forderung weiter im Grundgesetz. Die Bundesrepublik aber hat in ihrer bald dreißigjährigen Geschichte nicht einen einzigen Schritt auf dieses Ziel hin getan — das Gegenteil ist der Fall.
Sie ist in dieser Zeit zu einem der wohlhabendsten Länder der Erde geworden, zu einer der größten Industrie- und Handelsmächte, sie ist nach wie vor der einzige, weitgehend handlungsfähige Teil Deutschlands und als solcher allein in der Lage, die Interessen der Nation zu wahren, für Deutschland zu handeln.
Die Bundesrepublik sollte deshalb auch „weder kanonisiert noch bespieen, sondern als letzte Chance zum inneren Formgewinn ausgenutzt werden". [4])
Die Bundesrepublik als letzte Chance Deutschlands. Die Nation also „wieder einmal, wie nach dem Westfälischen Frieden, von dem Urteilspruch der Geschichte zu einem Objekt des Geschehens degradiert". [5])
Und die Deutschen zwischen Rhein und Elbe? — „Ein Ameisenhaufen von amerikanisierten Kleinbürgern, in deren Seelenleben der Kinobesuch die normativen Funktionen des Kirchgangs abgelöst hat." [6]) Oder, wie ein junger Reporter des französischen Fernsehens in Bonn es sieht: „Die deutsche Gesellschaft der Gegenwart ist im wesentlichen ein Kind Amerikas, das die Lektionen seines Lehrmeisters oder Vaters gut behalten hat. So gut, daß der Sprößling etwa in Wirtschaftsbelangen die Besorgnis des Familienoberhaupts erregt." [7])
Vermag diese Bundesrepublik, „bislang eine Aktiengesellschaft mit US-Mehrheit" [15]), ihrer historischen Aufgabe überhaupt gerecht zu werden? „Der Entschluß, in Form zu kommen, (verlangt) offenbar bereits mehr an politischer Form, als in Westdeutschland aufbietbar. Nichts der Stunde gewachsenes ist in Sicht ..." [8])
Die Führung „hat ein traditionsloses, politisch und geistig gesichtsloses Geldmachertum, eine soziologische Monstrosität von biologisch nicht guter und kulturell ausgesprochen schlechter Beschaffenheit, im ungewohnten Reichtum rapide degenerierend. Als Ganzes unterscheidet sich diese Oberschicht vom kleinbürgerlichen Durchschnitt nur durch das Geld: Sie *ist* nicht mehr!" [9])
Das Charakteristische dieser Republik beschreibt Walter Wannen-

macher so: „Es scheint, daß Nationen, die sich in einer kriegerischen Eruption verausgabt haben — die Türken, die Schweden nach Karl XII., die Tschechen nach den Hussitenkriegen — ein stilles Glück im Winkel suchen. In einer geographischen Randlage erfreuen sie sich dieses Glücks lange und ungestört, sie werden kein Spielball der Auseinandersetzung zwischen den Hegemonialmächten. Haben sie aber das Pech, in einem Zentrum der sich kreuzenden Hegemonial-Interessen zu siedeln, dann werden sie, wie die Tschechen, ein von allen gerupftes Objekt des Geschehens. An Schutz gewohnt erschlafft ihr Verteidigungsinstinkt. Ängstlich auf die Stimme ihres Herrn horchend, können sie sich dennoch nicht verkneifen, insgeheim bei den eventuell morgen möglichen Herrn um Wohlwollen zu winseln. Wegen ihrer Servilität von beiden Herren mißachtet, genießen sie kein Vertrauen mehr, das heißt, sie haben wohl einen Beutewert, aber keinen Bündniswert. Zuletzt ereilt sie doch das Schicksal, das sie verdient haben: die Knechtschaft." [10])

Wo immer jene zitierte Servilität sich breitmacht, haben die Völker längst das Gesetz des Handelns verloren: „Ein Volk, das bei diesem, von Oswald Spengler so genannten ‚Fellachen-Stadium' angelangt ist, verträgt keine Politik, die allein von den Interessen dieses Volkes geleitet wird. Ein Mann von der Klarsicht eines Talleyrands oder Bismarcks würde das Mandat eines bundesdeutschen Außenministers erst gar nicht übernehmen, käme er zu dem Schluß, daß die Bundesbürger dieses Stadium erreicht haben." [11])

Der Hang zum stillen Glück im Winkel und die Unfähigkeit, eine Politik zu betreiben, die allein den Interessen des deutschen Volkes gewidmet ist, kennzeichnen in der Tat die Bonner Republik seit ihrer Gründung.

Das Schutzbedürfnis eines geschlagenen Landes und die Traumatisierung seiner Geschichte durch Auschwitz und Lidice ließ aus der Anlehnung an den Westen bald den Anschluß, die Auslieferung an seine Führungsmacht Amerika und an deren politisches und wirtschaftliches System werden. Heute ist die Bundesrepublik Deutschland eine Art „Hilfssheriff" der USA, die Deutsche Demokratische Republik ein „Hiwi" der UdSSR.

Der Unterschied zeigt sich darin, daß in Mitteldeutschland die Macht sowjetischer Panzer stets präsent ist und die Rolle der Besatzungsmacht sehr direkt unterstreicht, während die Bundesrepublik im Bedarfsfall jeweils durch die Drohung mit dem möglichen Abzug der noch verbliebenen Besatzungs-Truppen gefügig gemacht wird. Und der Bedarfsfall ist immer dann gegeben, wenn amerikanische Wirtschaftsinteressen durch die BRD berührt sind. Denn: „Dreißig Jahre nach der Teilung der Welt in amerikanische und sowjetische Einflußzonen, dreißig Jahre nach Jalta, ist das Land ... noch immer amerikanischer Jagdgrund. Der Geist Jaltas schwebt über der deutschen Außenpolitik." [12])

Er schwebt dort seit nunmehr drei Jahrzehnten. Die Bundesrepublik hat es nicht geschafft, sich vom Objekt der Politik der Sieger wieder zum Subjekt mit eigenem Wollen und Handeln aufzuschwingen.

Am Anfang standen eine Reihe von Verlockungen und Verheißungen der neuen Herren über die alte Erde. So verkündete am 5. Juni 1947 US-Außenminister George C. Marshall den bereits erwähnten, nach ihm benannten Entwicklungshilfe-Plan für Deutschland und einige europäische Nachbarn. Das war der erste Schritt dazu, die Bundesrepublik ins westliche Lager zu ziehen und gegen die inzwischen auch von Amerika zum Feind erklärte UdSSR einzuspannen. Gedanken, die west-elbische Republik auch militärisch zu nutzen, kamen den USA dann nach dem kommunistischen Angriff auf Südkorea, vom 25. Juni 1950.

Mit dem Korea-Krieg wurde der Bundesrepublik im Rahmen der amerikanischen außenpolitischen Konzeption nun eine genau festgelegte Funktion zugemessen: Sie sollte wirtschaftlich und militärisch das vorgeschobene US-Potential in Europa gegen die Sowjetunion verstärken. — Das war dann übrigens der Augenblick, in dem der Morgenthau-Plan endgültig zu Grabe getragen wurde.

Es hätte eigentlich nie ein Zweifel in der BRD aufkommen dürfen, am Sinn dieses US-Engagements und an der Rolle, die dadurch dem Bonner Staat zufiel. Aber das Bedürfnis geliebt zu werden, das Bestreben „everybodys darling" zu sein und die mit der Katastrophe hereingebrochene Unfähigkeit zu mißtrauen, haben die BRD direkt in die Arme ihres neuen Benutzers sinken lassen. Und dies, obwohl die Amerikaner eigentlich nie einen Zweifel an der Rolle der Bonner Republik innerhalb ihres eigenen Kalküls gelassen haben.

Doch am Rhein hörte man nur auf die Schmeicheleien gewiefter business-men, Töne, die rauher und unmißverständlicher klangen, wurden geflissentlich überhört. So auch das Wort des damaligen US-Außenministers John Foster Dulles, der ganz klar gesagt hat, wofür und wie lange die wirtschaftliche und militärische Hilfe der USA für Deutschland gewährt würde: „Die Zeit, diese Hilfe zu beenden, wird dann gekommen sein, wenn sie dem aufgeklärten Selbstinteresse der USA nicht länger dient." [13])
Was hätte man auch erwarten sollen? Die Amerikaner machen, bei aller Unzulänglichkeit im Detail und gelegentlich auch in den großen strategischen Entscheidungen, doch auf jeden Fall amerikanische Politik und nicht deutsche oder europäische oder gar wirklich auf das Glück der „Menschheit" gerichtete.
Die USA ließen auch niemals einen Zweifel daran aufkommen, daß ihre Sicherheitsinteressen in West-Europa die Aufrechterhaltung des status quo bedingen.
Die Bundesrepublik ist die amerikanische Kriegsbeute, inzwischen auch das wichtigste wirtschafts- und sicherheitspolitische Instrument der USA auf dem alten Kontinent. Deshalb galt und gilt der Grundsatz, der noch unter dem Kriegspräsidenten Roosevelt aufgestellt wurde: Deutschland keine eigene, von den Westalliierten unkontrollierte Politik mehr zu erlauben.
Der Grund dafür ist in der Furcht Washingtons zu suchen, die Bundesrepublik könnte sich plötzlich auf ihre eigenen deutschen Interessen besinnen, die ja — dies gilt vor allem auch im Hinblick auf das Verhältnis zur Sowjetunion — nicht notgedrungen identisch sind, mit denen Amerikas ...
Amerika auf der anderen Seite sieht es ebenso, und gibt diesen Interessengegensatz auch zu: „Die USA empfanden eine mögliche eigenständige Politik Bonns gegenüber der Sowjetunion stets als unmittelbare Gefahr für ihre Interessen in Europa." [14])
Und John Foster Dulles beschrieb diese Position der USA schließlich in einer Deutlichkeit, die wirklich nichts zu wünschen übrig ließ: „Nie zuvor hatte ein so zahlreiches und potentiell so mächtiges Volk eine so einzigartige Gelegenheit, zwischen zwei entgegengesetzten Gruppen zu handeln. Wenn die Deutschen sich wieder wie im Herbst 1939 mit dem Sowjetkommunismus verbänden, würde

diese Kombination Europa hinwegfegen. Der Sieg einer sowjetisch-deutschen Allianz wäre so sicher, daß es in der Tat zweifelhaft ist, ob es irgendeinen organisierten Widerstand gäbe.“ [15])
Die BRD hat die Gunst ihrer Situation dank der tatkräftigen Beeinflussung ihres Vormunds aus den USA jedoch niemals zu nutzen versucht. In der Tat wäre Deutschland jedoch in der äußerst vorteilhaften Lage gewesen, seine Interessen durch eine raffinierte Schaukelpolitik zu wahren. Voraussetzung aber wäre neben der Fähigkeit deutscher Politiker dies zu erkennen und zu wollen auch noch gewesen, daß die BRD Herr ihrer eigenen Entschlüsse hätte sein können, also souverän gewesen wäre.
Doch gerade die vor allem nötige außenpolitische Handlungsfreiheit gewährten die USA der Bundesrepublik so wenig, wie die UdSSR sie der mitteldeutschen Regierung gewährt hat. Allerdings, muß man feststellen, hat Bonn die Souveränität in der Außenpolitik auch nicht gesucht — ebensowenig wie die DDR. Aus Furcht, die neu entstehende Handlungsfreiheit auch ausfüllen und nutzen zu müssen. So wurde beiden Besatzungsgebieten, der BRD und der DDR, ein enger Rahmen für ihre Politik gezogen und vorgeschrieben, innerhalb dessen sie sich zu bewegen hatten. Das war natürlich die beste Garantie für die Aufrechterhaltung des status quo, für die Aufrechterhaltung der deutschen Teilung.
Adenauer setzte dessenungeachtet allein auf die amerikanische Karte. Er ging davon aus, so sagte er wenigstens in der Rückschau, „daß nichts unternommen werden dürfte, was die Schwierigkeiten der Russen erleichterte“ [16]) — und er ignorierte dabei ganz offensichtlich völlig die Tatsache, daß Bonn darauf sowieso keinen Einfluß hatte. Darüber entschieden die USA. Außerdem: deutsche Politik hat nicht die Beeinflussung „russischer Schwierigkeiten“ zur Aufgabe, sondern die Wahrung deutscher Interessen — es sei denn, beides würde einander entsprechen.
Außerdem bleibt die Frage offen, wie durch das rein passive Verhalten der UdSSR gegenüber, die deutsche Nation geeint werden sollte. Auch wenn man voraussetzt, daß Adenauer dies wollte, geht die Absicht aus der Politik, die er betrieb, nicht hervor. Es gibt nur vage Andeutungen, aus denen man, so man will, Wiedervereinigungsabsichten herauslesen kann. Adenauer beschwor beispielsweise

die Hoffnung, man könne „die Sowjets so lange in ihrem Saft schmoren lassen, bis sie zur Vernunft gekommen waren",[17] — doch da war niemand, der Moskau, im deutschen Sinne, wirklich eingeheizt hätte.
Schließlich wollte der Bonner Kanzler, der sich davon überzeugt zeigte, die Bundesrepublik könne die Wiedervereinigung nicht allein erreichen, die Westmächte, vor allem die USA, vertraglich dazu verpflichten, diese Forderung des Grundgesetzes zu ihrem eigenen zu machen — doch darauf ließ sich natürlich keiner der West-Alliierten ein.
Konrad Adenauer setzte dennoch weiter auf Westintegration und erklärte, daß „ein anderer Weg gar nicht sichtbar" sei. Nun war der bedingungslose Anschluß an Amerika aber mit Sicherheit überhaupt kein Weg, der Deutschland dem Ziel seiner Einheit näher brachte.
Irgendwann muß dies auch Adenauer klargeworden sein. Man kann ohne weiteres davon ausgehen, daß es spätestens 1959 so weit war, als die USA ihr bis dahin stets betontes „besonderes Verhältnis" einer Schutzmacht für die Bundesrepublik stark relativierten.
Von Amerika konnte Deutschland nun bestimmt keinen Souveränitätszuwachs mehr erwarten. Mit der damals erfundenen Politik der „flexiblen Antwort" auf einen Angriff aus dem Osten und der möglicherweise „massiven Vergeltung", also völlig defensiver Formeln, so wie sie im Westen ankamen, konnte allenfalls „eine unbestimmte Fortdauer des status quo" [18]) erreicht werden.
Deutschland spielte dann ab Mitte der fünfziger Jahre in der amerikanischen Politik vor allem die Rolle eines militärischen Vorfelds. Diese neue Qualität der Einstufung der Bundesrepublik Deutschland durch die US-Politik, zeigte sich besonders kraß an jener NATO-Übung „Carte Blanche", die vom 20. bis 28. Juni 1955 stattfand.
Im Verlaufe des Manövers wurde das Gebiet der Bundesrepublik seiner neuen Funktion zugeführt — es war nicht mehr allein Interessengebiet oder gar Schutzzone der USA, sondern Kampfgebiet, Schlachtfeld in der Auseinandersetzung mit dem Osten: Bei der Übung wurden innerhalb von 48 Stunden nicht weniger als 335 Atombomben auf das Gebiet der Bundesrepublik „abgeworfen".[19])

Das NATO-Manöver ging von einer totalen Zerstörung der BRD aus. Und im Ernstfall wäre das für Westdeutschland die Situation Karthagos nach dem dritten punischen Krieg gewesen: Es wäre nicht mehr auffindbar gewesen. An der Einschätzung der BRD als Schlachtfeld hat sich im übrigen in den über 20 Jahren, die seither verflossen sind, nichts geändert. Es ist heute eher unwahrscheinlicher, daß die USA dieses Gebiet verteidigen würden und könnten — sie könnten es allenfalls atomar zerstören (Vergleiche auch weiter unten die Einschätzung durch Walter Wannenmacher).

Seit den fünfziger Jahren gab es dann in Bonn überhaupt keine echten Vorstöße mehr auf das Ziel der Wiedervereinigung hin. Jeder, der das behaupten wollte, müßte lügen.

Es galten hinfort die Formeln, auf die sich noch heute alle Parteien zurückziehen, daß nämlich eine mögliche Wiedervereinigung, wenn überhaupt, dann nur sehr langfristig zu haben sei, und zwar „im Rahmen einer globalen Friedensregelung", einer „Einigung Europas", der „Entspannung zwischen Ost und West". — Formeln, die so unverbindlich und so wenig originell sind, daß der, der sie vertritt, kaum damit anecken kann. Außerdem beziehen sie sich alle auf Wunschvorstellungen, auf absolut unwägbare Zukunftshoffnungen und laufen auch dadurch kaum Gefahr, mit der Wirklichkeit zu kollidieren — sie berühren die Wirklichkeit ja nicht.

Diese Haltung ist charakteristisch für die Haltung Bonns zur Schicksalsfrage der Nation seit gut 20 Jahren. In den späten fünfziger Jahren und Anfang der sechziger Jahre versuchte Adenauer noch eine besondere Variante dieser Politik — die kleine Westintegration mit Frankreich in Form eines Staatenbundes.

Und de Gaulle antwortete damals mit seinem Entwurf eines „Europas der Vaterländer".

Bereits bei dem Versuch eine „Europäische Verteidigungsgemeinschaft" (EVG) zu schaffen, scheiterte diese intensivste aller bisherigen konkreten Europa-Bemühungen. Sie scheiterte am Veto Frankreichs. Vom Europa der Vaterländer oder anderen derartigen Konstruktionen ist nur längst vergilbtes Papier geblieben. Und Erinnerungen.

In den ersten Jahren der Republik hatten sich dagegen Möglichkeiten anderer Art abgezeichnet, die aber alle an der starren Bindung

Bonns an die USA einerseits und einer totalen, damit verbundenen Ablehnung aller Vorstöße aus Moskau andererseits scheiterten.
Der Glaube, die USA könnten bewogen werden, das deutsche Schicksal mitzutragen, oder gar die Last auf sich zu nehmen, die deutsche Nation zu retten, verkannte völlig den Charakter der amerikanischen Außenpolitik. Zwar begründen die USA stärker als andere Staaten des Westens ihre auswärtige Politik mit ganz bestimmten, christlich-puritanischen, moralischen und philosophischen Parolen, die sich aus der Tradition und der Geschichte dieses Landes herleiten. Sie werden nicht müde, als Endziel aller Politik „das goldene Zeitalter des Friedens“ [20] zu beschwören.
Doch in Wirklichkeit dient die amerikanische Außenpolitik, wie weiter oben bereits angeführt, der Durchsetzung der wirtschaftlichen Interessen dieser Weltmacht — nur so ist diese Politik überhaupt zu verstehen.
William Appleman Williams, Professor für Geschichte an der Universität von Wisconsin und seit Jahrzehnten einer der gründlichsten Beobachter der amerikanischen Außenpolitik, beschreibt ihre Verfassung so: „Im Bereich der Ideen und Ideale läßt sich die amerikanische Politik durch drei Konzeptionen leiten. Die eine ist der mitfühlende, großzügig humanitäre Impuls, anderen Menschen bei der Lösung ihrer Probleme zu helfen. Der zweite ist das auf internationaler Ebene eingehaltene Prinzip der Selbstbestimmung, welche das Recht jeder Gesellschaft garantiert, sich ihre eigenen Ziele zu setzen und diese bei sich zu Hause mit den Mitteln zu verwirklichen, die sie für angemessen hält. Diese beiden Ideen sind miteinander vereinbar; tatsächlich ergänzen sie einander weitgehend. Eine dritte Vorstellung, die viele Amerikaner hegen, besteht jedoch in dem Glauben, daß andere nicht wirklich ihre Probleme lösen und ihr Leben verbessern können, wenn sie es nicht in derselben Weise tun, wie die Vereinigten Staaten.“ [21])
Soweit also die Ideale der amerikanischen Politik — der frühere Washingtoner Außenminister Dean Acheson faßte sie in folgendem knappen Grundsatz zusammen: „Menschen, die unseren Glauben teilen, wollen wir helfen, weiterhin so zu leben, wie sie leben wollen.“ [22])
Wir Deutschen haben nach 1945 zur Genüge kennengelernt, was

dieser Grundsatz bedeutet. Und wir haben auch, neben dieser „ideellen“ Seite, die andere, die pragmatische Seite der US-Außenpolitik zu spüren bekommen, die Appleman Williams so beschreibt: „Die wesentliche Frage dreht sich ... darum, wie Amerika das, was es benötigt, importieren und das, was es verkaufen will, exportieren kann.[23])

Wir kennen auch die praktischen Folgen: „Durch die Ausdehnung seines Wirtschaftssystems auf weite Teile der Welt macht Amerika es anderen Nationen sehr schwer, ihre wirtschaftliche Unabhängigkeit zu wahren.“ [24])

Unglücklicherweise jedoch „weist der ökonomische Aspekt der amerikanischen Außenpolitik einen noch weit beunruhigenderen Faktor auf. Nämlich die feste Überzeugung, ja sogar den dogmatischen Glauben, daß Amerikas inneres Wohlergehen von einer ... anhaltenden, stets noch verstärkten wirtschaftlichen Expansion in Übersee abhinge.“ [25])

W. Applemann Williams zieht das Fazit: „Die allgemeine Schlußfolgerung aus diesen Überlegungen ist, daß der humanitäre Impuls Amerikas, anderen Völkern zu helfen, durch die Art, wie es diese Hilfe ins Werk setzt, untergraben, ja sogar zerstört wird. Die anderen Gesellschaften gewinnen den Eindruck, daß die amerikanische Politik sie ihre wirtschaftliche, politische und sogar psychologische Unabhängigkeit verlieren läßt.“ [26])

Dieser Eindruck trügt nicht. Der „American Board of Foreign Missions“ erklärte bereits 1881: „Was für die Gemeinden in Amerika gut ist, ist auch für die Armenier, Griechen und Mohammedaner in der Türkei gut.“ [27])

Und heute üben US-Konzerne in der BRD und in anderen Teilen Europas und der Welt in vielen Wirtschaftsbereichen bereits die Kommando-Gewalt aus. Wenn Groß-Geschäfte den USA nicht passen, scheuen sie sich nicht, politischen Druck anzuwenden. — Denken wir nur an das Verbot eines gigantischen Röhrengeschäfts der BRD mit der UdSSR in den sechziger Jahren, das dann England und Amerika gemacht haben, oder an die Versuche, das Atomgeschäft der deutschen Wirtschaft mit Brasilien zu verhindern, in den siebziger Jahren.

Andererseits: Deutsche Banken, die seit Jahren versuchen, auf dem amerikanischen Kontinent Fuß zu fassen, und auch gewisse Erfolge errangen, sehen sich noch immer vor hochaufgerichteten gesetzlichen Barrieren, wenn es um das wirklich große Geschäft geht. Außerdem wurde schon mehrfach ein Gesetzentwurf vorgelegt, der die Beteiligungspolitik, die universelle Betätigung und die Einlagensicherung der deutschen Banken schwer treffen würde, wenn er verabschiedet würde. Und als im Rahmen der an sich naheliegenden militärischen Kooperation und Standardisierung der Waffen innerhalb der NATO der überlegene deutsche Kampfpanzer Leopard II, wenigstens in gewissen Bauteilen von den USA übernommen werden sollte, gab es gewaltige Manipulationen in verschiedenen Test-Reihen, um das amerikanische Nein, das von Anfang an feststand, wenigstens nach außen hin notdürftig zu begründen.

„Der Welthandel muß und wird uns gehören", erklärte 1897 der amerikanische Wirtschaftler Albert J. Beveridge.[28]) Die amerikanische Außenpolitik wird seither vor allem vom Expansionsdrang der US-Wirtschaft bestimmt und von der Sicherung wichtiger Rohstoffe für die US-Produktion. Der Wohlstand Amerikas und seiner Demokratie hängen, der Philosophie der amerikanischen Außenpolitik zufolge, von dieser Wirtschafts-Expansion, von der Expansion der Absatzmärkte vor allem ab. — „Dieses Land gehört der Wallstreet." [29])

Zwar versuchte die amerikanische Politik diese Expansion im allgemeinen unterhalb der Schwelle zum Krieg zu betreiben. Viele CIA-Unternehmungen in Latein-Amerika, auch im Vorderen Orient, in Persien zumal, und natürlich auch in Europa, hatten diesen Sinn. Aber als letztes Mittel zur Erreichung seiner Wirtschaftsziele scheute Washington auch die Teilnahme am großen Krieg nicht. So war es 1917, als US-Präsident Wilson sich entschloß den angesichts der sich abzeichnenden Niederlage Englands und Frankreichs zu mächtig werdenden Konkurrenten Deutschland mit Waffengewalt auszuschalten. Und das bedeutete „nichts anderes ... als einen Gewinn von Märkten für die amerikanischen Exporte sowie eine Kontrolle über die Rohstoffe für die amerikanische Industrie".[30])

Und im Zweiten Weltkrieg waren die Beweggründe letztlich dieselben: „Tatsächlich versuchten sie (die amerikanischen Politiker, der Verf.), was sich auch in Roosevelts Befürwortung des Münchner Abkommens von 1938 zwischen Nazi-Deutschland und Großbritannien ausdrückt, sehr hartnäckig und ernsthaft, ihre Ziele ohne Krieg zu erreichen. Aber angesichts ihrer Weltanschauung, ihrer Vorstellung davon, wie die Prosperität und Wohlfahrt der Vereinigten Staaten zu gewährleisten sei, blieb ihnen nichts anderes übrig als der Krieg. Und als er begann, standen die Vereinigten Staaten bereits im Schußwechsel mit Deutschland, noch bevor Japans Anschlag auf Hawaii (Pearl Harbor, der Verf.) erfolgte." [31]) Die führenden amerikanischen Politiker jener Tage hatten „die Achsenmächte als gefährliche Konkurrenten in Lateinamerika" definiert. [32]) Damit waren Deutschland, Italien und auch Japan automatisch zu Feindländern gestempelt. „Eine große Zahl der amerikanischen Führer stellte sich gewissermaßen intellektuell und emotional auf den Krieg gegen die Achsenmächte ein." [33]) Und es war nur noch eine Frage der Zeit, bis amerikanische Bomben schließlich deutsche Städte einäscherten.

Die Amerikaner fühlten sich zu allem Überfluß auch noch dem „Rest der Welt" (Roosevelt) moralisch haushoch überlegen. Und „dieses Zusammentreffen eines Gefühls für die wirtschaftliche Notwendigkeit mit dem Sinn für die moralische Berufung verwandelten das traditionelle Expansionskonzept ... in eine Vision von einem amerikanischen Jahrhundert. In diesem Sinn traten die Vereinigten Staaten in den Zweiten Weltkrieg ein und nahmen den Kampf auf". [34])

Und dieses „Amerikanische Jahrhundert" scheint noch lange nicht ausgestanden. Präsident Jimmy Carter erwies sich geradezu als die erneute Verkörperung dieser Vision.

In Bonn aber hat es immer selbst an der geringsten Distanz zu dieser US-Politik gefehlt. Deren hier nur kurz skizzierter Charakter hätte jedenfalls, wäre er in Bonn klar gesehen oder beachtet worden, die Außenpolitik der Republik — nach den ersten anlehnungsbedürftigen und auch schutzbedürftigen Nachkriegsjahren spätestens — dazu führen müssen, das Verhältnis zu Washington und dessen Rolle bei der Lösung der deutschen Schicksalsfrage weitaus nüchterner einzuschätzen.

Statt dessen berauschte sich die Bonner Politik bis Anfang der sech-

ziger Jahre immer von neuem an jenen Parolen, die amerikanische Politiker aus wohlerwogenen taktischen Gründen ausgaben.
So nannte US-Außenminister Dean Acheson von der Demokratischen Partei Amerikas schon 1950 den Rückzug der Sowjetunion aus Mittel- und Osteuropa als Vorbedingung für einen Ausgleich zwischen USA und UdSSR und weckte in Bonn trügerische Hoffnungen, als er im gleichen Atemzug damit freie Wahlen in der sowjetischen Besatzungszone verlangte. Das klang dann in bundesdeutschen Ohren immer so, als würden die Amerikaner für diese Forderungen auch eintreten und wirklich versuchen, sie durchzusetzen — daher die Erwartung, es könnte sich in der deutschen Frage eines Tages auf diesem Wege etwas verbessern.
Die konkurrierende republikanische Partei Amerikas spielte solche Gedanken und Forderungen im Wahlkampf des Jahres 1952 ganz besonders hoch. Die Republikaner erweckten schließlich den Eindruck, im Falle eines Wahlsiegs den Kommunismus aus den besetzten Gebieten Europas zurückdrängen zu wollen („roll back").
Der als Außenminister vorgesehene J. F. Dulles bezeichnete die bis dahin propagierte Politik, die lediglich das Eindämmen des Kommunismus vorsah, als „negativ, vergeblich und unmoralisch". [35])
Dulles forderte, die USA „sollten es öffentlich bekanntmachen, daß sie die Befreiung wünschen und erwarten. Die bloße Äußerung dieses Wunsches und dieser Erwartung würde in einer elektrisierenden Weise das Fühlen der gefangenen Völker verändern". [36])
Wie wir wissen, haben in den folgenden Jahren die „gefangenen Völker" des öfteren ihr Fühlen offenbart und versucht die sowjetische Besatzung abzuschütteln. Am 17. Juni 1953, also bereits ein Jahr nach den Parolen von J. F. Dulles, versuchten es die Arbeiter in Mitteldeutschland. 1956 erhoben sich die Ungarn. Und in den folgenden Jahren gab es weitere Versuche in der CSSR und in Polen. Die Amerikaner dachten auch nicht ein einziges Mal daran, die Geister, die sie gerufen hatten, zu unterstützen.
Dulles hatte keine neue Qualität der US-Außenpolitik verkündet oder gar eingeleitet, sondern Parolen ausgegeben. Adenauer gegenüber erklärte er am 13. Juni 1955 in Washington, Amerika wolle eines Tages den Ausgleich mit der UdSSR suchen und daran als Bedigung „die friedliche Befreiung Osteuropas" knüpfen. [37])

Amerika war nach 1945 niemals gewillt, im europäischen Raum irgendwelche Risiken einzugehen. Besonders deutlich wurde dies auch 1961 wieder, als die SED die Mauer errichtete und darauf bauen konnte, von den USA nicht gestört zu werden. Für Amerika hatte „die Aufrechterhaltung der Sicherheit Westeuropas, sprich: (der US-Kriegsbeute, der Verf.) Vorrang vor einer Zurückdrängung des sowjetischen Herrschaftsbereiches". [38])
Mit den bis heute gängigen Formeln der Sprache westlicher Politiker ausgedrückt bedeutete dies: „Sicherheit vor Freiheit".
Für die Bundesrepublik galt und gilt entsprechend: „Freiheit vor Einheit", was letztlich nichts anderes bedeutet. — Es ist hier wie dort die Formel für den status quo!
Daß in Bonn dieser „Formelkram" uneingeschränkt übernommen und wohl auch noch geglaubt worden ist, bedeutete in der Folge konkret gesagt den Verzicht auf Außenpolitik — eine schmerzliche Parallele zur Weimarer Zeit.
In späteren Jahren nährten Vertreter der US-Politik ebenso wie westdeutsche Unionschristen und führende Sozialdemokraten — hier ist vor allem Egon Bahr mit seiner Parole vom „Wandel durch Annäherung" zu nennen — den Glauben an die sogenannte Konvergenztheorie, die auf eine Aufweichung des Ostblocks spekulierte und zeitweise sogar davon ausging, die Sowjetunion könnte sich letztlich freiwillig aus Osteuropa zurückziehen.
Für Moskau dagegen zählte in diesen Jahren im Hinblick auf den Westen vor allen anderen ein Faktum: die Tatsache, daß die Bundesrepublik von Tag zu Tag fester in das gegnerische Lager integriert wurde.
Schon die Errichtung der BRD unter amerikanischer Vormundschaft empfand die Sowjetunion als schweren Schlag gegen ihre Politik in Europa. Sie hatte die Situation in Deutschland möglichst offen halten wollen. Und sie unternahm gewagte Schritte, um die Einbindung der westelbischen deutschen Republik in die Hegemonie der Vereinigten Staaten zu verhindern: Zu nennen ist hier vor allem die Blockade Westberlins 1948/49, die nach Stalins eigenen Worten die Errichtung der Bundesrepublik verhindern sollte.
In diesen Jahren entstand in der Bundesrepublik in Verbindung mit den bereits beschriebenen Hoffnungen, die man auf die USA

setzte, der Glaube, man treibe schon die richtige Politik, wenn die UdSSR dagegen sei. Dazu hatte, wie weiter oben berichtet, Adenauer sich ganz einwandfrei bekannt.

Drei Jahre nach der Blockade, als sich auch die militärische Einbeziehung Westdeutschlands in den US-Block abzuzeichnen begann, machte Stalin einen weiteren, dramatischen Versuch, die inzwischen etablierte Bundesrepublik aus dem amerikanischen Einflußbereich herauszulösen. Er kündigte eine völlig veränderte Politik gegenüber Deutschland an.

Es „liegen tatsächlich gewichtige Anzeichen für die Absicht der Sowjetunion vor, ihre Deutschlandpolitik zu revidieren“ [39]), schreibt Bruno Bandulet in seiner Analyse dieses Stalinschen Versuchs. Und weiter: „Vereinfacht ausgedrückt hätte diese Revision darin bestanden, das gegen Deutschland gerichtete sowjetisch-amerikanische Bündnis, an dessen theoretischen Grundlagen (wie z. B. der Potsdamer Deklaration) beide Seiten auch 1952 noch festhielten, durch ein sowjetisch-deutsches Bündnis zu ersetzen, um so den amerikanischen Einfluß in Europa zu verdrängen.“ [40])

Wie wir sehen werden, wählte Bonn die Sicherung dieses US-Einflusses und nicht die Chance zu einer eigenständigen, auf die nationalen Interessen gerichtete Politik.

Doch kommen wir zunächst zur neuen Politik der Sowjetunion: Eine Verständigung der Bundesrepublik mit der Sowjetunion, wie sie von Stalin angestrebt wurde, bedeutet generell immer, einen Schritt auf die Wiedervereinigung hin zu tun. Denn Moskau hat den Schlüssel für die Lösung der nationalen Frage Deutschlands in der Hand. Ausschließlich der Kreml verfügt über all jene Gebiete, die 1945 vom Reich amputiert wurden — nicht die USA oder ein anderes westliches Land und natürlich auch kein östliches. Die Verfügungsgewalt liegt ausschließlich in Händen Moskaus.

Insofern liegt es natürlich zutiefst im nationalen Interesse Deutschlands, sich mit der UdSSR zu verständigen. Die Frage, die dabei aber selbstverständlich ganz am Anfang zu stellen ist, ist die des Preises, der dafür zu zahlen wäre.

Nach diesem Preis wurde, wie sich zeigen wird, leider nicht gefragt. Man glaubte ihn ganz einfach schon zu kennen — nämlich die Unterjochung ganz Deutschlands unter den Bolschewismus. Eine Annahme, die wieder einmal, wie anfänglich auch in der Weimarer Zeit, völlig verkannte, daß Moskau neben seinen gewiß leidenschaftlich verfolgten ideologischen, weltrevolutionären Zielen, eben auch die Interessen des tausendjährigen Rußlands vertritt und machtpolitische Überlegungen niemals wegen der Weltrevolution außer acht läßt.

Eine in den Westen integrierte BRD aber war in machtpolitischer Hinsicht ein schwer zu Buche schlagender Faktor. Und der Kreml war 1952 offensichtlich bereit, für die Verhinderung dieser Konstellation seinerseits einen beachtlichen Preis zu zahlen. Möglicherweise hätte man über diesen Preis auch noch weiter handeln können — wir wissen es nicht, denn Bonn winkte ab.

1952 hätten — soviel wissen wir inzwischen — die DDR-Regierung und vor allem auch der Westen bezahlt. Außerdem wohl auch einige Nachbarn im Osten. Denn die politischen Konzessionen, die Bonn an die Interessen der Sowjetunion hätte machen müssen, wären vor allem Konzessionsentzüge auf der anderen Seite gewesen: Die USA hätten ihre wichtigste Stütze in Europa verloren und ihr bedeutendstes militärisches Aufmarschgebiet gegen die Sowjetunion. Letztlich hätte Amerika im Zuge dieser Politik sogar vom Kontinent verdrängt werden können. Die Entstehung eines westeuropäischen Blocks gegen die Sowjetmacht wäre schon damals unterbunden worden — er ist allerdings wie wir wissen bis dato ohnehin nicht entstanden, aber davon mußte man 1952 noch nicht unbedingt ausgehen.

Eine Verständigung mit Deutschland hätte für die Sowjetunion außerdem die endgültige Absicherung ihres Satellitengürtels auch vom Westen her bedeutet. Und darüber hinaus konnte sich der Kreml ausrechnen, daß er wirtschaftlich von einer Klärung seines Verhältnisses zu Deutschland profitieren und in gewissem Umfange auch einen größeren Einfluß im übrigen Westeuropa erreichen würde.

Wenn man heute Bilanz macht, erkennt man, daß die UdSSR diese Ziele zum Großteil inzwischen doch erreicht hat — allerdings ohne an Deutschland jenen damals offerierten Preis zahlen zu müssen.

Das erste Angebot formulierte 1952 Stalin persönlich. Im Frühjahr und Herbst dieses Jahres erschienen Beiträge aus seiner Feder, die sich mit der künftigen Rolle der vom US-Kapital geknechteten Länder Deutschland und Japan beschäftigten, wenn diese erst, wie Stalin erwartete, „wieder auf die Beine kommen, ... sich von der amerikanischen Knechtschaft frei ... machen und ihr selbständiges Leben führen".

Stalin deutete den Zweiten Weltkrieg nicht als deutsch-sowjetische Auseinandersetzung, sondern behauptete, Deutschland habe seine Kräfte vor allem gegen den englisch-französischen Block gerichtet. Letztlich liefen Stalins Äußerungen eigentlich zwingend auf ein Angebot zur deutsch-sowjetischen Zusammenarbeit hinaus. [41])

Auch andere hohe Sowjetführer äußerten sich zu jener Zeit im gleichen Sinne. So ZK-Sekretär Malenkow zum Beispiel, der sich im Herbst 1952 vor dem 19. Parteitag der KPdSU sogar gegen den „Export von Revolutionen" aussprach und die Hoffnung äußerte, die besiegten Länder würden sich auf Dauer auch nicht mit der amerikanischen Besatzung abfinden. [42])

Moskau beschränkte sich jedoch in seiner neuen außenpolitischen Strategie keineswegs auf bloßes Reden: Bereits am 15. September 1951 hatte die Ostberliner Volkskammer — und dort geschah nichts ohne Auftrag aus Moskau — einen dringenden Appell an den Deutschen Bundestag in Bonn gerichtet, gesamtdeutsche Beratungen über freie Wahlen und über den raschen Abschluß eines Friedensvertrages aufzunehmen. — Bonn lehnte ab, da es die Legitimation der DDR-Regierung nicht anerkannte.

Am 10. März 1952 trat schließlich die Sowjetunion selbst in Aktion: Sie übergab eine Note an die USA, Frankreich und Großbritannien, also an jene Staaten, die sich bis heute in deutschen, nationalen Fragen für zuständig halten, die weltweit als Sensation empfunden wurde und gewaltiges Aufsehen erregte — ähnlich wie 1922, dreißig Jahre vorher, die Rapallo-Offerte.

In der Note von 1952 machte Moskau den Vorschlag, unverzüglich die Frage eines Friedensvertrages mit Deutschland anzugehen — den es bis heute nicht gibt.

Um den Verdacht auszuschließen, daß über die Köpfe der Deutschen hinweg vollendete Tatsachen geschaffen werden sollten, hieß es in der Sowjet-Note, die im übrigen sehr kurz und in drängendem Ton gehalten war: „Es versteht sich, daß ein solcher Friedensver-

trag unter unmittelbarer Beteiligung Deutschlands, vertreten durch eine gesamtdeutsche Regierung, ausgearbeitet werden muß."[43])
Die Note enthielt als Anlage den Entwurf eines Friedensvertrages für Deutschland. Er sah Bedingungen vor, die es gewährleisteten, „daß ein Wiederaufleben des deutschen Militarismus und einer deutschen Aggression unmöglich wird". Er bot an: „Deutschland wird als einheitlicher Staat wiederhergestellt. Damit wird der Spaltung Deutschlands ein Ende gemacht und das geeinte Deutschland gewinnt die Möglichkeit, sich als unabhängiger, demokratischer, friedliebender Staat zu entwickeln. Sämtliche Streitkräfte der Besatzungsmächte müssen spätestens ein Jahr nach Inkrafttreten des Friedensvertrages aus Deutschland abgezogen werden. Gleichzeitig werden sämtliche ausländischen Militärstützpunkte auf dem Territorium Deutschlands liquidiert.[44])
Der Entwurf beinhaltete darüberhinaus die Garantie der „demokratischen Grundrechte", wie Rede-, Presse-, Versammlungsfreiheit. Und er legte schließlich fest: „Deutschland verpflichtet sich, keinerlei Koalitionen oder Militärbündnisse einzugehen, die sich gegen irgendeinen Staat richten, der mit seinen Streitkräften am Krieg gegen Deutschland teilgenommen hat."[45])
Deutschland hätte also auf eine Mitgliedschaft in der NATO, der die Bundesrepublik dann später beitrat und den Warschauer Pakt, dem die DDR eingegliedert wurde, verzichten müssen. Dagegen wollte Moskau zugestehen, daß das wiedervereinigte Deutschland in den bei der Potsdamer Konferenz abgesprochenen Grenzen „eigene Streitkräfte (Land-, Luft- und Seestreitkräfte)" besitzen kann und ihm „die Erzeugung von Kriegsmaterial und Ausrüstung" gestattet sei. Deren „Menge oder Typen" dürften allerdings „nicht über die Grenzen dessen hinausgehen, ... was für die Streitkräfte erforderlich ist, die für Deutschland durch den Friedensvertrag festgesetzt sind".[46])
Über Einzelheiten dieses Vorschlags wurde mit der Sowjetunion wie gesagt niemals wirklich verhandelt. Das heißt, das Angebot wurde gar nicht ernsthaft geprüft. Die Westmächte schoben zwar einige Einwände vor, auf die die Sowjetunion in einem längeren Notenwechsel einging, lehnten im übrigen aber pauschal ab und ließen sich beispielsweise auch durch eine weitere Sowjetnote (vom

9. April 1952) nicht umstimmen, in der von Moskau gefordert wurde, „ohne Verzug die Frage der Durchführung freier gesamtdeutscher Wahlen“ zu besprechen. Der Kreml erklärte sich sogar bereit, diese Wahlen „in kürzester Zeit“ durchführen zu lassen.
Es ist nicht weiter verwunderlich, daß die USA von den sowjetischen Vorschlägen nichts hielten. Schließlich hätten diese ja den Verlust des Einflusses der Vereinigten Staaten auf Europa bedeutet, das Ende der großen Expansion, die, wie wir sahen, entsprechend seiner politischen Philosophie für das Wohlergehen Amerikas unerläßlich ist.
Für die Bundesrepublik indes hätte das Frühjahr 1952 der Beginn einer eigenständigen Außenpolitik werden können. Dies war die große und bislang einmalige Chance zur Emanzipation, zum Wechsel vom gehandelten Objekt zum handelnden Subjekt.
Es ist nicht möglich, posthum verbindlich zu sagen, was herausgekommen wäre, hätte Bonn einen Versuch unternommen, das Potential der Republik zu nutzen für einen neuen Formgewinn Deutschlands.
Feststellen läßt sich nur zweierlei klipp und klar:
Erstens: Der Versuch für Deutschland zu handeln unterblieb — die Bundesrepublik entschied sich für ein separates Schicksal an der Seite der Westmächte, für den Anschluß an Amerika und für den status quo.
Zweitens: Im Gefolge davon wurde die Teilung des Reiches von Tag zu Tag tiefer, perfekter, unauflöslicher.
Konrad Adenauer, der zwar entsprechend dem Verständnis der Zuständigkeit in der deutschen Frage von Moskau nicht direkt angesprochen wurde, war natürlich dennoch die eigentliche Adresse.
Ohne Zustimmung Bonns hätte die Ablehnung der sowjetischen Vorschläge durch die Westmächte nicht so endgültig und so total ausfallen können. Eine Zustimmung Bonns, oder das Verlangen über die Verständigungszeichen aus Moskau sofort ernsthaft zu reden, hätte andererseits der Ablehnung der Westmächte die Basis entzogen und unweigerlich zu einem neuen Anfang in der Deutschlandpolitik führen müssen.
Adenauer jedoch blieb in diesen entscheidenden Wochen dabei, verschiedene Formeln über den Charakter der Sowjetunion zu wieder-

holen und alte amerikanische Parolen oder Wunschvorstellungen neu zu zitieren.

Am 5. März 1952, also wenige Tage vor der ersten Sowjet-Note, erklärte der damalige Bonner Bundeskanzler in einem Interview mit Ernst Friedländer vom seinerzeitigen Nordwestdeutschen Rundfunk (NWDR): „Erst wenn der Westen stark genug ist, ergibt sich ein wirklicher Ausgangspunkt für friedliche Verhandlungen mit dem Ziel, nicht nur die Sowjetzone, sondern das ganze versklavte Europa östlich des Eisernen Vorhangs zu befreien, in Frieden zu befreien." [47])

Man muß sich das noch einmal langsam vorsagen: stark werden, dann „friedliche" Verhandlungen führen und schließlich damit ganz Osteuropa „in Frieden befreien". — Süßer die Glocken nie klangen ... Das war Poesie, keine Politik. Das hat selbst Willy Brandt in späteren, friedensseligen Tagen nicht mehr erreicht.

Adenauers Staatssekretär Hallstein legte dann auf einer Pressekonferenz in Washington am 12. März 1952, also zwei Tage nach Übergabe der Sowjetnote, die neue Traum-Marke der Bonner Ostpolitik fest, indem er eine „Integrierung" Europas „bis zu den Uralbergen" forderte. [48])

Der „Deutschland-Union-Dienst", das offizielle Mitteilungsorgan der CDU stellte in jenen Tagen plötzlich gar einen Etappenplan vor, der zunächst die Westintegration Europas vorsah, dann gleich die Wiedervereinigung und schließlich den „Anschluß des von der bolschewistischen Tyrannei befreiten Osteuropa". [49])

Auch im Bulletin der Bundesregierung wurden solche Töne angeschlagen. Dort war die Rede von der Hoffnung auf „nationale Erhebungen" im Osten, mit deren Hilfe der sowjetische Einfluß beseitigt werden sollte. [50])

Keine Frage: Hier handelte es sich ausschließlich um Propaganda-Parolen, die von dem völlig ungelegen kommenden sowjetischen Vorstoß ablenken sollten. Es gab nicht den geringsten realen Hintergrund für dieses agitatorische Feuerwerk und es konnte eigentlich auch niemand ernst nehmen. Adenauer selbst erklärte vier Wochen später, im April 1952, in einem Interview, das er wiederum Ernst Friedländer gewährte u. a.: „Ostraumpolitik, Weltpolitik ist nicht Deutschlands Sache."

Zu den sowjetischen Vorschlägen selbst nahm Konrad Adenauer am deutlichsten Stellung, als er am 16. März 1952 vor der ersten „Evangelischen Arbeitstagung der CDU“ im Apollo-Theater in Siegen sprach.[51]) Er wandte sich in seiner Rede gegen die Neutralisierung Deutschlands, gegen jegliche Zusammenarbeit mit der Sowjetunion und bekannte sich einmal mehr zur alleinigen Zusammenarbeit mit dem Westen. Das seien die Richtlinien der Bundesregierung.

Wörtlich sagte Adenauer: „Ein Zusammenschluß mit dem Westen bedeutet — und das möchte ich nach dem Osten zu sagen — in keiner Weise Druck gegen den Osten, sondern er bedeutet nichts anderes, als die Vorbereitung einer friedlichen Neuordnung des Verhältnisses zur Sowjetunion, zur Wiedervereinigung Deutschlands und zur Neuordnung in Osteuropa. Und das sind auch die Ziele unserer Politik.“

Direkt auf die Moskauer Vorschläge eingehend erklärte der Bonner Bundeskanzler in Siegen: „Im Grunde genommen bringt sie wenig Neues. Abgesehen von einem starken nationalistischen Einschlag will sie die Neutralisierung Deutschlands und sie will den Fortschritt in der Schaffung der europäischen Verteidigungsgemeinschaft und in der Integrität von Europa verhindern.“

Den Teil der Sowjetnote, der sich, wie oben angeführt, mit der Bewaffnung Deutschlands befaßte, nannte Adenauer „weiter nichts als Papier und sonst gar nichts!“

Zum Schluß seiner Ansprache baute dann Konrad Adenauer noch einmal eines jener bereits sattsam bekannten formelhaften Wortgebäude auf: „Wir wollen, daß der Westen so stark wird, daß er mit der Sowjetregierung in ein vernünftiges Gespräch kommen kann und ich bin fest davon überzeugt, daß diese letzte sowjet-russische Note ein Beweis hierfür ist. Wenn wir so fortfahren, wenn der Westen unter Einbeziehung der Vereinigten Staaten so stark ist, wie er stark sein muß, wenn er stärker ist, als die Sowjetregierung, dann ist der Zeitpunkt gekommen, an dem die Sowjetregierung ihre Ohren öffnen wird.“

Daß Adenauer mit einer Westintegration sympathisierte und ihr den Vorzug vor einer Wiedervereinigungspolitik gab, hatte er schon 1919 dokumentiert. In einer Rede vor der Bürgergesellschaft Köln

hatte er am 30. 1. 1919 erklärt: Frankreich muß reale Garantien fordern, und die erstrebenswerteste reale Garantie würde für Frankreich darin bestehen, daß der Rhein zur strategischen Grenze gegenüber Deutschland wird. Eine Teilung Preußens ist nach meiner Überzeugung unbedingt nötig und wird auch kommen. Entweder wir kommen direkt oder indirekt als Pufferstaat zu Frankreich oder wir werden eine westdeutsche Republik. Ein Drittes gibt es nicht."
Und 35 Jahre später, am 30. August 1954, brüstete er sich gegenüber dem französischen Ministerpräsidenten Mendes-France: „Wir sind bereit, die deutsche Wiedervereinigung zu opfern, wenn wir in ein starkes westliches Lager eintreten können. Vergessen Sie bitte nicht, daß ich der einzige deutsche Kanzler bin, der die Einheit Europas der Einheit seines eigenen Vaterlandes vorzieht." (A. d. Archiv d. Verf.)
Noch deutlicher, so sollte man meinen, konnte man Moskau eigentlich gar nicht abblitzen lassen. Adenauer aber wurde noch deutlicher. Er stellte die Europäische Verteidigungsgemeinschaft (EVG), die dann letztlich nicht einmal zustande kam, über die deutsche Wiedervereinigung. Am 12. April 1953 erklärte er in San Franzisko: „Die Bundesregierung wird die EVG auch dann nicht aufgeben, wenn die Sowjets freie Wahlen in der Sowjetzone und eine Wiedervereinigung Deutschlands dafür anbieten sollten." [52])
Adenauer legte dieses Bekenntnis im Frühjahr 1953 ab, justament nachdem Moskau noch einmal einen Vorstoß in Richtung auf die ein Jahr zuvor angebotene Neuordnung Deutschlands unternommen hatte. Der Vorsitzende der sowjetischen Kontrollkommission in Mitteldeutschland, General Tschuikow, hatte in jenen Tagen in einem Brief an den Vorsitzenden des „Rates der deutschen Sammlung", Reichskanzler a. D. Wirth (der „Rapallo-Kanzler"), eine Konferenz „zur Vorbereitung des Friedensvertrags mit Deutschland und der Wiederherstellung der Einheit Deutschlands" gefordert. [53])
Sogar nach dem mitteldeutschen Aufstand vom 17. Juni 1953 unternahmen die Sowjets noch einige Versuche in der 1952 signalisierten Richtung. Zuletzt am 15. Januar 1955, knapp vier Monate vor Aufnahme der BRD in die NATO (5. 5. 55), die bereits im Herbst 1954 in den Pariser Verträgen beschlossen worden war.
In der Erklärung vom 15. Januar stellte die sowjetische Regierung

freie, gesamtdeutsche Wahlen noch für das laufende Jahr 1955 in Aussicht, sie erklärte sich mit einer „internationalen Aufsicht“ einverstanden und bezeichnete diese Wahlen und die Wiedervereinigung schließlich als „Voraussetzung“ für einen Friedensvertrag.[54])
Doch der Zug war in Wirklichkeit 1952 bereits abgefahren. Bonn hatte den Anschluß an die USA gewählt. Adenauer traute Deutschland nicht zu, sich zwischen den Blöcken zu behaupten. Und die USA, die bei der Ablehnung des Moskauer Vorschlags immer neue formale Bedingungen vorgeschoben hatten, wären in Wirklichkeit zu einer Wiedervereinigung — vielleicht — höchstens dann bereit gewesen, wenn dieses Deutschland insgesamt Verbündeter der USA geblieben wäre. Diese Maximalforderung, die Moskau natürlich nie hätte akzeptieren können und die für ganz Deutschland praktisch den US-Kolonialstatus bedeutet hätte, konnte aber nur zum Scheitern der sowjetischen Vorstöße führen.

Als Hauptargument zur Verteidigung der Entscheidung der Unionsregierung in Bonn, wurde später immer wieder angeführt, die Sowjetunion hätte in Wirklichkeit ihre Vorschläge gar nicht ernst gemeint. Wie wir schon ausführten, konnte eine stichhaltige Begründung für diese Behauptung nie geliefert werden, denn: Eine Untersuchung der Ernsthaftigkeit der sowjetischen Vorschläge wurde überhaupt nicht unternommen.

Bruno Bandulet kommt in seinem bereits zitierten Buch über Adenauers Politik zu dem Schluß: Es „deutet einiges darauf hin, daß die Gruppe um Berija und Malenkow sich zweimal, im Frühjahr 1952 und im Frühjahr 1953, mit der Absicht trug, die DDR notfalls aufzugeben. Diese These läßt sich mit kommunistischen Quellen und politischen Maßnahmen, die in der DDR ergriffen wurden, erhärten“.[55])

Der stellvertretende sowjetische Ministerpräsident und Innenminister Berija und der Sekretär des ZK der KPdSU, Malenkow, hatten damals im Kreml die herausragenden Machtpositionen inne.

Nach dem Tode Stalins, am 5. März 1953, waren beide vorübergehend sogar im Vollbesitz der Macht. Boris Meissner arbeitet in seinem Buch „Die Sowjetunion und Deutschland 1941 bis 1967“ heraus, daß auch in dieser Phase noch einmal die „Freigabe der Sowjetzone“ möglich gewesen wäre.[56]) Auch Chruschtschow be-

stätigte später in einer Rede im Kreml, daß Berija und Malenkow die DDR „als sozialistischen Staat liquidieren" wollten.
Bei den Westmächten befürchtete man sogar noch weitergehende sowjetische Zugeständnisse. In Kreisen der Alliierten Hohen Kommission rechnte man bereits damit, daß Moskau letztlich auch Verhandlungen über die Zukunft der Ostgebiete anbieten würde. [57])
Für die Lösung der Schicksalsfrage der deutschen Nation jedoch konnten alle diese Versuche Moskaus zu jener Zeit, aus den dargelegten Gründen, nicht mehr von Belang sein. Die Bundesrepublik Deutschland war als östliches Bollwerk Amerikas bereits weitgehend in das westliche Lager integriert, die DDR blieb Moskaus westlichster und verläßlichster Satellit. Beide Deutschland entwikkelten sich zu wahren Musterknaben. Die Hauptkampflinie der beiden Supermächte verlief weiter zwischen ihnen hindurch, quer durch Deutschland.
Die bis 1952 ziemlich offen passierbare Demarkationslinie zwischen Bundesrepublik und Sowjetzone wurde, nach dem offensichtlichen Scheitern der Moskauer Vorstöße, ab Mai jenes Jahres zur Grenze ausgebaut. In den 25 Jahren, die seither vergangen sind, ist diese Grenze mit ihren Minenfeldern, Selbstschuß-Anlagen, elektronischen Lichtfallen, Zäunen, Mauern, Bunkern und Wachtürmen, zum eisernen Vorhang und zum blutigen Todesstreifen innerhalb Deutschlands geworden.
Die Bundesrepublik und die DDR sind durch eine Reihe von Verträgen inzwischen weltweit als zwei souveräne Staaten anerkannt. Durch die Anerkennung der DDR wurde die Teilung perfekt. Die Ost- und Deutschlandpolitik der sozial-liberalen Regierungen seit 1969 hat diesen Zustand sanktioniert. Durch die KSZE wurde der status quo multilateral abgesichert.
„Die Frage der deutschen Einheit (ist) herabgestuft auf die Ebene einer irredentistischen Option — unabsehbaren Fernen der Zukunft anheimgestellt, jedoch kein politisches Gestaltungsproblem der Gegenwart mehr. Kennzeichnend für diese Einschätzung nach Helsinki ist die Tatsache, daß folgerichtig — im Gegensatz zu den vorhergehenden Verträgen — die deutsche Frage im neuen Freundschaftsvertrag (zwischen DDR und UdSSR vom Oktober 1975, d. Verf.) keine Erwähnung mehr findet." [58])

Die Sowjetunion hat in diesem Vertrag, der übrigens auf eine außergewöhnlich lange Laufzeit, nämlich auf 25 Jahre abgeschlossen ist und erst 12 Monate vor Ablauf erstmals gekündigt werden kann, der DDR die Souveränität über die innerdeutsche Grenze, die sie theoretisch und nach dem Geist von Helsinki hatte, glatt entzogen. In Artikel 6 wird eine Veränderbarkeit dieser Grenze nämlich überhaupt ausgeschlossen und alle Warschauer-Pakt-Staaten werden als Garanten für die „Unantastbarkeit“ dieser innerdeutschen Grenze verpflichtet. Das bedeutet, daß „die Bundesrepublik Deutschland in politisch-rechtlicher Hinsicht um jede Möglichkeit gebracht (ist), die deutsche Frage überhaupt noch ansprechen zu können: der ... Vertrag ... hat dem ... Ansprechpartner, nämlich der DDR, die Kompetenz dazu genommen“. [59])
Die Sowjetunion hat in letzter Zeit ähnliche Verträge auch mit anderen Satelliten abgeschlossen bzw. vorbereitet und auch entsprechende Verfassungsänderungen in diesen Ländern durchgesetzt. Ziel ist es in allen Fällen, die Nationen zu eliminieren, eine neue Anschlußpolitik zu begründen, auf dem Weg in eine Super-Sowjetunion von der Elbe bis zum Pazifik.
Die Erfolge dieser sowjetischen Außenpolitik, vor allem, wo sie Deutschland direkt berühren, sind ermöglicht worden, durch die amerikanische Entspannungspolitik. Diese begann im Prinzip schon 1959. Die Bundesrepublik, die sich 1952 allen sowjetischen Angeboten von vorneherein widersetzte und sich bedingungslos an die USA anschloß, geriet nun hinsichtlich der nationalen Frage in eine aussichtslose Situation.
Einen späten Triumph feierte der Kreml schließlich durch die Ergebnisse der Deutschland- und Ostpolitik der sozial-liberalen Bundesregierungen, die unter praktischer Duldung durch die Unionsparteien alle sowjetischen Forderungen erfüllte und im Nachhinein die Anstrengungen Moskaus aus den fünfziger Jahren fast überflüssig erscheinen lassen. Der Kreml bekam ein angemessenes Äquivalent, für sein damals gescheitertes Vorhaben, ohne dafür auch nur die geringste Gegenleistung bringen zu müssen.
Die Sowjetunion hat ihre angestrebten Positionen erreicht: Hegemonie über weite Teile Europas und die Absicherung dieses Herrschaftsbereichs, der ihr 1952 noch gefährdet erschien.

Die Vereinigten Staaten haben ihre Positionen, die 1952 einmal für kurze Zeit gefährdet erschienen, bislang im wesentlichen gehalten: die Hegemonie über den Rest Europas, und damit über seinen ungeheuren Markt.

Deutschland hat durch die Politik der BRD seine, für die nationale Existenz unabdingbaren Positionen, allesamt verspielt: Die Wiedervereinigung steht als Forderung nur noch im Grundgesetz der BRD. Weder auf die Vereinigten Staaten von Amerika, noch auf die Sowjetunion kann derzeit von Bonn aus in irgendeiner Form Druck ausgeübt werden. Das sogenannte Europa existiert nicht. Die „globale Lösung" und wie sonstige Formeln aus der Frühzeit der Republik noch lauten, ist nirgends in Sicht. Bonn ist ratlos.

Und jedesmal erzittert die Republik in ihren Grundfesten, wenn im fernen Washington ein Abgeordneter, oder gar mehrere, im Kongreß den Abzug der US-Truppen aus Deutschland fordern. Noch sind die GI's hier. Aber: „Nur die enormen Wirtschaftsinteressen der USA in Europa stehen einem Truppenabzug der Amerikaner entgegen." [60])

Noch. Aber wie wenig man sich darauf in Bonn noch verlassen kann, zeigen neuere strategische Pläne aus Amerika und die Formel, man könne schließlich nicht „jeden Grashalm" in Deutschland verteidigen (Vergl. dazu auch das Schlußkapitel).

Was also, wenn diese Wirtschaftsinteressen nicht mehr ausreichen? Was wird geschehen, wenn noch heftigere Rezessionen, die ja keineswegs ausgeschlossen, sondern nach Meinung der unterschiedlichsten Fachleute wahrscheinlich sind, den alten Kontinent unattraktiv machen? Wird es Bonn eines Tages so ergehen, wie Saigon oder Pnom Penh?

In 48 Stunden, so hat einmal ein hoher belgischer NATO-General ausgerechnet, könnten die Sowjets am Rhein stehen. In der DDR wird seit Jahr und Tag das „Unternehmen Udar" geübt, eine Teilbesetzung der BRD zur Erpressung politischer Zugeständnisse in Bonn — unterhalb des NATO-Falles.

„Und der amerikanische Präsident ist noch nicht geboren, der eigenes Territorium gefährden würde, um Paris, Bonn oder West-Berlin zu schützen." [61])

Zudem: „Könnte man sich etwa vorstellen, daß der Oberste Sowjet seinem Militär befiehlt, die Luftbrücke nach Angola einzustellen? Der amerikanische Kongreß zögert nicht, es zu tun. Das sowjetische Arsenal steht dem freien, beherrschenden Willen eines einzigen Menschen zur Verfügung. Das amerikanische läuft Gefahr, von einer zersplitterten, unsicheren Führung paralysiert zu werden." [62]) — Und von diesem Arsenal und dieser Führung haben wir uns völlig abhängig gemacht ...

Die Atlantiker unter den Bonner Politikern haben nicht zuletzt aus diesem Grunde eines Tages von den „Europäern" und „Gaullisten" Konkurrenz bekommen. Doch wie steht es heute um dieses Europa?

Ganz Westeuropa hat seine Außenpolitik mehr oder weniger den USA überlassen.

„Ohne es zuzugeben, akzeptieren alle die Theorie der beschränkten Souveränität gegenüber dem großen amerikanischen Beschützer. Auf wirtschaftlichem und finanziellem Gebiet erinnern die Beziehungen zwischen Europa und Amerika in vieler Hinsicht schlicht und einfach an ein Protektorat." [63])

Das gilt für West-Europa. Für Europa als Ganzes hat hierzulande ohnehin niemand ein Konzept. Der bereits mehrfach zitierte französische Fernsehjournalist Michel Meyer, Jahrgang 1942 und damit bereits persönlich mit der Europa-Glückseligkeit der fünfziger und sechziger Jahre in Bonn und Paris bekanntgeworden, trifft in bezug auf dieses fehlende Gesamt-Europa-Konzept eine ebenso mutige wie hilflose Feststellung: „Es ist merkwürdig, wenn man sich daran erinnert, daß Hitler einer von denen war, und zwar der letzte, die von diesem geeinten, vom Atlantik bis nach Sibirien reichenden Europa träumten. Für den Führer des ehemaligen Großdeutschland sollte die einigende und dominierende Macht vom europäischen ‚Reich der Mitte' ausgehen. Dieses große Vorhaben Hitlers blieb im Morast der Ukraine stecken, erstarrte an den Ufern der Moskwa und erstickte am blutigen Auswurf des Antisemitismus und der ‚Endlösungen', die den Alpträumen des nazistischen Wahnsinns entsprungen waren." [64])

Heute liegt das gesamteuropäische Konzept wieder im Kreml. Seit Lenin und Radek ist das Ziel angesprochen. Im Wege steht nach wie vor Deutschland, das west-elbische Deutschland, genauer gesagt.

Dieses im Wege stehen aber kann keine Außenpolitik ersetzen.

Deutschland muß seine Einheit wiedergewinnen — nicht nur weil es im Grundgesetz steht, sondern auch deshalb, weil die zum Objekt des Geschehens herabgesunkene Bundesrepublik auf längere Sicht gesehen allein nicht fähig ist zu überlegen.
Das hängt mit ihrem ständig steigenden Beutewert zusammen. Sie liegt wie ein besonders delikater Leckerbissen auf dem Präsentierteller, und nur weil keiner der beiden mächtigen und lüsternen Interessenten sie dem anderen gönnt, liegt sie noch immer da.
Das ist keine Überlebens-Basis. Die Abhängigkeit der kleinen Republik von der Gegnerschaft zweier Riesen ist lebensgefährlich. Wenn einer von beiden auch nur kurz das Interesse verliert, oder es stillschweigend duldet, kann der andere sie verspeisen. Und das gilt in der Tat für beide Supermächte. Wir haben keinen Grund zu der Annahme, daß die USA ohne den sowjetischen Gegner im Osten die BRD nach 1945 so stark hätten werden lassen. Und wäre der Druck aus Moskau durch Übereinkunft mit Amerika oder aus anderen Gründen morgen plötzlich verschwunden, wären die USA selbstredend auch nicht bereit, wieder eine deutsche Großmacht zu dulden; ihnen wäre in diesem Falle mit größter Sicherheit die lästig werdende, wirtschaftlich auf's heftigste konkurrierende Bundesrepublik viel zu stark — und wer wollte sie hindern, uns auf ein den Vereinigten Staaten genehmes Maß zu stutzen?
Das „Objekt des Geschehens kann von sich aus nichts für seine Sicherheit tun. Welchen Schutz es auch immer genießt, es muß gewärtig sein, preisgegeben zu werden, sobald es die Interessen der Schutzmacht erfordern (siehe Vietnam). Falls die Interessen einer Vertragserfüllung entgegenstehen, findet sich immer ein Vorwand, Verpflichtungen zu verleugnen. Die Objektrolle ist daher für die Bewohner der Bundesrepublik ebenso lebensgefährlich, wie für die Bewohner der DDR". [65])
Diese beiden Gebiete sehen sich ständig der Gefahr ausgesetzt, Schlachtfelder zu werden. Hier kann die letzte Entscheidung zwischen Amerika und Rußland ausgetragen werden. „Denn derjenige, der dieses Schlachtfeld geschlagen verläßt, hat auch Europa verlassen. Er hat den dritten Weltkrieg verloren." [66])

DEUTSCHLAND HAT TROTZ ALLEM EINE ZUKUNFT — SIE LIEGT ABER NICHT IM WESTEN

Beute oder Schlachtfeld, oder gar beides, das sind die Möglichkeiten unserer Zukunft — und wir haben nicht einmal mehr die Wahl.
Deutschland muß ein Interesse daran haben, diesen lebensgefährlichen Zustand zu ändern. Hier in der Bundesrepublik, wo politische Bewegungsfreiheit in Maßen gegeben ist, muß um die Beseitigung des status quo gerungen werden. „Kardinales Anliegen ist — banalerweise — die Wiedervereinigung keineswegs im Sinne einer Wiederherstellung der kapitalistischen Marktwirtschaft in der DDR, sondern im Sinne der Wiederherstellung der politischen Entscheidungsfreiheit der Menschen, getragen von einem Ost und West gemeinsamen Wir-Gefühl der Nation. Das hat mit sentimentalen Erwägungen nichts zu tun. Je größer die Beute, desto schwerer ist sie zu verdauen. Japan ist zu groß, um von irgendeiner Hegemonialmacht verdaut werden zu können und ein souverän wiedervereinigtes Deutschland wäre nahezu ebenso groß.“ [1])
Den Kampf um die Wiedervereinigung kann Deutschland nicht irgendwo in Auftrag geben. Er ist nicht zu übertragen. Auch das so oft strapazierte geeinte Europa wäre kein solches Dienstleistungsunternehmen, das diesen Auftrag erledigen könnte.
Da es sich ohnehin nur um West-Europa handeln könnte, denn nur davon ist ja tatsächlich die Rede, würde die Bundesrepublik in diesen Westteil integriert, wo die Hegemonialmacht USA bestimmend ist und die Sowjetunion bliebe Hegemonialmacht im sozialistisch geeinten Osteuropa mit dem Einschluß Mitteldeutschlands. Die innerdeutsche Grenze wäre auch weiterhin die Hegemonial-Scheide zwischen Moskau und Washington.
Könnte aber, theoretisch, dieses geeinte West-Europa sich von der Hegemonie der USA lösen, dann hätte es, ebenso theoretisch, die Möglichkeit, zu versuchen, den Sowjets Mitteldeutschland abzuhandeln. Aber wer oder was sollte die europäischen Nachbarn dazu bewegen? Das vereinigte Deutschland wäre auch ohne Ostgebiete innerhalb des geeinten West-Europas eine derart dominierende Macht, daß die lieben Nachbarn allesamt bei der bisherigen Verabredung bleiben würden: Deutschland muß geteilt bleiben.

Und selbst wenn sie sich eines Tages anders besinnen würden, könnte doch niemand sagen, mit welchen Mitteln die UdSSR zu der Zustimmung bewegt werden sollte, dem dann existierenden europäischen Westblock auch noch Mitteldeutschland einzuverleiben.
Europa kann und wird die deutsche Frage also nicht lösen. Dieses Schielen nach „globalen Lösungen" ist keine Außenpolitik. Es zeigt indessen, daß Bonn in Wahrheit ein außenpolitisches Konzept überhaupt nicht hat. Was in der Bundeshauptstadt als Außenpolitik bezeichnet wird, ist in Wirklichkeit planlose Geschäftigkeit.
In dieser Konzeptionslosigkeit aber läuft Bonn ständig Gefahr, von interessierter Seite Aufgaben vorgeschrieben oder untergeschoben zu bekommen. Und in der Tat wurde ja die Republik von Anbeginn ihres Bestehens an immer wieder dazu benutzt, irgendwelchen außenpolitischen Zwecken anderer zu dienen oder sie gutzuheißen.
Eine solche Außenpolitik ohne Konzept begibt sich naturgemäß auch jeglicher Chance, sich bietende Gelegenheiten für die Nation auszunutzen. Ja, sie vermag logischerweise nicht einmal zu erkennen, ob oder wann sich welche Gelegenheiten bieten . . .
Dabei steht das Ziel der Bonner Außenpolitik an sich zweifelsfrei fest: Die Wiedervereinigung ist das höchste Anliegen der Nation, der alle Bonner Politik verpflichtet ist. Dafür gibt es keinen Ersatz.
Und erst durch die Bewältigung des deutschen Schicksals wird dann auch frühestens der Weg frei, für die Einigung Europas, in dem dann die Völker ihren angestammten Platz einnehmen, ohne Bevormundung durch eine raumfremde Hegemonialmacht.
Daß der umgekehrte Weg nicht gangbar ist, zeigt die Haltung aller Nachbarn, wenn es um die Wiedervereinigung geht. — Wo ist die Phalanx von Staaten, die sich für das Deutschland in ihrer Mitte schlägt und die Einheit ihres Mitglieds zur eigenen Forderung macht? Und warum sollte sich dies nach Direktwahlen, Währungs-Vereinheitlichung, gemeinsamer Steuergesetzgebung etc. ändern?
Das wiedervereinigte Deutschland, auf BRD und DDR beschränkt, umschlösse bereits 80 Millionen Angehörige des Gesamtvolkes. Dieses Deutschland wäre nicht nur ein gigantischer Wirtschaftsriese, es wäre auch volksmäßig wieder weit an der Spitze. Und es wäre militärisch ein Faktor, nur mit den Supermächten vergleichbar.

Es ist keine Frage, daß dieses Deutschland auch heute wieder in der Lage wäre, sich auf dem Felde modernster Waffen zu behaupten — nicht in Eroberungskriegen freilich, aber in der Verteidigung seines Territoriums.
Und: Dieses Deutschland wäre wieder überlebensfähig, nicht mehr wehrlose Beute. Darum ist die Wiedervereinigung unumgänglich: „Wollen die Deutschen überleben, müßten sie stark genug sein, für eine Respekt gebietende Neutralität, sonst erleiden sie dasselbe Schicksal wie Belgien in zwei Weltkriegen. Nur wenn beide Gegner damit rechnen müssen, ein imponierendes militärisches Potential sich zum Feind zu machen, werden sie das mitteleuropäische Schlachtfeld meiden.“ [2])
Aber gerade die Stärke eines an der Elbe wiedervereinigten Deutschlands ist eben andererseits das größte Hindernis bei der Durchsetzung des nationalen Anliegens. Diese Stärke, die zur Selbstbehauptung unerläßlich ist, fürchten alle Nachbarn. Und alle sind deshalb gegen die Wiedervereinigung, ob in einem integrierten Europa oder solo.
In Frankreich, dem unmittelbaren westlichen Nachbarn, besteht eine ungebrochene Tradition, ein starkes Deutschland zu bekämpfen. Wir wollen hier nur einige jüngere Beispiele aufführen, die dies verdeutlichen können:
Am Tag vor dem Beginn des Polenfeldzuges, also am Vorabend des Zweiten Weltkriegs, antwortete Charles Maurras in seiner „Action Français“ auf den Artikel eines Marcel Déat, der die Frage stellte: „Mourir pur Dantzig?“ — „Sterben für Danzig?“ mit folgender offenherzigen Erklärung: „Es geht nicht um Hitler. Es geht um Deutschland, das ewige Deutschland, die einzige deutsche Frage. Ob es nun Bismarck oder Wilhelm II. ist, die Weimarer Republik oder jetzt Hitler, es ist immer dasselbe. Es geht um die deutsche Einheit. Die deutsche Einheit ist der Feind! Diese deutsche Einheit muß zerstört werden.“
Von dem führenden katholischen Schriftsteller Frankreichs, Francois Mauriac, der im Zweiten Weltkrieg der Widerstandsbewegung angehörte, ist der Ausspruch überliefert, er liebe Deutschland so, daß er glücklich sei, wenn es zwei davon gebe.[3])
Der französische Staatspräsident Charles de Gaulle sagte 1960, also

in jenem Jahr, in dem er in Deutschland so stürmisch gefeiert wurde, zu dem ehemaligen französischen Ministerpräsidenten Mendès-France: „Es wird kein wiedervereinigtes Reich mehr geben. Es bleibt geteilt.“ [4])

Und die Presseagentur ddp meldete — um ein letztes Beispiel zu nennen — fast zwei Jahrzehnte später, unter dem Datum vom 18. Juni 1977: „Vor einer Wiedervereinigung der beiden Teile Deutschlands hat der französische Kommunistenführer Georges Marchais gewarnt. Selbst ein derartiger Versuch würde zu starken internationalen Spannungen führen ...“

In den USA sind sich die Politiker aller Schattierungen nicht weniger darüber einig, daß es ein wiedervereinigtes Deutschland nicht geben darf. Der deutsche UNO-Beobachter Felix von Eckardt schrieb am 29. November 1955 an den damaligen Bonner Außenminister von Brentano, daß man sich in der amerikanischen Regierung „völlig im klaren ist, daß in der Frage der deutschen Wiedervereinigung in naher Zukunft und auf den bisherigen Wegen (sic.) kaum etwas zu erreichen ist ...“ [5]). Die „bisherigen Wege“ aber — das waren die Wege, die Amerika vorgeschrieben hatte. Andere wußte es zu verhindern.

Wie sehr die USA sich selbst mit den Sowjets einig waren, berichtet Willy Brandt in einem Interview mit Michel Meyer: „Der frühere amerikanische Außenminister Dulles ... hat mir einmal gesagt, als der Kalte Krieg richtig in Gang war: ‚Wir streiten uns mit den Russen über hundert Dinge, über die hunderteinste Sache sind wir einig, daß ihr Deutsche nie mehr die Möglichkeit bekommen solltet, als Einheit zwischen uns hin und her zu marschieren. Womöglich noch bewaffnet!‘ Nun muß nicht alles stimmen, was Dulles und die Russen dazu gedacht haben. Aber hier hat der geschichtliche Ablauf dies bestätigt.“ [6])

Gibt es nun, angesichts dieser Konstellation, realiter, überhaupt noch eine Chance, in der BRD eine Außenpolitik mit Aussicht auf Erfolg zu betreiben, die das nationale Anliegen Deutschlands, die Einheit des zerrissenen Vaterlandes bewerkstelligen kann?

„Was tun?“, fragte Lenin einmal in einer für die Bolschewiki entscheidenden Phase und schwierigen Situation. Er strapazierte seinen Geist und seinen Intellekt und füllte Seite um Seite mit seinen

Gedanken, die alle auf das eine unverrückbare Ziel hin gerichtet waren: den Sieg der Revolution.
Was tun? — So fragt heute in Bonn niemand. Und das ist die erste Aufgabe, die zu lösen wäre, auf dem mühsamen Weg zur Einheit Deutschlands und damit dem Überleben der Nation: Es muß in der Bundesrepublik erst einmal der riesige Berg des tagtäglich gedroschenen Strohs weggeräumt werden, um in der Politik wieder zu den entscheidenden Fragen vordringen zu können. Und dann müssen diese Fragen wieder gestellt werden, mit aller Leidenschaft und unter Einsatz allen politischen Denkvermögens, dessen diese Republik und ihre Führer noch fähig sind.
Es ist auffallend, wie wenig Geist und Intellekt gegenwärtig darauf verwandt wird, das Hauptanliegen der Deutschen, die Bedingungen ihrer weiteren Existenz zu erkennen, zu formulieren und schließlich durchzusetzen. Lauter Nebensachen beschäftigen diejenigen, die sich Politiker nennen, und vom Volk zur Wahrung seiner Interessen gewählt werden.
Außerhalb der etablierten Politik wird dagegen immer wieder der Versuch unternommen, die Gedanken zu bündeln auf die Kernfrage der nationalen Existenz Deutschlands hin: Wie ist die Einheit dennoch zu erreichen?
Günter Zehm, stellvertretender Chefredakteur der Welt, umriß am 10. Mai 1975, anläßlich des 30. Jahrestags des Zusammenbruchs, in der „Geistigen Welt“, deren Ressort-Chef er damals war, die besondere deutsche Situation unter dem Titel „Deutschland liegt nicht im Westen.“ [7]) Zehm merkte an, daß „von einer ‚einheitlichen westlichen Marktwirtschaft‘ ... heute schlechterdings nicht mehr seriös“ gesprochen werden könne, „sowenig wie von einem geschlossenen westlichen Verteidigungssystem“. Er plädierte für einen „besonderen ‚Deutschen Weg‘“ und kam zu der Ansicht, daß die Chancen hierfür „verhältnismäßig günstig“ stehen: „Es müßten ja keine Allianzen aufgekündigt werden; auch würde die neue Semantik keineswegs den Unterschied zwischen Freiheit und Unfreiheit, zwischen Rechtsstaat und Einparteiendiktatur verwischen. Sobald aber weltweit publik würde, daß es nun in Mitteleuropa nicht mehr nur die ewige Alternative Ost oder West gäbe, sondern etwas „Drittes“, eine die nationalen und geo-

politischen Besonderheiten voll respektierende moderne Gesellschaft, würden die vielen nationalrevolutionären und national-sozialistischen Modernisierungsbewegungen in der Dritten Welt ihre Programmatik allmählich auch an diesem „Dritten“ messen und vielleicht orientieren. Und auch der kommunistische Osten sähe sich auf eine interessante, möglicherweise folgenreiche Art herausgefordert.

Viel schwieriger als nach außen wäre die neue Semantik freilich nach innen durchzusetzen. Den etablierten Parteien fehlt jegliche politische Phantasie, um sich so etwas überhaupt auch nur vorstellen zu können; eine politische Rechte ist nicht vorhanden; die politische Linke ist entweder sklavisch nach Moskau ausgerichtet oder träumt in irrem Utopismus von fernöstlichen Modellen. Zudem erforderte eine praktische Besinnung auf die geopolitischen Besonderheiten der eigenen Lage ein geschärftes Geschichtsbewußtsein, während an unseren Schulen gerade alles getan wird, um das Geschichtsbewußtsein zu entschärfen und durch ein rein instrumentelles, pseudo-allgemeingültiges Soziologiebewußtsein zu ersetzen.

Zehm hat mit diesen Gedanken eine erstaunliche Gratwanderung begangen, wenn man bedenkt, daß die „Welt“ im proamerikanischen, philosemitischen und starr antikommunistischen Hause Springer erscheint, das seine Redakteure einem bösen On-dit zufolge vertraglich keineswegs auf „etwas Drittes“, sondern auf die „wiedervereinigte jüdische Marktwirtschaft“ verpflichtet.

Zehm hat also für seine Verhältnisse äußerst mutig gedacht und auch geschrieben. Doch für welchen „Weg“, für welche Ideologie sich Deutschland auch immer entscheidet — sein nationales Schicksal wird davon sicher weniger berührt, als vielfach angenommen: Selbst eine sozialistische BRD wäre heute nicht automatisch mit der DDR vereinigt. Da stellt sich nämlich sofort die Frage, nach der Art und der Qualität des Sozialismus: jugoslawisches Modell oder französisches, internationaler Sozialismus sowjetischer Prägung und Steuerung oder chinesische Richtung — oder gar nationaler Sozialismus?

Und eine neutralistische BRD könnte ebensogut Beute einer der beiden Supermächte werden, wie sie als eine isolierte Groß-Schweiz durchaus eine Weile vorstellbar wäre.

Andererseits zeigt gerade das ausführlich dargestellte Beispiel von

1952, daß die Frage der deutschen Einheit ihr ganz spezifisches, rein machtpolitisches Gewicht hat, ein Gewicht, das gar nicht ideologisch bestimmt ist oder bestimmt sein muß.
Und hierin liegt auch heute und in der Zukunft die eigentliche und die einzige Möglichkeit für eine Wiedervereinigung Deutschlands: Deutschland wird mit Sicherheit dann wiedervereinigt, wenn dies den Interessen der Sowjetunion dienlich ist und wenn die Sowjetunion in der Lage ist, diese Wiedervereinigung auch gegenüber Amerika durchzusetzen. [8])
Die entscheidende Voraussetzung für die Wiedervereinigung heißt also heute wie 1952: Parallelität der staatspolitischen Interessen, zwischen einem auf Wiedervereinigung drängenden Deutschland, und der Sowjetunion, die den Schlüssel dafür besitzt.
Gleichlaufende Interessen zwischen Deutschland und Rußland — es hat sie in der sechzigjährigen Geschichte der Sowjetunion, wie auch die hier vorgelegte Analyse vom Abriß dieses Geschehens wohl deutlich machen konnte, wiederholt gegeben. Und es wird sie mit hoher Wahrscheinlichkeit wieder geben — vielleicht in gar nicht allzuferner Zukunft.
Man halte sich nur einmal einige jener systemimmanenten Schwachpunkte des sowjetischen Imperiums vor Augen: Die Union der sozialistischen Sowjetrepubliken ist ein Vielvölkerstaat, dessen Nationen nur „befriedet“, nicht beseitigt sind. Ukrainer und Georgier, um nur zwei herauszugreifen, haben sich bis heute nicht mit dem großrussischen Nationalismus abgefunden. In Georgien gab es in den letzten Jahren wiederholt Bomben-Anschläge auf Parteibüros und öffentliche Einrichtungen, Sabotage-Akte und autonomistische politische Bestrebungen. Der Kampf im Untergrund tobte zeitweise so heftig, daß von Beobachtern der Vorgänge bereits Vergleiche zu Nordirland gezogen wurden. In der Ukraine, wo die Chinesen vor allem aktiv sind, ist der Nationalismus besonders lebendig. Hier gibt es auch eine alte, ungebrochene „weiße“ Tradition. [9])
Noch ist nicht zu übersehen, wie die Brand-Anschläge und Bomben-Attentate der jüngsten Zeit in Moskau zu bewerten sind. Für jene Stabilität, die das informatorisch so hermetisch abgeschirmte sowjetische Imperium nach außen hin suggeriert, sprechen sie nicht.
Es gibt Schwierigkeiten selbst in der weltweit gefürchteten Sowjet-

Armee: Wehrmüdigkeit, Unbotmäßigkeit gegen Offiziere und Politfunktionäre, Disziplinlosigkeit, Meutereien. Geflohene Sowjet-Soldaten haben in den letzten Jahren eine Fülle von Informationen über diese sonst sorgsam verborgenen Zustände in den Westen gebracht. Besonderes Aufsehen erregte vor einigen Jahren der Fluchtversuch, den eine Zerstörer-Besatzung mit ihrem Schiff unternahm, bis dieses schließlich von sowjetischen Flugzeugen aufgebracht und schwer beschädigt wurde. Viele Matrosen sollen den Tod dabei gefunden haben.

Der permanente Kampf Moskaus gegen West-Sender, die in die sowjetischen Gebiete hinein Informationen verbreiten, zeigt die tiefe Unsicherheit des Systems ebenso, wie die wachsenden Probleme, die die Sowjetunion mit ihrer Bürgerrechtsbewegung, den sogenannten Dissidenten hat.

Die mangelhafte Versorgung der Menschen in Rußland und die Abhängigkeit Moskaus von ausländischen Lebensmittellieferungen sind ein weiterer Schwächefaktor des Systems.

Hinzu kommt, was das Schweizerische Ost-Institut (SOI) festgestellt hat, daß nämlich die technologische Lücke zwischen Ost und West nicht etwa geringer, sondern größer wird. Auch der Abstand im Lebensstandard, in der Produktion, im Bruttosozialprodukt zwischen sozialistischen Ländern und kapitalistischen wird immer größer — nicht etwa geringer. Daß diese Lücke noch nicht stärker sichtbar wird, dafür sorgen jene Milliardenkredite, die der Westen den Sowjets seit Jahren einräumt.

An der Südostflanke des Sowjet-Imperiums tritt durch das wachsende Potential Chinas außerdem ein immer ernster zu nehmender und erklärter Gegner Moskaus auf den Plan.

Der Satelliten-Gürtel schließlich, von Finnland bis zum Schwarzen Meer reichend, die große Errungenschaft des Zweiten Weltkriegs, birgt weitere, enorme Risiken für die Sowjetunion in sich. (Vgl. dazu auch die bereits angeführten Bücher über die Nationalismen in Osteuropa und der Sowjetunion (Fußnote Nr. 9, Seite 163).

Und die verschiedenen „eurokommunistischen" Strömungen im Westen machen der Zentrale in Moskau ganz offensichtlich ebenfalls mehr zu schaffen, als zunächst angenommen wurde. Ein erfolgreicher Nationalkommunismus ist seit eh und je und auch heute eine

echte Bedrohung für die UdSSR und ihre Vormachtstellung, das hat sie selbst durch ihre harte Haltung in der CSSR 1968 ungewollt bestätigt.
Die Westflanke zu sichern war deshalb das wichtigste Anliegen Moskaus in seiner Vertrags- und Konferenzpolitik der letzten Jahre, die ihren vorläufigen Höhepunkt durch die KSZE fand.
Der sowjetische Regime-Kritiker Andrej A. Amalrik kam vor diesen Verträgen in seinem Aufsatz „Kann die Sowjetunion das Jahr 1984 erleben?“ zu dem Schluß: „Ich zweifle nicht daran, daß dieses riesige ostslawische Imperium, das von den Germanen, den Byzantinern und den Mongolen gegründet wurde, in das letzte Jahrzehnt seiner Existenz eingetreten ist. Wie die Annahme des Christentums den Untergang des römischen Imperiums hinausschob, es aber nicht vor dem unvermeidlichen Ende rettete, so hielt auch die marxistische Doktrin den Zerfall des Russischen Imperiums — des Dritten Rom — auf, war aber nicht imstande, ihn abzuwenden.“ [10])
Amalriks Prophezeiungen, die das Ende des Sowjet-Imperiums für die Zeit zwischen 1980 und 1985 vorhersagen, sind sinnigerweise geprägt vom Glauben an den Geschichts-Determinismus Marxens — und natürlich bloße Spekulationen. Doch diese Feststellung ändert nichts an der Wahrscheinlichkeit von Krisen, die das Sowjet-Imperium in Zukunft zu bestehen haben wird.
Und wie kann nun durch solche Krisen eine Interessen-Parallelität mit Deutschland entstehen?
Um nur die beiden wichtigsten Punkte zu nennen, an denen diese Interessenparallelität entstehen kann:
Erstens braucht die Sowjetunion dann wirtschaftliche Unterstützung in größtem Ausmaß, und da hat die BRD, das Land mit einem der riesenhaftesten Industrie-Potentiale der Welt, durchaus einiges zu bieten.
Zweitens werden alle Verträge nichts daran ändern, daß Polen, Rumänien, die CSSR, Ungarn, oder gar die DDR in bestimmten Situationen den Satelliten-Gürtel wieder zum „Teufelsgürtel“ machen, unruhig werden, nationalistisch aufmucken, gegen Moskau rebellieren. Auch die weitere Entwicklung des Eurokommunismus könnte hierfür von nicht zu unterschätzender Bedeutung sein.
Allein diese beiden Faktoren, die wirtschaftlichen und die nationa-

listischen Schwierigkeiten, könnten schon ausreichen, Moskaus Interesse an einer starken, neutralen oder vertraglich verbündeten Macht in Mitteleuropa zu wecken, auf deren Fähigkeiten zur Befriedung man sich verlassen kann.

Die Situation wäre in gewissen Grundzügen ähnlich, wenn auch keineswegs vergleichbar jener, zur Zeit des Hitler-Stalin-Paktes.

Deutschland, hier wieder der handlungsfähige Teil, also die Bundesrepublik, hätte in dieser Lage zwei Möglichkeiten, vorausgesetzt sie würde sich ermannen, ihre spezifisch deutschen Interessen zu verfolgen, und nicht die anderer Gruppen.

Zum einen könnte die BRD zur Unterstützung der Sowjetunion antreten und sich damit gegen die Satelliten wenden, zum anderen könnte sie sich mit diesen Satelliten gemeinsam gegen die Sowjetunion stellen — in beiden Fällen mit der Absicht, dafür die Einheit Deutschlands einzuhandeln. Und unter der Voraussetzung, daß in Bonn einmal wirkliche Außenpolitik betrieben würde, wäre erst recht eine Doppelstrategie aus diesen beiden Möglichkeiten denkbar.

Natürlich ist dies eine Rechnung mit Unbekannten. Da ist zum Beispiel die Frage offen, wie sich die USA in einer solchen Situation verhalten würden. Würden sie sich über Deutschland, über die Satelliten hinweg mit Moskau verständigen, ihre Hilfe anbieten, um den Koloß im Osten, damit vor allem aber ihren Einfluß in Europa zu retten? Würden sie sich neutral verhalten und Deutschland gewähren lassen? Würden sie, was sie in anderen Fällen bisher immer unterlassen haben, den Satelliten gar beispringen und sich damit unter Umständen gegen deutsche Interessen und gegen die der Sowjetunion gleichzeitig wenden?

Es ist nicht möglich, das einigermaßen verläßlich vorherzusehen. Jede Außenpolitik, die sich von vorneherein auf eine dieser Annahmen ausschließlich stützte, wäre rein spekulativ und damit unbrauchbar.

Aber es ist deshalb keinesfalls überflüssig, darüber nachzudenken und Handlungsweisen für verschiedene Eventualitäten zu überlegen.

Die praktische Politik richtet sich dann nach den Gegebenheiten, wenn sie sich als Kunst des Möglichen versteht, oder versucht, so

günstige Gegebenheiten zu schaffen wie nötig, wenn sie sich als Kunst des Notwendigen begreift.
Der Entschluß, aktive deutsche Außenpolitik zu betreiben, erfordert jedenfalls zwingend eine Strategie. Und diese muß sich allein von den deutschen Interessen leiten lassen und sich zunächst von den aktuellen Gegebenheiten lösen, da sie ja auf ein Fernziel ausgerichtet ist, das sie ansteuert.
Diese Strategie muß zwangsläufig als Doppelstrategie konzipiert werden. Denn: Einerseits muß ja mit jener Macht, die den Schlüssel für die Lösung aller nationalen Aufgaben Deutschlands in ihren Händen hat, mit der Sowjetunion also, eine Übereinkunft über die Herausgabe dieses Schlüssels erzielt werden.
Dies erfordert zwangsläufig eine Art Partnerschaft, zumindest ein Übereinkommen, das von nationalstaatlichen, das heißt klassischen Interessen geleitet wird.
Es muß das Ziel dieses Teils einer Doppelstrategie der BRD sein, von der Sowjetunion jene Gebiete wieder zuerkannt zu bekommen, die im zweiten Weltkrieg verlorengingen, für das künftige Überleben Deutschlands jedoch unabdingbar sind. — Deutschland muß den Beutecharakter seiner verschiedenen Teilstaaten und Besatzungsgebiete beseitigen, um ein wiedervereinigtes Ganzes zu werden, das langfristig allein existenzfähig ist.
Andererseits muß aber die Sowjetunion, banalerweise, erst dahin gebracht werden, es als auch in ihrem ureigensten Interesse liegend anzusehen, daß ein Deutsches Reich an den Westgrenzen seines Imperiums wieder ersteht. Dies ist die Aufgabe des anderen Teils dieser Doppelstrategie.
Eine aktive deutsche Außenpolitik kann sich nicht auf jene weiter oben bereits skizzierten Entwicklungen, die zu einer wesentlichen Schwächung der sowjetischen Vielvölkerunion führen können, allein und ausschließlich verlassen. Im Interesse Deutschlands liegt es, daß sich diese Entwicklungen verstärken und beschleunigen, daß Moskau möglichst bald und möglichst unausweichlich in solche Schwierigkeiten gerät. Denn nur dann besteht eine hohe Wahrscheinlichkeit, für echte Verhandlungen, die zu einer partnerschaftlichen Regelung führen können, einer Befriedigung Europas im Sinne und im gegenseitigen Interesse beider Mächte.

Es ist also richtig, Antikommunismus und Menschen- oder Bürgerrechtskampagnen zu initiieren, zu fördern und zu unterstützen. Aber es ist völlig falsch, und zudem steril und phantasielos, ja geradezu abstoßend und in höchstem Maße unglaubwürdig, ausschließlich diese Dinge im Auge zu haben und sich ihnen blindlings zu verschreiben.
Wie wenig überzeugend ein solches Verhalten ist, demonstriert die CDU/CSU seit Jahrzehnten. Wie rasch sich diese Tiraden, diese reinen Antihaltungen erschöpfen, zeigt andererseits der Niedergang des ZDF-Magazins und damit auch der Popularität seines sauertöpfischen Moderators Löwenthal — ebenso wie der letztendliche Mißerfolg bestimmter Publikationen, beispielsweise des „Deutschland-Magazins" und ähnlicher Blätter, die mangels echtem Interesse infolge Sterilität nur durch enorme finanzielle Zuwendungen leben können und nichts bewegen.
Die moralisierend-westlerische Beschau der Dinge, die sich dort offenbart, ist völlig unpolitisch. Sie bekäme erst dann einen politischen Sinn und einen Stellenwert, wenn sie Teil eines größeren Vorhabens wäre, das bewußte Ziele aktiv verfolgt und moralisierende Argumentationen ausschließlich diesen Zielen dienlich macht.
Konkret gesagt: Der einerseits sicher auch mit moralischen Druckmitteln zu betreibenden Schwächung der Sowjetunion muß andererseits ein permanentes Angebot zur Zusammenarbeit im gegenseitigen Staats- und Nationalinteresse gegenüberstehen. Die moralischen Kampagnen müssen nutzbar gemacht werden können.
Damit diese Politik auch für den Kreml glaubwürdig wird, ist ihm gegenüber das deutsche nationale Interesse immer und bei allen sich bietenden Gelegenheiten auf's neue zu betonen. Die Sowjetunion muß wissen, daß das Ziel deutscher Interessenpolitik keineswegs die Vernichtung oder Schädigung der Sowjetunion ist, sondern die Durchsetzung der nationalen deutschen Anliegen, und daß diese Durchsetzung sich wiederum nicht gegen die UdSSR richtet, sondern gemeinsam mit ihr betrieben werden soll.
Wir sollten uns an diesem Punkt auch gleich über die Bedeutung des sowjetischen Hegemonialstrebens klar werden. Generell ist zu sagen: Wenn es schon Hegemonialmächte in Europa geben muß, und angesichts der von demokratischen Politikern aller Schattierun-

gen immer wieder beklagten zunehmenden Unregierbarkeit gewisser Länder auf diesem Kontinent, erscheint dies auch in Zukunft unvermeidlich und wahrscheinlich, dann sollten es jedenfalls keine raumfremden, außereuropäischen Hegemonialmächte sein. — Daß Amerika in Europa Hegemonialmacht ausübt, ist ebenso unbestreitbar wie unerträglich.

In Europa muß jedenfalls so schnell wie möglich ein auf diesem Kontinent selbst entwickeltes und von europäischen Mächten getragenes Gleichgewicht geschaffen werden. Die europäischen Staaten müssen sich von Fremdbestimmung freimachen, wenn sie ihre ureigensten Belange wahren wollen. Sie müssen ihre Einflußzonen und ihre Hegemonien selbst aushandeln und ausfechten.

Vielleicht war dies bislang noch nicht wieder möglich. Sei's drum. Es muß jedenfalls aus rationalen Überlegungen, aus europäischem Eigeninteresse heraus das vorrangige Ziel werden. Vor allem Deutschland muß daran interessiert sein, denn es hat nur eine Chance, seinen angestammten Platz auf diesem Kontinent wieder einzunehmen, den es braucht um existieren zu können, wenn die außereuropäische Hegemonialmacht USA gezwungen werden kann, ihre Einflußsphäre, ihr Protektorat hier aufzugeben oder doch entscheidend einzuschränken.

Und für die Sowjetunion gilt, daß diese andere Supermacht, nun, nach 60 Jahren, endlich den ihr zukommenden Platz in diesem Europa finden muß. Der, den sie jetzt einnimmt, ist es nicht.

Die UdSSR muß ihre europäische Rolle erst finden, damit auch dieser Erdteil seine Identität wiederfindet. Durch das Auftauchen der Sowjetunion ist diese Identität letztlich zerbrochen. Durch den Niedergang des Reiches hat Europa seine Mitte verloren. Und durch den zweiten Weltkrieg ist Moskau in die Rolle des Spalters Europas geraten — eine Rolle, die es auf Dauer nicht ungestraft spielen kann, und die Europa insgesamt auf Dauer auch nicht überleben kann. Eine Rolle zudem, die der UdSSR letztlich auch durch das Wirken des US-Imperialismus zugefallen ist. Hier ist eine gewaltige geschichtliche Aufräumungsarbeit zu leisten.

Die Sowjetunion aber kann diese Aufgabe allein gar nicht bewältigen. Sie ist letztlich selbst Gefangener dieser ihrer Rolle, die sie heute spielt, und aus der sie ohne Zutun anderer Europäer wohl weder freiwillig heraus will, noch überhaupt heraus kann. Die Eigengesetzlichkeiten der Großmacht zwingen sie, so zu handeln, wie sie handelt, solange nicht neue politische Kräfte neue Möglichkeiten und Konstellationen eröffnen oder zu neuen Überlegungen und Handlungen mit Nachdruck anregen — schließlich zwingen.

Deutschland hat ein ganz spezielles Interesse an einer neuen ordnungspolitischen Funktion der Sowjetunion in Europa. Deutschland hat jedoch, um Mißverständnissen vorzubeugen, kein Interesse an der Vernichtung der Sowjetunion, nicht einmal an der Vernichtung ihres politischen Systems. Drei grundsätzliche Überlegungen machen dies deutlich:

Erstens würde damit das amerikanische Protektorat BRD vollends zur Kolonie, denn mit der Sowjetunion wäre ja der ebenbürtige Gegenspieler der USA ausgefallen. Und Deutschland hätte auf unabsehbare Zeit keine machtpolitischen Trümpfe mehr, keine Möglichkeit, sich der totalen Umarmung und Ausbeutung durch Washington zu entziehen. Es bliebe Spielball der Interessen von Wallstreet und liberaler Ostküsten-Clique, von Multis, von amerikanischen Markt- und Machtinteressen.

Zweitens: Ein Europa ohne Ordnungsmacht im Osten wäre nicht nur offen für jede Art von Imperialismus und Despotismus aus den Räumen Asiens, ob sie nun mit oder ohne westliche Unterstützung kämen. Auch Europas Nationen wären bald in Gefahr, sich wieder feindselig gegeneinander zu kehren: in dem Augenblick nämlich, in dem der Zwang sich zu arrangieren durch einen gemeinsam empfundenen Gegner wie die Sowjetunion schwände. Vor allem die Bundesrepublik müßte gewärtig sein, von ihren „europäischen Partnern" wieder als Beuteobjekt betrachtet und wahrscheinlich auch behandelt zu werden. Nur eine grenzenlose Naivität in politischen Fragen wird den Glauben nähren können, daß es zwischen den Staaten und Nationen Europas freundschaftliche Gefühle gibt, für den jeweiligen Nachbarn, die mehr sind als eine gelegentliche Feiertagsstimmung — die den politischen Alltag nicht aushalten und dem ja auch notwendigen Egoismus dieser Nationen nicht trotzen kann.

Drittens: Der Zusammenbruch des kommunistischen Systems in der Sowjetunion, der in den westlichen Ländern seit den späten vierziger Jahren mit wechselnder Intensität und variierten Glaubenssätzen gewünscht, angekündigt und beschworen wird, würde für Deutschland auch deshalb nichts bessern, weil das auf die Sowjet-Kommunisten folgende System gezwungen wäre, alle Anstrengungen zu unternehmen, sich zu stabilisieren und das heißt vor allem, politische Erfolge vorzuweisen. Und da es ausgeschlossen ist, daß mit dem Ende des derzeit herrschenden kommunistischen Systems die wirtschaftlichen Schwierigkeiten Rußlands und seine nationalen Probleme ebenfalls zu Ende wären, könnte es sich kein Nachfolgesystem — wie immer es auch aussähe — leisten, den Besitzstand der Sowjetunion, wie er nach 1945 geschaffen wurde, zu schmälern. — In diesen Fragen wäre das derzeitige, festgefügte Regime, durchaus eher in der Lage, flexibel zu handeln, vor allem, wenn es wirtschaftliche Gegenleistungen aus Deutschland erwarten oder gar schon vorweisen könnte.

Die Ablösung der Bolschewisten in Rußland würde zudem den imperialen Anspruch und den großrussischen Nationalismus Moskaus nicht beenden. Im Gegenteil: Es ist davon auszugehen, daß die Nachfolger der roten Zaren noch stärker dem großrussischen Reichsgedanken verfallen wären, als die heutigen Machthaber. Sie müßten diese Reichsidee als Ersatzreligion für die abgeschaffte Ersatzreligion des Marxismus-Leninismus wieder offerieren und wären ihr vollauf verpflichtet.

Jedes Nachfolgesystem stünde einer labilen innenpolitischen Situation gegenüber. Autoritätsverfall und die ständige Gefahr einer erneuten Machtergreifung durch die entmachteten Kommunisten, ließen keine außenpolitischen Experimente zu. Der Selbsterhaltungstrieb des neuen Regimes würde eine starre Machtpolitik nach außen ganz zwangsläufig mit sich bringen.

Wenn Deutschland seine eigenen, rechtverstandenen Interessen im Auge hat, und sich nicht in moralischen Exkursionen vor andere Karren spannen läßt, dann hat es also, eben wegen dieses Eigeninteresses, keinen Anlaß, das Ende der kommunistischen Diktatur über Osteuropa zu ersehnen — dieses Ende zu propagieren muß allein taktisch, beziehungsweise doppel-strategisch begründet und motiviert sein.

Diese Überlegungen, soviel sei hier noch einmal betont, sind rein rationale Überlegungen. Sie sind bewußt freigehalten von Emotio-

nen und von moralischen Beweggründen. Denn Sinn einer neuen ostpolitischen Konzeption muß die Wiedererlangung der außenpolitischen Bewegungsfreiheit Deutschlands sein, mit dem Ziel, seine nationalen Interessen zu wahren — und nicht das Abreagieren von Gefühlen oder das geruhsame Einrichten auf dem status quo.
Deshalb wird hier die Bedeutung der Sowjet-Herrschaft über Osteuropa so leidenschaftslos analysiert, und ihr mögliches Ende in seinen Auswirkungen für Deutschland ebenso beleuchtet.
Diese Gedanken zu Ende gedacht machen klar, daß nicht nur der zu befürchtende Druck aus einem feindselig gesinnten Westen und eine zu erwartende, nur noch großrussisch bestimmte Außenpolitik alle deutschen Hoffnungen begraben würden, falls es zu einem Ende der kommunistischen Macht in Rußland käme: Auch jene Ostvölker, deren Unterdrückung heute in Bonn so aufdringlich beweint wird, denen die ganze Liebe gewisser Intellektueller, Publizisten, Christen und vieler Parteipolitiker gehört, sie würden nach dem Ende der sowjetischen Knechtung ihren Nationalismus kaum mehr bezähmen können.
Der Ausfall der sowjetischen Hegemonie, der mit dem Sturz des Systems in Moskau zwangsläufig verbunden wäre, würde in diesen Ländern — wie ehedem — Deutschland als Feind Nummer eins aufleben lassen. Und sie würden — wieder einmal — in den westlichen Nachbarn Deutschlands ihre Freunde suchen und wohl auch finden. Eine Konstellation also, gleichbedeutend der von 1914 und 1939. Mit dem Unterschied, daß die BRD natürlich nicht vergleichbar ist mit dem Deutschen Reich, und daß kein Lenin mehr zur Verfügung stünde, und auch kein zum Pakt bereiter Stalin.
Geschichte wiederholt sich eben nicht — und am Ende dieses Auflösungsprozesses, der mit dem Sturz des Sowjet-Regimes begänne, könnte denn auch sehr leicht ein Europa stehen, das nur noch einen Partner fürchten müßte, nämlich Amerika, und das Deutschland nur noch aus den Geschichtsbüchern seiner ehemaligen Gegner kennen würde, weil es nicht mehr existent wäre.
Soweit der Versuch, die Lage Deutschlands im Kräftespiel zwischen Ost und West ohne die Brille des Kalten Krieges und des Antikommunismus, nüchtern zu durchleuchten. Das hat nichts mit Anbiederung an die Sowjetunion zu tun und darf nicht mit Freundschaft

zum Kreml verwechselt werden. Unter solchen Vorzeichen wäre eine aktive Außenpolitik nicht nur nicht möglich, sondern schon im Versuchs-Stadium lebensgefährlich. Eine solche Außenpolitik ist sicher nur möglich, mit heißem Herzen für die eigene Sache und mit kühlem Kopf gegenüber den ringsum gruppierten Nachbarn, die eben, wie endlich begriffen werden muß, ihre eigenen Interessen vertreten.
Für Deutschland, so bleibt an dieser Stelle festzuhalten, würde der Ausfall der Sowjet-Macht eine gefährliche Krisenlage heraufbeschwören, weil er all den bereits apostrophierten Nachbarn die Hände freimachen würde, und weil wir uns nur zu leicht ausmalen können, wozu sie sie benützen würden, angesichts unseres immensen Beutewerts.
Eine weiterexistierende Sowjetunion wird aber über kurz oder lang, davon können wir ausgehen, an einem starken Deutschland im Westen ihres Imperiums interessiert sein müssen. Und die Bundesrepublik muß heute schon die Aufrechterhaltung des herrschenden Kräfteverhältnisses in Osteuropa wünschen. Denn nur solange die Sowjet-Macht existiert, hat Deutschland, so wie die Kräfteverteilung in Europa und in der Welt augenblicklich und wohl auch für die mittelfristige Zukunft nun einmal ist, Trümpfe in der Hand, sein Schicksal doch noch zu wenden.
Es geht also, um es, der Klarheit halber, noch einmal festzuhalten, darum, in einer Doppelstrategie machtpolitische Schachzüge einzuleiten, mit dem Ziel, die Sowjetunion dazu zu bewegen, im beiderseitigen Interesse und im Einvernehmen der beiden Staaten, einer Neuordnung Europas zuzustimmen. Und es geht darum, mit moralischen und emotionalen Feldzügen dem Kreml ein solches Arrangement mit Deutschland nahezulegen oder letztlich eben aufzunötigen.
Diese Strategie kann scheitern, wie alle Strategien letztlich mit einem Mißerfolg enden können. Mit der anderen Strategie aber, der des bedingungslosen Anschlusses an die USA, sind wir bereits gescheitert. Das Ergebnis ist ein reiner Heloten-Status der BRD, sind Tausende von Atom-Minen auf deutschem Boden unter alleiniger Verfügungsgewalt der Amerikaner.
Das Ergebnis sind jene Planungen für die Stationierung von Neu-

tronen-Waffen auf dem Gebiet der Bundesrepublik und jene durchaus ernstgemeinten Pläne des Pentagon, im Konfliktfall die Bundesrepublik gegebenenfalls bis zur Linie Weser-Lech kampflos zu räumen, also dem Feind zu überlassen. Das heißt, daß Kiel, Hamburg, Bremen, Hannover, Wolfsburg, Salzgitter, Nürnberg, Regensburg, München und Passau, um nur die größeren Städte zu nennen, den amerikanischen „Schutz" bereits verloren haben und nur noch der Rest des westelbischen Glacis überhaupt verteidigt werden soll.
Die zunächst aufgegebenen Räume aber haben durchaus die Chance, dann atomar wieder zurückerobert zu werden — selbstredend mit der „humanen" Neutronenwaffe, die nach dem Urteil der Fachleute ja lediglich Menschen, in diesem Falle Deutsche, beseitigt, das industrielle Potential aber weitgehend erhält.
Doch sollte man, auch was die „Rettung" dieses Potentials anlangt, die Rechnung nicht ohne den Gegner machen, der ja ebenfalls noch seinen Teil zur Vernichtung beitragen möchte, und auch wird.
Nun sind wir Deutschen ganz sicher keine besonders ängstlichen Naturen und haben des öfteren in der Geschichte nach dem Motto gehandelt: „Nur keinen Krieg vermeiden."
Aber noch in jedem Fall bestanden echte Chancen, oder zumindest gewisse Aussichten, dabei etwas zu gewinnen. Sei es die Herrschaft auf den Meeren, die Vormachtstellung auf dem europäischen Kontinent oder „Lebensraum im Osten". Wir waren außerdem immer in irgendeiner Form handelndes Subjekt. Im Fall eines neuen Konflikts wären wir, nach dem heutigen Stand der Dinge, nur noch gehandeltes Objekt. Es gäbe mit Sicherheit nichts zu gewinnen und wahrscheinlich würde sich diesmal auch eine Kapitulation erübrigen ...
Und das ist das eigentlich perverse an unserer Situation: Wir taumeln am Rande der größten Katastrophe dahin, in die wir im langen Lauf unserer bisherigen Geschichte überhaupt zu geraten vermochten, und sind selbst völlig ohne Einfluß auf den Gang der Dinge. Wenn es ans Sterben geht, werden wir nicht einmal mehr erfahren warum. Wir haben uns ausgeliefert und dafür nicht Sicherheit und Frieden in einem stillen Winkel der Weltgeschichte erhalten, sondern die Aussicht auf ein namenloses Ende inmitten der letzten Schlacht.

Ist es ein Wunder, daß angesichts dieser langsam bewußt werdenden Situation Angst und die Hilflosigkeit in Deutschland so um sich greifen? Man redet von Staatsverdrossenheit und von Parteiverdrossenheit, von sinnentleertem Dahinleben und davon, daß die Hoffnung erstirbt, auf eine lebenswerte Zukunft, und daß die Menschen in der Bundesrepublik ihre Angst und ihre Zukunftslosigkeit zunächst in Arbeit erstickt haben, während sie sich jetzt allein dem Wohlleben hingeben möchten. — Ähnlich, wie auch in der DDR.
Das eigentliche Wunder ist, daß es noch so wenig Staatsverdrossenheit und so wenig Parteiverdrossenheit gibt. — Viel mehr Menschen würden sich längst abwenden, wenn sie wüßten wohin ...
Um bei der Außenpolitik und den deutsch-sowjetischen Beziehungen zu bleiben: Es gibt keinen Grund für die Bundesrepublik, weiterhin diese Rolle des zu opfernden Bauern im Schachspiel der Supermächte — jetzt nicht mehr nur erzwungenermaßen, sondern längst resignierend oder gar freiwillig — zu spielen. Es kann den Deutschen nicht gleichgültig sein, daß sie Aufmarsch- und Kampfgebiet sein sollen, in einem eventuellen Krieg zwischen Amerika und Rußland, von dem sie in keinem Fall etwas haben und für den sie auch nichts können.
Deutschland muß aus dieser Situation heraus, koste es was es wolle. Diese Nation hat oft genug in der Geschichte bewiesen, daß sie zu ihren Bündnisverpflichtungen steht, wie kaum eine sonst auf der Welt. Man hat sie dafür verspottet und der Dummheit geziehen. Und es ist ganz einfach unnötig, nun erneut in einen Vesuv zu springen, wie weiland die letzten Goten, diesmal gar in einen atomaren, nur weil das Sternenbanner oder sonstige fremde Fahnen den Deutschen den Blick auf die Realitäten verhängen.
Es ist bitter nötig, diese Realitäten zu erkennen. — Aber es ist unzumutbar, weil auch selbstmörderisch, sie anzuerkennen.
Deutschland muß den Blick wieder freibekommen, um die eigene Lage schonungslos sehen zu können, um die eigenen Interessen zu entdecken und die sich bietenden Möglichkeiten zu erkennen.
Dazu gehört auch der ungetrübte Blick nach Osten, die klare Erkenntnis von der Rolle und der Bedeutung der Sowjetunion in jenem weltweiten Machtkampf um Systeme und Einflußsphären um Märkte und um Rohstoffe.

Vor allem aber die unerschrockene Einschätzung unserer eigenen Rolle, und unserer Möglichkeiten.
Wir müssen einfach zur Kenntnis nehmen, auch wenn es nach dreißigjähriger permanenter West-Schulung schwerfällt, daß die Sowjetunion nicht die Ausgeburt des Bösen schlechthin ist, sondern zunächst eine Supermacht mit eigenen Sicherheits- und Machtbedürfnissen, ein Imperium, das nicht nur in ideologischen Kategorien denken kann, sondern das machtpolitisch handelt.
Wir müssen zur Kenntnis nehmen, daß diese Sowjetunion, daß Sowjet-Rußland derzeit die Hauptmacht auf jener riesigen eurasischen Landfläche ist, zu der auch wir geographisch, geopolitisch und in manch anderer Hinsicht seit Anbeginn gehören.
Wir können nicht länger so tun, als wären wir Angehörige einer anderen Milchstraße, während gut hundert Kilometer ostwärts von Frankfurt die Wälder Thüringens vom Röhren der roten T 62 widerhallen.
Für viele politisch engagierte Deutsche, insbesondere für Angehörige rechter Gruppierungen, mag der Gedanke an eine rein rational ausgerichtete Machtpolitik unter Einbeziehung der Sowjetunion trotz aller möglichen Einsicht in die Notwendigkeit, etwas Erschreckendes haben. Sie werden oft durch die ausgeprägte antikommunistische Fixierung auch gleichzeitig daran gehindert, überhaupt noch machtpolitische Überlegungen in Richtung Osten anzustellen.
Dabei ist gerade die mittlerweile eindrucksvoll erwiesene geringe Anfälligkeit der Deutschen, vor allem der deutschen Rechten, des Bürgertums, der Bauern und der Arbeiterschaft — weniger der Intellektuellen — gegenüber dem Kommunismus die ideale Voraussetzung für eine flexible Außenpolitik, die zur Wahrung der eigenen Interessen auch nicht vor politischen Kontakten und vor einem Zusammenspiel mit der UdSSR zurückzuschrecken braucht.
Andererseits muß man leider feststellen, daß die bisherige, einseitige Fixierung der BRD auf den Westen nur anderen genützt hat, Deutschland aber dadurch in eine schier ausweglose Lage manövriert wurde.
Es ist deshalb hoch an der Zeit und eine Existenzfrage, über den reinen Antikommunismus hinauszudenken. Es ist dabei aber keinesfalls nötig, ja schlechterdings gerade dann nicht erlaubt, diesen auf-

zugeben. Nur wenn Deutschland seine Immunität gegenüber dem roten Bazillus behält, kann es ohne Gefahr in nützliche Beziehungen mit dem Kreml treten und seine nationalen Interessen wahren.
Und das unterscheidet die hier skizzierte Doppelstrategie, die freilich nur in groben Zügen umrissen werden konnte, von der politischen Haltung der Union und der SPD in dieser Richtung: Sie hat ein klares, unverrückbares Ziel, nämlich die Beseitigung des status quo. Und sie berücksichtigt bei den angeführten Maßnahmen zur Verwirklichung dieses Ziels die Interessen sowohl Deutschlands als auch der Sowjetunion. Ja, sie baut geradezu auf der Interessenparallelität beider Länder auf, und ist letztlich bereit und dazu angelegt, durch entsprechendes politisches Verhalten diesen Gleichklang der Interessen vehement zu fördern, oder ihn herzustellen, wenn es nötig ist — Politik also, als Kunst des Notwendigen verstanden, nicht lediglich als Kunst des von Hause aus Möglichen.
Im Gegensatz dazu erschöpfen sich die Bonner Parteien im Bewahren des status quo, erträglich gemacht durch menschliche Erleichterungen. Die Union ergeht sich weiter in ihrem sterilen Antikommunismus und in einem infantilen Philo-Amerikanismus, wobei zwangsläufig wiedereinmal die deutschen Interessen auf der Strecke bleiben.
Die sozialdemokratische sogenannte neue Ostpolitik baut den Schutzwall des Antikommunismus ab, und gibt gleichzeitig alle Trümpfe für die Sicherung der existentiellen deutschen Interessen, also für die Beseitigung der seit 1945 herrschenden Realitäten, preis.
Ihre Grundeinstellung ist die, der Anerkennung dieser Realitäten. Und dafür bekommt sie jene „menschlichen Erleichterungen“, also die vergleichsweise winzigen Zugeständnisse im Reiseverkehr etwa, die darüber hinwegtäuschen sollen, daß die Menschenrechte als solche eben gerade weiterhin vorenthalten werden.
Denn wären sie zugestanden und verwirklicht, bedürfte es keiner Aussiedlungsquoten und keiner Besuchserlaubnisregelungen und es gäbe keine Fluchthilfeprobleme. Wäre das Menschenrecht der Meinungsfreiheit in Mitteldeutschland nicht so brutal unterdrückt, müßte die Bundesregierung nicht gegen gute Devisen weiterhin so viele Mitteldeutsche freikaufen, denn dann würden die meisten gar nicht erst eingesperrt.

Der eigentliche Hintersinn von Brandts Ostpolitik ist der, daß sie durch einige in der Tat gewährte kleinere Vereinfachungen in den Beziehungen und für die Menschen dazu beigetragen hat, das große Unrecht erträglicher und damit dauerhafter zu machen.
Dabei fällt es dieser Politik leicht, daraufhinzuweisen, daß schlechterdings niemand etwas gegen menschliche Erleichterungen haben kann. In der Tat. Aber letztlich wird hier Politik mit Moral und mit caritativen Maßnahmen verwechselt. Die Politik des Friedenskanzlers Brandt ähnelte mehr einer Genfer Konvention oder der Haager Landkriegsordnung, die den Krieg erträglicher machen sollen, damit er nicht beseitigt werden braucht, gerade deshalb aber mit dem Frieden letztlich nichts zu tun haben.
Die Politik der SPD/FDP und der CDU/CSU zielt scharf an den nationalen Interessen Deutschlands vorbei. Sie erlaubt es den Großmächten und auch den kleineren Europäern, ebenso wie der freiheitlich-demokratischen und rechtsstaatlichen Bundesrepublik selbst, sich bis zu einem Tage X auf den status quo einzurichten.
Durch diese Politik der vordergründigen Schönheitsoperationen und Linderungen begibt sich die BRD letztlich qua Vertrag aller Möglichkeiten, die die „Menschenrechtswaffe" eigentlich bieten würde. Es werden, so angenehm das für einzelne Betroffene auch sein mag, im Grunde vor allem die Ansatzpunkte für eine große, wirklich erfolgversprechende Menschenrechtskampagne wegreformiert. Das große Unrecht wird mit dem Deckmantel der kleinen Humanität verkleidet und zugedeckt und somit letztlich vorzeigbar und salonfähig gemacht.
Und so ist es denn auch irgendwo logisch, daß die Sowjetunion diese für sie höchst angenehme Entwicklung, jedenfalls zur Zeit, einer wirklichen Lösung vorzieht.
Im deutschen Interesse — und nur um dieses kann es in der deutschen Politik gehen — liegt es, nach außen ebenso entschlossen revisionistisch zu agieren — also echte Änderungen durchzusetzen, die Nation zu vereinen — wie nach innen antikommunistisch. Das ist, auf eine Kurzformel gebracht, Sinn und Aufgabe einer neuen Strategie deutscher Politik.
Natürlich wird die Sowjetunion, deren außenpolitische Interessen noch nicht mit denen Deutschlands korrespondieren, versuchen, zu-

nächst weiterhin ihre eigene Strategie zu verwirklichen. Sie hat ja ihre hochgesteckten Ziele, die in den vorliegenden Kapiteln dieses Buches immer wieder beschrieben und analysiert wurden, keineswegs aufgegeben. Und sie hat zudem ihre Methoden in den 60 Jahren ihrer Geschichte zweifellos ständig verfeinert.
Sie wird vermutlich auch dann noch versuchen, um ihres eigenen Vorteils willen, Deutschland über's Ohr zu hauen, wenn bereits eine durchaus kongruente Interessenlage sich abzeichnet und gemeinsame oder doch abgestimmte politische Aktionen schon in Gang gekommen sind. Dies lehrt schließlich die Geschichte der bolschewistischen Machtpolitik von Anbeginn bis heute.
Doch ist dieser Charakter der sowjetischen Politik von uns nicht zu verändern. Er ist als feste, besser gesagt eigentlich als variable Größe, in jede deutsche politische Strategie einzubeziehen, wenn sie erfolgversprechend sein soll. Man muß also immer mit dem Schlimmsten rechnen und kann sich jedenfalls keine Vertrauensseligkeit leisten — ein Satz, der jedoch für alle Politik schlechthin gilt.
Und dennoch schmälern diese zur Vorsicht mahnenden Feststellungen, eigentlich Aphorismen zur politischen Lebensweisheit, keineswegs den Sinn und den Wert der bisher entwickelten Strategie. Denn wenn sie erfolgreich sein soll, muß sie ohnedies dem leninschen Prinzip folgen, wonach Vertrauen gut, Kontrolle aber besser ist. Und die hier skizzierte Strategie baut eben in jeder Hinsicht auf politischen Überlegungen auf, nicht auf Hoffnungen und auf moralischen Sehnsüchten.
Schließlich gilt natürlich für jeden Politiker, der sich anschickt, Außenpolitik zu betreiben, höchste Wachsamkeit. Das ist eine banale Feststellung, die dennoch allzuoft leider mißachtet wird.
Für eine erfolgversprechende Außenpolitik sind außerdem allemal gewiefte Fachleute vonnöten. Und das ist sicher einer der Hauptgründe, warum hierzulande Außenpolitik nicht mehr stattfindet: Es gibt nach über dreißigjähriger Enthaltsamkeit die erforderlichen Außenpolitiker in Deutschland ganz einfach nicht mehr — oder noch nicht wieder.
Die Bundesrepublik ist tatsächlich gekennzeichnet durch den völligen Verlust an Außenpolitikern und die totale Abwesenheit von

Außenpolitik. Und das hat auch dazu geführt, daß die Sprecher der Parteien in der BRD meist die Anliegen von Tschechen, Polen und anderen Satellitenvölkern mehr aufwühlen, als die eigenen nationalen Belange.

Natürlich ist das bereits rein taktisch gesehen eine Haltung, die den eigenen Interessen völlig entgegensteht. Denn mit solchen Tönen ist doch eine Änderung der sowjetischen Haltung gegenüber Deutschland ganz sicher nicht zu erzielen. Solches Engagement hätte nur dann Sinn, wenn man versuchen wollte, wirklich mit jenen Ostvölkern zusammen eine Politik zur Rückeroberung ganz Europas für den Kapitalismus zu betreiben, und gegebenenfalls für die Durchsetzung westlicher Wirtschafts- und Lebensformen auch zu kämpfen bereit und im Stande wäre. Doch davon konnte und kann doch nicht die Rede sein.

Moskau bleibt alternativlos die einzige Adresse, an die Deutschland sich wenden kann, um das zu erhalten, was es wiederzuerlangen hofft, weil seine Existenz davon abhängt und weil es letztlich von der Verfassung der Bundesrepublik bindend vorgeschrieben ist.

Wenn Deutschland aber von der Sowjetunion etwas zu bekommen wünscht, dann ist es einfach unsinnig, dieser nämlichen Sowjetunion permanent in offen zur Schau getragener Feinschaft zu begegnen. Es ist falsch, immer wieder zu demonstrieren, daß man selbstverständlich und ohne jede Frage im gegnerischen Lager steht.

Doch nicht nur taktisch gesehen ist dieses Verhalten unzulänglich. Es ist, was viel schwerer wiegt, strategisch gesehen absurd. Nicht nur der Weg zur Verwirklichung deutscher Interessen ist so verfehlt worden, auch das Ziel wurde völlig verkannt.

Das Ziel — das ist zunächst die Wiedervereinigung der BRD mit der DDR. Und warum sollte Moskau dem zustimmen, wenn es immer wieder darauf hingewiesen wird, daß es letztlich damit erstens den Gegner stärkt und zweitens weitere, ganz andere Gebiete preisgeben müßte, solche, die noch jenseits der deutschen Reichsgrenzen liegen. Denn das ist doch der Hintersinn jener moralisch begründeten Politik der Bundesregierung, die sich für die Befreiung der Ostvölker stark macht: Moskau müßte mit einem Erdrutsch in Osteuropa rechnen.

Was liegt also näher für die Sowjetunion, als schon den Anfängen zu wehren, auch die möglichen ersten Schritte in diese Richtung zu unterbinden, das heißt, auch die kleine Wiedervereinigung mit allen zu Gebote stehenden Mitteln zu verhindern?

Wo sie doch ständig damit rechnen müßte, daß diese Wiedervereinigung der BRD mit der DDR nur der Startschuß für den Abfall des gesamten Satellitengürtels sein sollte und sein würde.

Wir haben bereits ausgeführt, daß Deutschland deshalb an einem stabil bleibenden Kräfteverhältnis in Osteuropa interessiert sein muß und im wohlverstandenen eigenen Interesse dies auch wirklich wünscht. Und das ist es, was der Sowjetunion zuerst klarzumachen ist, wenn die beschriebene Strategie erfolgreich sein soll.

Das nicht mehr zu diskutierende Ziel ist allein die völlige Wiederherstellung der Einheit Deutschlands und, damit zwangsläufig verbunden, die Neuordnung Europas. Und wenn sich Deutschland und die Sowjetunion darüber einig sind, daß es darüberhinaus zu einem Erdrutsch in Osteuropa nicht kommen darf, dann wird es dazu auch nicht kommen.

Und je mehr sich Deutschland, zunächst durch die kleine Wiedervereinigung dazu in Stand gesetzt, aus der West-Abhängigkeit zu lösen vermöchte, um wieder eigenständige Kraft in Europa zu sein, um so wirkungsvoller könnte es die Schutzwallfunktion zwischen dem roten Satellitenreich des Kremls und dem anglo-amerikanischen Liberalismus und Wirtschaftsimperialismus, mit seinen ihm innewohnenden Aufweichungstendenzen, erfüllen.

Deutschland könnte ein stabiles Widerlager für das sowjetische Imperium und dessen Zentrifugalkräfte bilden.

Als Vorbereitung auf eine neue deutschlandpolitische Strategie muß die Sowjetunion mit diesen Denkansätzen vertraut gemacht werden. Aber es darf auch nie ein Hehl darüber geben, daß die Wiedervereinigung der westelbischen Republik mit der ostelbischen, mitteldeutschen, immer nur ein erster Schritt auf dem Weg der Wiederherstellung Gesamtdeutschlands ist.

Die Sowjetunion würde mit der Preisgabe der DDR, deren Bestand immer noch allein von der russischen Besatzungsmacht garantiert wird, zunächst einen Fremdkörper ausscheiden und seine Westfront stabilisieren. Neuralgische Punkte und Abschnitte, wie die Zonengrenzübergänge, die Berliner Mauer und die Grenze in der Elbemitte verschwänden ganz automatisch und Moskau bekäme rasch mehr Sicherheit, als es mit allem militärischen und propagandistischen Aufwand bisher erreicht hat, nämlich eine echte Friedensgrenze, anstatt einer in Wirklichkeit nach wie vor bestehenden Demarkationslinie an Elbe und Werra. Die UdSSR könnte einen echten Schutzwall gewinnen — im Tausch gegen den mehr als fragwürdigen, sogenannten antifaschistischen der DDR.

Aber erst durch den für Deutschland, wie mehrfach herausgestellt, unverzichtbaren zweiten Schritt, der Wiedervereinigung bis zur Memel, würden die alten stabilen Fronten wieder hergestellt, die beide Länder, Deutschland und die Sowjetunion, in Zukunft mehr denn je brauchen werden.

Die antirussischen Gefühle der Polen und Tschechen würden sich in einem solchen Wiedervereinigungsfall wieder in die traditionellen antideutschen Gefühle umwandeln. — Eine Normalisierung und eine zusätzliche Sicherheit für den Kreml, vor vielleicht befürchteten weiteren deutschen Gelüsten im Osten — die aber ohnehin nicht mehr bestehen.

Die historische, äußerst schmerzliche Erfahrung hat gezeigt, wie weit die territorialen Interessen des Reiches gehen und wo sie enden müssen. Deutschland hat darüberhinaus keine Ambitionen im Osten. Jenseits der Memel beginnt die Sowjetunion — aber eben erst dort!

Ihr heutiges, imperiales Machtgebilde, Ergebnis des zweiten Weltkrieges, wäre von ihr nur zu halten, wenn sie ganz Europa unterwerfen könnte. Doch die seit 1945 gemachten Versuche müssen ihr gezeigt haben, wo auch ihre Grenzen, im Westen, nun einmal liegen, daß sie sich mit dem Ausgriff bis zum Rhein überfressen würde.

Auch der größte sozialimperiale Magen verträgt eben beileibe nicht alles. Wollte die UdSSR den Bogen ihrer Macht bis zum Rhein, oder — was in etwa gleichbedeutend wäre — bis zum Atlantik schlagen, sie hätte ihn damit überspannt. Ein Reich dieser Ausdehnung und dieser Komplexität, die vor allem durch Westeuropa erst recht entstehen würde, ist von Moskau aus nicht mehr zentral zu lenken.

Die Sowjetunion ist heute schon unförmig, ist über ihre optimalen Grenzen hinausgeschwappt. Sie wird es in Bälde einsehen müssen. Die Zeit arbeitet seit längerem gegen Moskau.

Der Kreml braucht schon in naher Zukunft ein Gegengewicht im Westen, wenn nicht eines Tages sein Imperium aus dem Gleichgewicht kippen soll.
Und hier liegt Deutschlands geschichtliche Mission: Sie liegt also weder im Osten, noch im Westen. Es ist die Mission, die das Reich immer hatte. Heute heißt diese Aufgabe: Schaffung einer Neuordnung Europas.
Dazu bedarf es noch immer eines starken Kristallisationskernes, das zeigen alle zurückliegenden Jahrzehnte und Jahrhunderte. Wenn er fehlt, entstehen nur rivalisierende Nationalstaaten mit zentrifugalen Tendenzen, stark genug, die größere Einheit zu sprengen, niemals mächtig genug, sie zu schaffen.
Unsere eigene Zeit beweist dies zumindest für Mitteleuropa wiedereinmal aufs eindringlichste. Es fehlt der Kristallisationskern des Reiches, der Reichsidee, der Macht in der Mitte. Denn nur hier kann das Zentrum sein, das — als Gegenpol zu Moskau — wirklich eine europäische Neuordnung bewirkt, niemals bei den Flügelmächten am Rande.
Ehe Deutschland diese Funktion wieder einnehmen kann, muß es natürlich erst seine eigene Zukunft sichern. Diese Zukunft aber liegt im Osten. Denn der Schlüssel wird im Kreml verwahrt. Ihn zu erhalten ist die Aufgabe der Gegenwart. Und sie kann nur mit der UdSSR gemeinsam gelöst werden.
In einer solchen Gemeinsamkeit lösen sich dann die Fragen nach den einzelnen, in den letzten Jahren abgeschlossenen Verträgen, nach den noch immer als gültig angesehenen Feindstaatenklauseln usw., weil sie jetzt ja ohne übergeordnete große Lösung dastehen und weil sie die bestehenden Verhältnisse regeln und zementieren sollen. Im Zuge größerer Bereinigungen fallen solche früheren Einzelbestimmungen ersatzlos weg.
Bonn muß auf die großangelegte Bereinigung der Verhältnisse in Europa setzen. Mit kleinen Schritten und mit Vereinbarungen im bisherigen Kleinmaßstab sind für Deutschland wirkliche Änderungen in absehbarer Zeit nicht zu erreichen. Der Wandel muß in der grundsätzlichen Neuorientierung gesucht werden, nicht in der schrittweisen Anbiederung und nicht in Regelungen, die nur der Anerkennung der herrschenden Realitäten dienen.

Der Wandel ist möglich, das deutsche Schicksal kann gewendet werden. Die Außenpolitik der BRD hat die Chance, stellvertretend für Gesamt-Deutschland zu handeln und eine neue Strategie durchzusetzen.
Allerdings ist davon bislang in Bonn nichts zu sehen. Dort gibt es keine Anzeichen der Besinnung auf die wesentlichen Aufgaben deutscher Politik. Und schon gar nicht bei der CDU/CSU. Im Gegenteil:

Während sich beispielsweise die Unionsparteien in den Bundestagsdebatten um die Ostverträge in antisowjetischen Parolen geradezu überschlugen, um dann freilich im entscheidenden Augenblick bei der Abstimmung im Frühjahr 1972 sich der Stimme zu enthalten, erklärte Helmut Kohl im Frühjahr 1976 in der Auseinandersetzung um das Rentenabkommen etc. mit Polen vor dem Deutschen Bundestag laut Protokoll, er sei „ein engagierter Freund des polnischen Volkes und der polnischen Geschichte".

Soweit entfernt der Vorsitzende der CDU und Bundeskanzler Helmut Kohl damit auch von einer Konzeption für die deutsche Außenpolitik sein mag, sein innerparteilicher Kontrahent Franz Josef Strauß, dem viele in der Bundesrepublik strategische Fähigkeiten nachsagen, verfügt über ein solches Konzept ebenfalls nicht — wenn auch aus anderen Gründen. Bei ihm ist es nicht Unvermögen, sondern die Fixierung auf West-Europa und die Ablehnung nationalstaatlicher Politik.

In einem Interview mit dem Chefredakteur der „Welt", Herbert Kremp, stellte er zwar völlig zutreffend fest, „daß Außenpolitik außerhalb von schönklingenden Kommuniqués, harmlosen Selbstverständlichkeiten und freundlich formulierten Gefälligkeiten bei uns nicht mehr stattfindet". [11])

Doch dann folgt nicht etwa eine Alternative, sondern nur die altbekannte Formel, „daß die amerikanische und die europäische Politik nicht auseinandertriften dürfen". Und Straußens Bekenntnis, „seit jeher ein überzeugter und leidenschaftlicher Europäer und Gegner des nationalstaatlichen Denkens" zu sein.

Das deckt sich mit seiner Äußerung, die er einige Jahre zuvor bei dem bislang letzten gemeinsamen deutschlandpolitischen Kongreß der beiden Unionsparteien in Ingolstadt gemacht hatte. Damals, im November 1975, erklärte er: „Die Wiederbelebung eines deutschen Nationalstaates im Herzen Europas kommt für uns nicht in Betracht. Wir stehen nicht für die Wiederbelebung einer europäischen Staatenwelt mit einem Deutschen Reich in der Mitte." [12])

Strauß, der offenbar gar nicht zur Kenntnis nimmt, daß abzüglich des deutschen Reiches die „europäische Staatenwelt" noch immer besteht, und folglich auch nicht wiederbelebt zu werden braucht, befindet sich ausweislich dieser Äußerung in Übereinstimmung mit all den bereits weiter oben zitierten Gegnern der Wiedervereinigung, von Dulles über de Gaulle bis hin zum Kommunisten-Chef Marchais.

Die Union ist in der Deutschlandpolitik völlig überfordert. Herbert Kremp stellte in einem Leitartikel seines Blattes fest: „Adenauer machte die Westpolitik, Brandt machte die Ostpolitik" und stellte dann die Frage: „Was will die CDU heute?" [13])

Diese Frage kann ihm niemand beantworten. Die CDU am allerwenigsten. Was sie wollen sollte ist dagegen klar, nämlich eine Außenpolitik machen, die sich an den Interessen der Nation orientiert, nicht an einem glühend herbeigesehnten aber nichtsdestotrotz eben fiktiven Europa.

Über die Lage und die Möglichkeiten Deutschlands, die von der CDU/CSU offenbar nicht zu erfassen sind, gibt dagegen der Franzose Michel Meyer in seinem bereits zitierten Buch einige erstaunliche Beobachtungen und Feststellungen wieder: So meint er, man sollte anfangen, eine mögliche Situation zu bedenken, „in der Übereinstimmung zwischen den politischen Wünschen der Deutschen und den ökonomischen Bestrebungen der Russen erzielt wird".

Meyer: „Wäre es denkbar, daß Deutschland seine Wiedervereinigung erreicht und die Sowjetunion westlichen Wohlstand erringt, und zwar im Zuge ein und derselben Entwicklung? Eine europäische Ordnung, die diese beiden Forderungen befriedigt, hätte größte Chancen auf Verwirklichung." [14])

Meyer hat, nach seinen Ausführungen zu urteilen, die Faszination dieser Vorstellung in der Bundesrepublik tatsächlich selbst beobachten können. Und er entdeckte dabei auch das eigentliche Geheimnis der anfänglich erstaunlich großen Popularität von Willy Brandt und seiner Ostpolitik: „Es wäre ... lächerlich anzunehmen, daß der deutsche Wunsch nach Selbstbestimmung und Wiedervereinigung nicht stärker werden wird. Es ist undenkbar, daß Westdeutsche und Ostdeutsche sich damit abfinden, auf ewig getrennt zu bleiben.

Das Gegenteil behaupten hieße, die riesige Welle der Hoffnung, die Brandts Ostpolitik in Westdeutschland auslöste, geringschätzen. Die öffentliche Meinung hatte von einem Tag zum anderen an ein Wunder geglaubt, durch das sich Grenzen öffnen, die Berliner Mauer zerbrechen, Familien wieder zusammengeführt und Freunde wieder die Möglichkeiten erhalten würden, die zur Grenze gewordene Demarkationslinie zu überschreiten." [15])

In einer Replik auf frühere Vorstellungen über die mögliche Art der Wiedervereinigung, von der man geglaubt hätte, sie könnte „von Westen nach Osten vollzogen" werden, stellt der französische Beobachter fest: „Diese Hoffnung ist zu einer verlorenen Illusion geworden." [16])

Die heutige Lage sieht Meyer so: „Nun ist es klar, daß die Wiedervereinigung nur vom Osten aus, nicht von der anderen Richtung her eingeleitet werden kann. Die Hoffnung, die nach dem Krieg bestanden hatte — nämlich, daß die Alliierten den Russen die östliche Besatzungszone entreißen würden, ist zunichte." [17])

Das sind ungewohnte Töne für die Ohren der meisten Bundesbürger, die vom kargen Informations-Angebot des üblichen Tagesschau-Konsums leben und denen Außenpolitik weitgehend in Form von Reisediplomatie begegnet. Ungewohnte Gedanken für ein Volk, das seit Jahrzehnten immer die gleichen Polit-Spots über die Situation seines geteilten Landes hört, von Wahlkampf zu Wahlkampf neu auffrisiert. Das über die Bedingungen für eine Lösung der Frage von Bangladesh besser informiert ist, als über die deutschen Belange in nationalen Dingen.

Ist die Wiedervereinigung also — realistisch betrachtet — eine echte Möglichkeit, auch heute noch?

Ja, sie ist es! Doch ist dies eine Aufgabe, die zunächst erforderlich macht, daß die BRD nicht weiterhin Hilfssheriff der USA sein

möchte und die außerdem der Fähigkeiten eines Talleyrands oder Bismarck würdig wäre.
Besonders schwierig ist diese Aufgabe auch dadurch, daß von Seiten der Sowjetunion mangels geeigneter Ansprechpartner in der Bundesrepublik noch keinerlei Signale in der ersehnten Richtung zu sehen sind. Im Gegenteil. Noch immer verfolgt Moskau jene Politik der hermetischen Abgrenzung und Abschirmung seiner Kriegsbeute gegenüber der BRD und dem Westen, mit der sie nach 1952 begann.
Es ist möglich, daß für den Augenblick die Zeit noch nicht wieder ganz reif ist, für eine deutsch-sowjetische Interessenpolitik. Doch die Grundbedingungen werden davon nicht tangiert.
Von diesen Grundgegebenheiten geht auch Walter Wannenmacher aus, der es, im Gegensatz zu den Politikern der BRD wagte, ebenfalls ein „Konzept" für die Lösung der deutschen Frage zu entwerfen. [18])
Wannenmacher, der Wirtschaftsjournalist, nähert sich der Frage einer Möglichkeit, Deutschland im Zusammenspiel mit Rußland wiederzuvereinigen, zunächst von wirtschaftlichen Überlegungen aus. Er vertritt die Überzeugung, daß eine bevorstehende „atemberaubende finanzielle Schwächung der USA" letzlich zum Handelskrieg Amerikas mit seinen Partnern führen wird. Das Ergebnis wird ein zunehmender Antiamerikanismus in Europa sein, „da in solchen Entwicklungen jedem das Hemd näher ist als der Rock".
Den deutschen Interessen entspräche in einer solchen Situation „die Aufkündigung der währungspolitischen Vasallentreue". Gleichzeitig müßten durch die „Sicherung zusätzlicher russischer Bestellungen" im Wege eines Milliardenkredits der Bundesrepublik die deutschen Interessen gewahrt werden. Dieses entspräche auch voll den sowjetischen Interessen, denn die Russen seien zunehmend stärker gezwungen, ihren „industriellen Nachholbedarf" auf jeden Fall zu finanzieren, „und der Preis, den sie hierfür zu zahlen bereit sein werden, wird steigen".
Und weiter: „Die für sie (die Russen, der Verf.) sehr gefährliche chinesische U-Boot-Flotte wächst, desgleichen die Reichweite der von China entwickelten Raketen ... damit wird für die Russen eine den chinesischen Raketen entrückte industrielle Basis lebens-

wichtig. Welchen Preis werden einmal hierfür die Männer des Politbüros zu zahlen bereit sein? Man kann es heute noch nicht wissen. Sicher jedoch ist es, daß dieser Preis steigen wird ... Es ist keineswegs ausgeschlossen, daß der Kreml eines Tages über einen in Dollar-Milliarden ausgedrückten Preis, für freie Wahlen in der DDR verhandlungsbereit sein wird ... und das wäre bereits die Wiedervereinigung."

Selbstredend würden die Sowjets diese Möglichkeit, die DDR aufzugeben, dafür aber an einem fünfmal so großen Industriepotential zu partizipieren, in dem Augenblick vergessen können, in dem es ihnen gelänge, „in Bonn eine Regierung zu installieren, die von Moskau mindestens ebenso abhängig wäre, wie die in Helsinki und die eines Tages auf das Niveau der Abhängigkeit von Prag, Budapest, Warschau, Sofia oder Pankow zurückentwickelt werden könnte".

Wannenmacher ist davon überzeugt, daß die Zeit, die früher für die Russen arbeitete, aufgrund des ungeheuren wirtschaftlichen Bedarfs der Sowjetunion, insbesondere an Investitionsgütern, vor allem bei der Entwicklung Sibiriens, inzwischen „die Partei gewechselt" hat und letztlich für Deutschland arbeitet — vorausgesetzt, hier wird Außenpolitik betrieben.

Natürlich ist diese deutsch-sowjetische Interessenpolitik auch in dem Augenblick zu Ende, in dem die Russen versuchen, den Rhein oder die Pyrenäen mit ihren Panzern zu erreichen und damit auch die Bundesrepublik unter ihre Stiefel zu bringen. Denn: „Der Herr einer atomar nicht zerstörten Bundesrepublik ist der Herr Europas und der Herr eines atomar nicht zerstörten Europas ist — heute noch — der Herr der Welt. Weshalb die Amerikaner, sobald die Russen am Rhein oder an den Pyrenäen stehen, die Bundesrepublik und Europa atomar zerstören müssen, wollen sie nicht auf den Rang einer drittklassigen Macht absinken. Ob mit oder ohne NATO, ob die Deutschen Washington als ihren Schutzpatron ehren oder nicht, dieser atomare ‚Schutz' ist ihnen auf jeden Fall sicher. Daher kommt es darauf an, daß die Russen mit diesem ‚Schutz' rechnen müssen, zugleich aber eine Situation vermeiden, in der der ‚Schutz' aktuell werden könnte."

Was aus dieser Einschätzung des amerikanischen „Schutzes" folgt, beschreibt Wannenmacher so: „Damit wird klar formuliert, daß die USA bereit sind, für die Wahrung ihrer Interessen Risiken zu übernehmen, keineswegs um der schönen Augen irgendwelcher Verbündeter willen. Die Addition des bundesdeutschen zu dem Industriepotential des COMECON, auf gewaltsame Weise, muß im amerikanischen Interesse vereitelt werden, wenn nicht anders, dann durch atomare Auslöschung dieses Potentials. Daher kann sich die bundesdeutsche Politik ohne Verlust des atomaren ‚Schutzes' aus dem Bündnis mit den USA lösen. Sie kann aber diese Lösung nicht so vollziehen, daß der Vorwand für eine ‚Vereitelung' gegeben wäre, also nicht als Ergebnis einer Rußland-hörigen ‚Machtergreifung' in Bonn.

Mit diesem Satz ist der Spielraum für alle möglichen Varianten deutscher Interessenwahrung abgesteckt. Eine Überschreitung des Spielraums könnte fatale Folgen haben. Der Satz zu Ende gedacht, impliziert die Möglichkeit eines Status der Bündnisfreiheit. Das NATO-Bündnis beengt den Aufbau einer bundesdeutschen Verhandlungsposition gegenüber Rußland, es bedeutet aber für die Bundesrepublik keinen ‚Schutz', der nicht auch ohne NATO gegeben wäre."

In der Bundesrepublik gibt es keinen ernstzunehmenden Politiker, der an eine Überschreitung des vorgegebenen Spielraums denkt. Auch nicht in der anderen Richtung, in Richtung auf „Eroberungen" im Osten, jenseits der Reichsgrenzen. Doch sowohl in Washington als auch in Moskau ist das Mißtrauen vor solchen Überschreitungen wach. In Washington zum Beispiel nicht zuletzt deshalb, weil die Servilität der Bundesrepublik nicht dazu angetan war, wirkliches Vertrauen in die Festigkeit dieses Staates zu begründen. Hat sie sich den amerikanischen Interessen soweit ausgeliefert, warum sollte sie es gegenüber den Sowjets künftig anders halten?

In Moskau rührt das Mißtrauen gegen die Deutschen aus jenem Trauma, das zwei Weltkriege hinterlassen haben. Und natürlich auch daraus, daß die BRD zeit ihres Bestehens sich als ein Vasall Amerikas erwies, und bislang keinen Versuch unternahm, unter Verzicht auf dieses Vasallentum, die Einheit der Nation zu erreichen.

Für Moskau, wo die Tradition und das Erbe des großrussischen Reiches durchaus in Symbiose mit der sozialistischen Ideologie leben, ein völlig unverständliches Verhalten und somit ein ständiger Grund, das alte Mißtrauen wachzuhalten.

Und das ist eine der wichtigsten Aufgaben der deutschen Außenpolitik der Zukunft und die diffizilste obendrein: dem Kreml dieses Mißtrauen zu nehmen. Das bedeutet aber, als erstes die selbstverständlichsten nationalen Interessen wieder zum Inhalt der deutschen Politik zu machen, anstelle der amerikanischen. Einen solchen ersten Schritt würden die Sowjets am ehesten verstehen und er würde ihnen überhaupt erst signalisieren, daß mit Deutschland wieder Interessenpolitik zu treiben ist. Der bisherige Zustand macht dies nicht nur unnötig, sondern auch unmöglich für die Sowjetunion — der Adressat des Kremls in deutschen Fragen ist nach wie vor der Vormund, die andere Siegermacht von 1945: Amerika.

Daß im Falle einer neuen, einer „emanzipierten" deutschen Außenpolitik, wie man heute sagen würde, die UdSSR die Wahrnehmung der deutschen Interessen durch die BRD letztlich akzeptieren würde, wäre eine weitere wichtige Aufgabe dieser Politik.

Es gilt Moskau begreiflich zu machen, daß die DDR, die Oder-Neiße-Linie oder auch Königsberg, in Wirklichkeit nur Kleinformate sind — vom sowjetischen Standpunkt aus — gegenüber den schier unendlichen Möglichkeiten, die durch eine Zusammenarbeit mit dem souverän vereinten Deutschland sich eröffnen würden.

Die Fragestellung dieses Buches lautet: Sind Deutschland und Rußland zur Feindschaft verdammt?

Die Antwort ist jetzt klar. Nein, Sie sind es nicht!

Deutschland und die Sowjetunion werden vielmehr auch künftig immer wieder aufeinander angewiesen sein. Und Moskau muß begreifen, daß es Deutschland wieder aufgeben muß, um das zu gewinnen, was es im wohlverstandenen eigenen Interesse braucht: nämlich Deutschland — einen verläßlichen, weil souveränen, wirtschaftlich potenten Partner an der Westflanke seines eurasischen Imperiums.

ANMERKUNGEN

Die russische Oktober-Revolution war ein Kind des Krieges

1) Bei diesem Aufstand spielten die späteren Revolutionshelden Lenin und Trotzki bereits eine wichtige Rolle. Sie kamen dafür zunächst in sibirische Verbannung und später ins Exil.

2) Hans von Rimscha: „Geschichte Rußlands", zweite überarbeitete und erweiterte Auflage, Wissenschaftliche Buchgesellschaft, Darmstadt 1970.

3) von Rimscha, a.a.O., S. 544

4) von Rimscha, a.a.O., S. 556

6) von Rimscha, a.a.O., S. 560

7) Vergleiche dazu auch Carl Schmitt: „Theorie des Partisanen, Zwischenbemerkung zum Begriff des Politischen", Berlin, Duncker & Humblot 1963, Seite 55, Fußnote.
Dort wird klar herausgearbeitet, daß Lenin es war, der erkannte, daß „an die Stelle der von Marx und Engels erhofften ökonomischen Krise" der Krieg getreten war, der allerdings nach Lenin „aus einem Staaten- und Nationenkrieg zu einem Klassenkrieg" geworden sei.

8) „III b" war die Paßzentrale des Stellvertretenden Generalstabs.

9) Israel Lasarevitsch Helphand hatte sich als Revolutionär den Namen Parvus zugelegt. Er spielte bereits eine Rolle bei dem gescheiterten Aufstand im Rußland des Jahres 1905. Danach setzte er sich auf den Balkan ab, wo er — auf bis heute nicht ganz geklärte Weise — rasch zum Multimillionär wurde. Er verfügte über beste geschäftliche Verbindungen zu den jüdischen Bankhäusern Warburg in New York und Hamburg, die ihrerseits zu den Finanziers der bolschewistischen Revolution gehörten. Parvus bot sich 1915 dem Auswärtigen Amt in Berlin als Mittelsmann zu den im Exil lebenden Bolschewisten an. Er baute in Dänemark eine Exportfirma auf. Auch der Gewinn hieraus floß zum Großteil in die Taschen der Revolution. Sein Geschäftsführer Georg Sklarz — der nach dem Kriege noch als Großschieber von sich reden machte — war zugleich sein wichtigster Agent. Direktor seines Unternehmens wurde der polnische Kommunist Jakob Stanislawovitsch Hanecki, der sich „Kuba" nannte. Hanecki, der schon vorher mit Lenin in der Schweiz zusammengearbeitet hatte, sorgte für den reibungslosen Fluß der Parvus-Gelder an die Revolutionäre. Parvus lernte in Kopenhagen auch den deutschen Gesandten Ulrich Graf Brockdorff-Rantzau kennen. Der Graf, der später auch die „Rapallo-Politik" geistig mit vorbereitete, war der wichtigste Fürsprecher für die Pläne, die Parvus mit dem deutschen Geheimdienst und Lenin ausgeheckt hatte.

10) Zum Verhältnis Parvus — Lenin und die Vorbereitung der Reise Lenins von Zurüch aus nach Rußland vergleiche auch Alexander Solschenizyn: „Lenin in Zürich", Scherz-Verlag. Bern und München, 1977.

11) Zitiert nach Robert Payne: „Lenin — sein Leben und sein Tod", München 1965, Seite 228

12) Ebenda, Seite 228

13) Wayne, a.a.O., Seite 226

14) Ebenda, Seite 228

15) von Rimscha, a.a.O, Seite 565

16) Payne, a.a.O, Seite 30

17) von Rimscha, a.a.O., Seite 565

18) Payne, a.a.O., Seite 35

19) Ebenda, Seite 39

20) Payne, a.a.O., Seite 43

21) von Rimscha, a. a. O., Seite 567

22) Zitiert nach von Rimscha, a. a. O., Seite 567

23) von Rimscha, a. a. A., Seite 567

24) von Rimscha, a. a. O., Seite 570

25) Die Offensive wurde von dem russischen General Brussilow geführt und trägt auch seinen Namen: „Brussilow-Offensive".

26) Vergleiche auch Seite 18

27) Diese Daten entsprechen der heute üblichen Zeitrechnung. Vor der Revolution wurde nach dem altrussischen Kalender gerechnet, der damals etwa einen Monat nachhinkte. Danach erhielt die bolschewistische Machtergreifung den Namen „Oktoberrevolution". In Wirklichkeit fand der Petrograder Putsch am 7. November 1917 statt.

28) Zitiert nach der Lenin-Biographie von David Shub (Deutsche Ausgabe, Wiesbaden 1957, Seite 280

29) von Rimscha, a. a. O., Seite 574

30) von Rimscha, a. a. O., Seite 575

31) Zitiert nach David Shub, a. a. O., Seite 308

32) Maurice Paléologue, Am Zarenhof während des Weltkrieges, München 1925, Band 1, Seite 189 f.

33) Den totalen Vernichtungswillen des Dreierverbandes England, Frankreich und Rußland gegenüber dem Deutschen Reich weist der Historiker Erwin Hölzle nach in seinem Buch: „Die Selbstentmachtung Europas — das Experiment des Friedens vor und im Ersten Weltkrieg"; erschienen 1975 im Musterschmidt-Verlag, 601 Seiten.

34) Zitiert bei Shub, a. a. O., Seite 311 f.

35) Lenin, ausgewählte Werke, Band VII, Seite 282/283

36) Bei der Tagung des Zentralkomitees der Kommunistischen Partei Rußlands vom 21. Februar 1918 in einer Diskussion mit Sinowjew (eigentlich Apfelbaum).

37) von Rimscha, a. a. O., Seite 576

Der Stratege Lenin hatte einen preußischen General zum Lehrmeister

1) Werner Hahlweg, Herausgeber von „Clausewitz, vollständige Ausgabe im Urtext mit historisch-kritischer Würdigung des Werkes „Vom Kriege", Bonn, Dümmler, 1952, in einem Aufsatz mit dem Titel „Lenin und Clausewitz", im Archiv für Kulturgeschichte, 36. Band, 1954, Seite 385

2) Funktionär für Propaganda und Presse bis 1929

3) W. Sorin, „Marx, Taktik, Lenin", in der Prawda Nr. 1/1923; zitiert nach A. Bubnof in „Leninsche Sammlung", Band XII, 1930, Seite 389

4) Raymond Aron, „Penser la guerre. Clausewitz", Paris 1976, Gallimard, 2 Bände, Band II, Seite 68

5) Vergleiche Wilhelm von Schramm, „Clausewitz, Leben und Werk", Eßlingen 1976, Bechtle, Seite 9

6) Das „Heft", auf russisch „Tedratka", , findet sich abgedruckt nur in der bereits erwähnten „Leninschen Sammlung" (russisch: „Leninski Sbornik"), Band XII von 1930, Seite 387 bis 452. Zitiert bei Hahlweg, Clausewitz-Ausgabe, a. a. O., Seite 92 f. und in Hahlwegs Aufsatz Lenin und Clausewitz", a. a. O.

7) Carl Schmitt, a. a. O., Seite 55

8) Hahlweg, a.a.O., Seite 374

9) Carl Schmitt, a.a.O., Seite 55 f. (der Staatsrechtler verweist an dieser Stelle auch auf Walter Grottian, Lenins Anleitung zum Handeln, Theorie und Praxis sowjetischer Außenpolitik, Westdeutscher Verlag, Köln und Opladen, 1962)

10) Ebenda, Seite 56

11) Carl Schmitt, a.a.O., Seite 56

12) Ebenda, Seite 57

13) Ebenda

14) Carl Schmitt, a.a.O., Seite 94/96

Moskau zettelte den Weltbürgerkrieg an, und das erste Ziel hieß Deutschland

1) Zitiert nach Ewald Beckmann, „Der Dolchstoßprozeß", München 1925, Seite 23

2) Zitiert nach D. Shub, a.a.O., Seite 394

3) Die Tageszeitung „Die Welt" vom 21. März 1974 in einer historischen Würdigung der revolutionären Rolle der SPD

4) Vergl. Ruth Fischer, a.a.O., Seite 65

5) Wipert von Blücher, „Deutschlands Weg nach Rapallo", Wiesbaden 1951, Seite 34 f.

6) Vergleiche Helmut Bley, „Bebel und die Strategie der Kriegsverhütung 1904 — 1913", Vandenhoek und Rupprecht, Göttingen 1974.

7) Zur reichsfeindlichen Haltung der Sozialdemokraten vergleiche auch Hans-Dieter Sander, „Im Vorhof des Verrats", in „Student", Nr. 58 vom Februar 1976

8) David Shub, a.a.O., Seite 395

9) Ruth Fischer, a.a.O., Seite 92

10) Laut „Münchner-Augsburger Abendzeitung" vom 9. November 1918

11) Hans Frederik in seiner Wehner-Biogrophie „Gezeichnet vom Zwielicht seiner Zeit", 8. Auflage, VPA, München 1972, Seite 69

12) Josef Hofmiller, „Revolutionstagebuch 1918/19", in „Schriften" 2, Leipzig 1938, Seite 211

13) Leo Trotzki, „Die permanente Revolution", Fischer-Taschenbuch Nr. 1095, Frankfurt 1969, Seite 151

14) Zitiert nach Liddell Hart, „Die Rote Armee", Bonn 1956, Seite 53

15) Siehe Ruth Fischer, a.a.O., Seite 240

In Rapallo handelten Deutschland und die Sowjetunion erstmals international im gemeinsamen Interesse

1) Friedrich von Rabenau: Seeckt, Aus seinem Leben 1918 — 1936, Leipzig 1941, Seite 252

2) Berichtet Ernst von Salomon in „Der Fragebogen", Hamburg 1951, Seite 130

3) Zitiert in Friedrich Meinecke, „Die deutsche Katastrophe", Zürich/Wiesbaden 1946, Seite 150

4) Zitiert von Bodo Scheurig in einem einleitenden Essay zu Ernst Niekisch: „Die Legende von der Weimarer Republik", Köln 1968, Seite 16

5) Ebenda, Seite 87

6) Referat über die Konzessionen, gehalten am 21.12.1920 zur Einleitung der „Neuen Ökomomischen Politik" (NEP), abgedruckt in sämtliche Werke XXVI, Moskau 1940, Seite 15/26

[7] Vergleiche Otto-Ernst Schüddekopf, „Linke Leute von rechts", die nationalrevolutionären Minderheiten und der Kommunismus in der Weimarer Republik, Stuttgart 1960

[8] Moeller van der Bruck in der Zeitschrift: „Das Gewissen" 1919 bis 1923. Zitiert nach „Sozialismus und Außenpolitik", herausgegeben von Hans Schwarz, Breslau, 1933, Seite 77

[9] Hans Zehrer im Herbst 1931 in seinem programmatischen Aufsatz in der „Tat", deren Herausgeber er bis 1933 war, unter dem Titel „Rechts oder Links?"

[10] Armin Mohler: „Die konservative Revolution in Deutschland", ein Handbuch, Darmstadt 1972, Seite 38

[11] Schüddekopf, a. a. O., Seite 44

[12] Motto zu seinem Roman „Aufbruch der Nation", Berlin 1929

[13] Moeller van den Bruck in „Das Gewissen", 1919, zitiert in „Rechenschaft über Rußland", herausgegeben von Hans Schwarz, Berlin 1933

[15] Moeller van den Bruck, „Sozialismus und Außenpolitik", a. a. O., Seite 67 f.

[16] Georg Cleinow, „Der Verlust der Ostmark, die deutschen Volksräte des Bromberger Systems im Kampf um die Erhaltung der Ostmark beim Reich 1918/19", Berlin 1934, Seite 195 bis 220, Kapitel IX „Außenpolitische Zielsetzungen".

[17] Zitiert in: Erich Ludendorff, „Urkunden der Obersten Heeresleitung über ihre Tätigkeit 1916/18, Berlin 1921, Seite 481

[18] Vergleiche dazu auch Schüddekopf, a. a. O., Seite 63 ff. Schüddekopf zitiert Quellen, die von Freikorps-Plänen für eine „neue Westfront" an der Oder sprechen und von der Aufgabe des „roten West- und Norddeutschlands", um mit Rußland Widerstand gegen Versailles zu leisten „oder unterzugehen".

[19] Zitiert nach Schüddekopf, a. a. O., Seite 97

[20] Moeller van den Bruck, a. a. O., Seite 78

[21] Diese Denkweise gilt bei Marxisten bis heute. So hat im Frühjahr 1977 in der Bundesrepublik der damalige Juso-Vorsitzende Klaus-Uwe Benneter die international operierenden Kommunisten zwar als parteipolitische Konkurrenten eingestuft, die Vertreter der CDU/CSU in der Bundesrepublik aber als Klassenfeinde.

[22] Ebenda, Seite 79

[23] An anderer Stelle (Seite 102) sagt Moeller: „Nicht Klassen, sondern Nationen sind heute die Unterdrückten."

[24] Ebenda, Seite 80 f.

[25] Ebenda, Seite 80 f.

[26] Ebenda, Seite 100

[27] Ebenda, Seite 101

[28] a. a. O., Seite 97

[29] Ausführlich zitiert bei Ruth Fischer, a. a. O., Seite 202

[30] Franz Borkenau, „Der europäische Kommunismus, seine Geschichte von 1917 bis zur Gegenwart", Bern/München, 1952, Seite 43 f.

[31] Zitiert nach Gustav Hilger, „Wir und der Kreml, Deutsch-sowjetische Beziehungen 1918 — 41", Frankfurt 1955, Seite 181

[32] Ebenda

[33] Ernst Troeltsch: „Spektator-Briefe: Aufsätze über die deutsche Revolution und die Weltpolitik 1918 — 1922", Tübingen 1924, Spektator-Brief vom 11.5.1922, Nr. 249, Seite 269 ff.

[34] Wipert von Blücher, a. a. O., Seite 160 ff.

[35] Zitiert in „Rechenschaft über Rußland", a. a. O., Seite 191 — 193, „Die deutsch-russische Seite der Welt"

[36] Ernst Niekisch, a. a. O., Seite 96

[37] Veröffentlicht u. a. in Edgar Stern-Rubarth: „Graf Brockdorff-Rantzau, Wanderer zwischen zwei Welten. Ein Lebensbild", Berlin 1929, Seite 111 — 118, „eine ungehaltene Rede"

[38] Karl Radek: „Die Liquidation des Versailler Friedens. Bericht an den 4. Weltkongreß der Komintern", Hamburg 1922

[39] „Protokoll des 4. Kongresses der Komintern, Petrograd/Moskau, 5.11. bis 5.12.1922", Hamburg 1922, Seite 420 — 421; siehe auch Lionel Kochan, „Rußland und die Weimarer Republik", Düsseldorf 1955, Seite 64 — 65

[4] a. a. O., Seite 143

Die Revolution fraß auch Rapallo — doch der „Deutsche Oktober" fand nicht statt

[1] Ruth Fischer, a. a. O., Seite 331

[2] Karl Heinz Schneider: „Nationalbolschewismus." In: „Das junge Volk", Januar 1930, Seite 51

[3] Siehe Ernst von Salomon: „Nahe Geschichte, ein Überblick", Berlin 1936, Seite 112 — 116

[5] Ruth Fischer, a. a. O., Seite 364 f.

[6] Ebenda, Seite 453

[7] Ebenda, Seite 379

[8] Ebenda, Seite 388

[9] Franz Borkenau, a. a. O., Seite 59

In Deutschland gewann der Nationalsozialismus und Stalin gewann in Amerika

[1] Ruth Fischer, a. a. O., Seite 448 f.

[2] Franz Borkenau, a. a. O., Seite 55

[3] Zitiert aus Isac Don Levine: „Stalin", London 1936, Seite 305

[4] Vergleiche Günther Deschner: „Heydrich — Statthalter der totalen Macht", München 1977, Seite 148 ff.

[5] Dieser Begriff ist Titel eines Buches: David Schoenbaum, „Die braune Revolution" — eine Sozialgeschichte des Dritten Reiches", Köln/Berlin, 1968

[6] Giselher Wirsing: „Deutschland in der Weltpolitik", Jena 1933 (Diederichs), Seite 153

[7] Hans v. Seeckt: „Deutschland zwischen Ost und West" Hamburg 1933

[8] Zitiert nach G. Wirsing, ebenda, Seite 156

[9] Georg von Rauch: „Geschichte des bolschewistischen Rußland", Wiesbaden 1955, Seite 148

[10] George F. Kennan in einem Aufsatz in der Zeitschrift „Osteuropa", 154, Seite 340 ff.

Noch einmal schlossen Deutschland und Rußland einen Pakt — doch dann standen sie sich wieder auf dem Schlachtfeld gegenüber

[1]) Interview mit der „Prawda" vom 29. November 1939

[2]) Paul Carell, „Unternehmen Barbarossa — der Marsch nach Rußland", 1963, Seite 166

[3]) Ebenda

[4]) Ebenda, Seite 168

[5]) Ebenda

[6]) Aus einer Ansprache Stalins vom 9. Mai 1945.

[7]) Stuttgart, 1975 dva, Seite 33 — 45

[8]) Als Beispiele für das Ausmaß der US-Hilfe an die Sowjetunion hier ein paar wenige Zahlen: Die Sowjetunion erhielt während des Zweiten Weltkrieges von Amerika insgesamt 427 284 Lastkraftwagen, 13 303 Panzer, also viermal soviel, wie die gesamte Wehrmacht zu Beginn des „Unternehmens Barbarossa" zur Verfügung hatte, dazu weitere 40 000 Fahrzeuge aller Art.

Russen und Amerikaner werden Besatzungsmacht in Deutschland und die USA zeigen bald, warum Machiavelli kein Texaner war

[1]) Foreign Relations of the United States, Diplomatic Papers, The Conference at Cairo and Teheran 1943, Washington 1961, Seite 553 f.

[2]) Vergleiche dazu auch W. Appleman Williams: „Die Tragödie der amerikanischen Diplomatie", deutsch 1973 bei Suhrkamp, Seite 240

[3]) Es handelt sich um jene, damals vom britischen Außenminister George Curzon, Marquess of Keddleston, vorgeschlagene und auch verwirklichte „Curzon-Linie", Grodno-Brest, die später auch die deutsch-sowjetische Demarkationslinie im Sinne des Hitler-Stalin-Paktes bildete und von Polen bis 1945 heftig bestritten wurde.

[4]) Walter Wannenmacher: „Der Beutewert der Deutschen", Berlin 1973, Seite 73

[5]) Herbert Kremp in einem Leitartikel der Tageszeitung „Die Welt", Nr. 105 vom 7. Mai 1975, Seite 4

[6]) Vergleiche dazu auch Charles L. Mee: „Die Teilung der Beute — die Potsdamer Konferenz 1945", Wien-München-Zürich-Innsbruck, 1975

[7]) Joachim Fernau: „Halleluja — die Geschichte der USA", Historischer Roman, München-Berlin, 1977, Seite 293

Die Bundesrepublik wählt den Anschluß an Amerika und verzichtet damit auf deutsche Außenpolitik

[1]) Konrad Adenauer, Erinnerungen von 1945 — 1953, Stuttgart 1965, ebd., Seite 245

[2]) Vergleiche Konrad Adenauer, a. a. O., Seite 364

[3]) Johannes F. Barnick: „Die deutschen Trümpfe", Stuttgart, Seewald, 1958, Seite 15

[4]) Ebenda, Seite 16

[5]) Walter Wannenmacher: „Der Beutewert der Deutschen, Analyse und Perspektive", Frankfurt, Berlin, Wien, 1973, Seite 163

[6]) Johannes F. Barnick, a. a. O., Seite 13

[7]) Michael Meyer: „Deutschland — Ein Spiegelbild", Wien, Hamburg, 1977

[8]) Ebenda, Seite 126

[9] Johannes F. Barnick, a.a.O., Seite 16

[10] Ebenda, Seite 13

[11] Walter Wannenmacher, a.a.O., Seite 170

[12] Ebenda, Seite 126

[13] Michael Meyer, a.a.O., Seite 262

[14] Zitiert nach Harold K. Jacobsen (Herausgeber): „Amerca's Foreign Policy", New York, Randon, 1960, Seite 322

[15] Bruno Bandulet in „Adenauer zwischen West und Ost, Altenativen der deutschen Außenpolitik", München, Weltforum Verlag, 1970, Seite 35

[16] John Foster Dulles, „War or Peace", New York, 1950, Seite 156

[17] Konrad Adenauer: „Erinnerungen 1955 — 1959", a.a.O., Seite 159

[18] Ebenda, Seite 244

[19] Henry A. Kissinger, Force and Diplomacy in the Nuclear Age, in: Foreign Affairs, Band 34, April 1956, Nr. 3, Seite 352

[20] Vergl. Konrad Adenauer: „Erinnerungen 1953 — 1955, a.a.O., Seite 418

[21] Wolfram F. Hanrieder: Compability and Consenus: A Proposal for the Conceptual Linkage of External and Internal Dimensions of Foreign Policy, in: „The American Political Science Review, Dezember 1967, Nr. 4, Seite 971 — 968

[22] In „Die Tragödie der amerikanischen Diplomatie", deutsch 1973 in Frankfurt (Suhrkamp-Verlag), Seite 20

[23] Ebenda, Seite 21

[24] Ebenda, Seite 21

[25] Ebenda, Seite 22

[26] Ebenda

[27] Ebenda, Seite 23

[28] Zitiert ebenda, Seite 63

[29] Zitiert ebenda, Seite 25

[30] M.L. Lease, zitiert nach Joachim Fernau, a.a.O., Seite 300

[31] Ebenda, Seite 97

[32] Ebenda, Seite 211

[33] Ebenda, Seite 217

[34] Ebenda

[35] Ebenda, Seite 229

[36] Zitiert nach Jon W. Spanier: „American Foreign Policy since World War II", New York, 1962, Seite 56 f.

[37] Ebenda, Seite 100

[38] Vergl. Konrad Adenauer: „Erinnerungen 1953 — 1955", a.a.O., Seite 457 f.

[39] Bruno Bandulet, a.a.O., Seite 33

[40] a.a.O., Seite 77

[41] Ebenda

[42] Stalins Ausführungen finden sich in „Keesings Archiv der Gegenwart" (heute: „Archiv der Gegenwart", Bonn, Wien, Zürich), 1952, 3681 A.

[43]) „The Times" vom 7. Oktober 1952, Nr. 52 436

[44]) Zitiert nach: Heinrich von Siegler, „Dokumentation zur Deutschlandfrage", Band I, Bonn, Wien, Zürich, 1961, Seite 138

[45]) Zitiert nach: Elmar Krautkrämer, „Die Bundesrepublik Deutschland, ihre Entstehung und Entwicklung", Frankfurt, Berlin, München, Seite 80

[46]) Ebenda, Seite 81

[47]) Ebenda, Seite 82

[48]) Zitiert nach dem Regierungsbulletin vom 6.3.1952, Nr. 27, Seite 262

[49]) Laut „Neue Zürcher Zeitung" Nr. 75 vom 16. März 1952

[50]) Ebenda

[51]) Bulletin Nr. 34 vom 22. März 1952, Seite 350

[52]) Zitiert nach auszugsweiser Abschrift der Rede, Archiv des Verf.

[53]) Zitiert nach Klaus Erdmenger: „Das folgenschwere Mißverständnis", Freiburg 1967

[54]) Laut FAZ Nr. 77 vom 1. April 1953

[55]) Heinrich von Siegler, a. a. O., Seite 271

[56]) Bruno Bandulet, a. a. O., Seite 99

[57]) Vergl. Europa-Archiv, Folge 14, 1967, Seite 522

[58]) Vergl. dazu FAZ Nr. 85 vom 9. April 1952

[59]) Harald Rüddenklau: „Der Freundschaftsvertrag zwischen der Sowjetunion und der DDR vom 7. Oktober 1975 — Rechtliche und politische Analyse; Einordnung des Vertrages", in: Schriftenreihe der Politischen Studien-Seminare e. V., München, 3/76, Seite 6

[60]) Ebenda, Seite 1

[61]) Michael Meyer, a. a. O., Seite 249

[62]) Ebenda, Seite 253

[63]) Ebenda, Seite 251

[64]) Ebenda, Seite 29

[65]) Ebenda, Seite 31

[66]) Walter Wannenmacher, a. a. O., Seite 171

[67]) Ebenda, Seite 172

Deutschland hat trotz allem eine Zukunft — sie liegt aber nicht im Westen

[1]) Walter Wannenmacher, a. a. O., Seite 171

[2]) Ebenda, Seite 172

[3]) Zitiert nach Michael Meyer, a. a. O., Seite 151

[4]) Ebenda, Seite 198

[5]) Felix v. Eckardt: „Ein unordentliches Leben", Düsseldorf, Wien, 1967, Seite 421

[6]) Michael Meyer, a. a. O., Seite 209

[7]) In der Beilage „Die Geistige Welt" der Tageszeitung „Die Welt", Nr. 107, Seite 1

8) Aber die Tatsache, daß die Wiedervereinigung der Sowjetunion nützlich scheinen konnte, hat schon 1952 eben diese Wiedervereinigung verhindert. Die Parteiergreifung für Amerika und damit die Gegnerschaft zur Sowjetunion stand schon damals über der Wiedervereinigung. Die Wiedervereinigung ist damals von Bonn nicht als solche akzeptiert worden, sondern wäre überhaupt nur angenehm gewesen, wenn sie auch noch Amerika gedient hätte — eine deutsche Wiedervereinigung für Amerika — das war aber selbst den damaligen Wiedervereinigungsbetreibern, den Sowjets, zuviel. Es wäre ihnen auch heute nicht zuzumuten. Deutschland muß schon seine Einheit um seiner selbst willen anstreben, ohne sich auch noch daran zu stören, ob diese nun für Amerika günstig ist oder nicht, oder für die Sowjetunion, oder vielleicht für die EG, oder wenigstens für Frankreich . . .

9) Zur Frage des Nationalismus in Osteuropa und der Sowjetunion vergl. auch: ,,Ukrainischer Nationalismus heute — Renaissance einer Staatsidee im Untergrund'' in ,,Junges Forum 6/74 mit vielen weiteren Literaturhinweisen und ,,Wende in Osteuropa?'', Sinus-Verlag, Krefeld, 1977.

10) 1970 bei Diognes, Zürich, Seite 79 f.

11) Die Welt, Nr. 141, vom 21. Juni 1977, Seite 6

12) Zitiert nach G. Deschner: ,,Deutschland gelöscht'', in ,,Criticon'' Nr. 34, März/April 1976, Seite 53

13) Die Welt, Nr. 141, vom 21. Juni 1977, Seite 6

14) Michael Meyer, a.a.O., Seite 19

15) Ebenda, Seite 207

16) Ebenda, Seite 208

17) Ebenda, Seite 266

18) Die folgenden Zitate sind dem entsprechenden Kapitel seines Buches ,,Der Beutewert der Deutschen'', a.a.O., Seite 172 ff., entnommen.